本书系国家社会科学基金重大招标项目"全面提高开放型经济水平研究"(13&ZD046)、教育部人文社会科学青年项目"产品内分工对工资不平等的影响研究:基于中国产业与企业层面"(12YJC790031)研究成果

创新发展与开放型经济水平研究丛书

国际产品内分工模式及其收入分配效应研究

丁小义 程惠芳 ◎ 著

中国社会科学出版社

图书在版编目（CIP）数据

国际产品内分工模式及其收入分配效应研究/丁小义，程惠芳著．—北京：中国社会科学出版社，2017.12
ISBN 978-7-5203-1722-1

Ⅰ.①国… Ⅱ.①丁…②程… Ⅲ.①产品—国际贸易—国际分工—影响—收入分配—中国 Ⅳ.①F74 ②F124.7

中国版本图书馆 CIP 数据核字（2017）第 310736 号

出 版 人	赵剑英
责任编辑	卢小生
责任校对	周晓东
责任印制	王　超

出　　版	中国社会科学出版社
社　　址	北京鼓楼西大街甲 158 号
邮　　编	100720
网　　址	http://www.csspw.cn
发 行 部	010-84083685
门 市 部	010-84029450
经　　销	新华书店及其他书店
印　　刷	北京明恒达印务有限公司
装　　订	廊坊市广阳区广增装订厂
版　　次	2017 年 12 月第 1 版
印　　次	2017 年 12 月第 1 次印刷
开　　本	710×1000　1/16
印　　张	16.5
插　　页	2
字　　数	246 千字
定　　价	70.00 元

凡购买中国社会科学出版社图书，如有质量问题请与本社营销中心联系调换
电话：010-84083683
版权所有　侵权必究

摘　要

随着国际分工从产业间分工到产业内分工,再到产品内分工的深化和发展,收入分配不均、工资差距扩大和非熟练劳动力失业增加成为多国共同面临的难题。许多国家包括美国、中国,国内各类劳动力间工资及收入差距扩大的时期,正是其参与国际产品内分工加速深化的阶段。因此,国际产品内分工对收入分配的影响成为近二十年来国际经济学界的研究热点和研究前沿。

在多边国际产品内分工体系中,各国参与产品内分工的行业技术密集度及所负责的生产工序技术密集度存在明显的差异,形成了不同的国际产品内分工模式。但现有研究,特别是经验研究,鲜有基于不同模式来实证分析产品内分工对收入分配的影响。鉴于此,本书以对不同产品内分工模式的识别、测度为切入点和创新点,重点研究不同生产及国际产品内分工模式的组合对各类技能或教育程度劳动力的收入分配影响。

本书将产品内分工分为低端型国际产品内分工和高端型国际产品内分工。前者表现为一国从事低技术工序的生产,需进口高技术中间投入品;后者表现为一国从事高技术工序的生产,需进口低技术中间投入品。通过对HS(1996)六分位每一类进口中间产品的技术复杂度与各国自身的各年度总出口技术复杂度进行比较,本书创新性地实现了对各国进口的每一类中间产品进行动态分类,并据此测算高、低端型产品内分工水平。

在国际产品内分工对不同技能劳动力收入分配影响的理论分析方面,本书在深入剖析、比较各理论模型的作用机制和效应后,指出:国际产品内分工对不同技能劳动力相对需求、相对工资的影响渠道包括直接作用机制与间接作用机制，其中，直接作用包含要素需求创造效应和要素替代效应，间接作用包含产品价格效应和国际产品内分工引致的有偏型技术进步效应。通过上述四个作用渠道，高、低端型产品内分工模式对不同要素密集型部门的各类技能劳动力产生了不同的相对需求和工资效应。

基于45个主要国际产品内分工参与国（地区）1998—2012年的高、低端产品内分工水平测算，研究发现，45个国家大致可划分为四个梯队，形成了显著的中心—外围格局，其中，29个发达国家分属三个不同梯队，16个发展中国家除印度外均属最外围的第四梯队。中国目前尚处于第四梯队中，不过，中国的低端型产品内分工水平与高端型产品内分工水平的差距正在逐步缩小。观察各行业的BEC法垂直专业化指数，发现当前中国以高技术部门、进行低端型产品内分工为主。其中，低技术部门已逐步从以低端型产品内分工为主转变升级为以高端型产品内分工为主，但高技术部门升级乏力。

本书还分别从国内行业层面和多国宏观层面，对国际产品内分工模式的收入分配效应进行了实证分析。来自中国工业部门的经验分析显示，低端型和高端型产品内分工均会显著提高中国熟练劳动力的工资份额，其中，低端型产品内分工通过进口中间产品技术溢出间接地影响收入分配，而高端型产品内分工则通过要素替代直接影响收入分配。基于多国宏观面板数据的经验分析显示，高、低端型产品内分工分别显著降低了低、高等教育劳动力的报酬份额，国际产品内分工水平的综合效应相对偏向中等教育劳动力，不过，该有利影响主要发生在发展中国家。由于在低端型产品内分工模式下，高技术中间投入品进口有利于技术溢出、模仿创新，因此，该模式引致的技术进步偏向中等教育劳动力；而高端型产品内分工倚重自主创新，因此，其引致的技术进步偏向高等教育劳动力。

基于上述研究结论，提出的政策启示为：应加快改善中国劳动力供给的技能结构；实施生产分工局部提升与区域分散化战略，加快提升沿海地区高技术部门在国际产品内分工中的竞争优势和分工地位；鼓励内陆地区承接沿海地区的转移产业，适当保护低技术部门进行低端型国际产品内分工。

关键词： 国际产品内分工模式　收入分配　技能溢价　教育溢价　进口中间产品　技术复杂度

ABSTRACT

With the development and evolution of international division of labor from inter – industry specialization to intra – industry specialization, and to intra – product specialization, more and more countries have to face the rising income inequality, wage gap and the unemployment of unskilled labor. The widening of the income and wage gap among workers of many countries including U. S. and China concurred with the accelerative deepening of intra – product specialization. Since then the research of international intra – product specialization's impact on income distribution has become a hot and advancing topic in international economics in recent 20 years.

In the multilateral international intra – product specialization, different sectors of different countries often undertake different technological intensive components of production process, which leads to different intra – product specialization patterns. But few existing research, especially the empirical research, has been based on different patterns to empirical analysis of the effects of international intra – product specialization. For this reason, this paper distinguishes and estimates different patterns of international intra – product specialization as the breakthrough and innovation points, focusing on the effects of various patterns on the income distribution among workers who possess different skill capabilities and educational attainment.

The study distinguishes international intra – product specialization between the low – level and high – level patterns. In the low – level pattern, one country or sector undertakes low – tech fragments and imports high – tech intermediate inputs. On the other hand, in the high – level pattern, one country or sector undertakes high – tech fragments and imports low – tech intermediate inputs. In order to estimates the low – level and high – level patterns, the study classifies dynamically all imported intermediate inputs (at the 6 – digit level of HS 1996) into two categories based on their technology intensities by comparing the TSI (Technological Sophistication Index) of each imported intermediate input with the TSI of the corresponding country per year.

This paper analyzes theoretically how international intra – product specialization affects the income distribution between skilled labor and unskilled labor. Based on comparative analysis of the existing theoretical model, the paper proposes four direct and indirect effects of international intra – product specialization on relative demand and relative wage of workers with different levels of skill capabilities. Direct effects are factor substitution effect and factor demand creation effect, while the indirect effects include product – price change effect and technological improvement induced by international intra – product specialization. Through these four channels, the low – level and high – level patterns of international intra – product specialization have different influence on worker's relative demand and relative wage within different technological intensive sectors.

After distinguishing and measuring the main 45 economies' low – level and high – level pattern of international intra – product specialization from 1998 to 2012, the study finds that 45 economies can be categorized into four groups from the core to the periphery, of which 29 developed economies belong to three different groups, 16 developing countries except India as the peripheral fourth group. China is now still belonging to the fourth groups. However, the gap between low – level and high – level pattern of China's international intra – product specialization has decreased gradually. According to the Vertical Specialization Share with BEC method, international intra – product specialization pattern of China is characterized by high – tech sectors with low – level pattern. Meanwhile, the low – tech sector has changed step by step from low – level pattern to high – level pattern of international intra – product specialization. However, there is no evidence of upgrading in the high – tech sectors.

The paper examines empirically the link between international intra – product specialization and the income distribution respectively with a cross – industry panel data of China and a cross – country panel data of 45 economies. Based on China's industries' dynamic panel data, the paper finds that both low – level pattern and high – level pattern of intra – product specialization increase the wage share of skilled labor. The low – level pattern indirectly affects the income distribution through technology spillovers of skilled – intensive intermediate imports; while the high – level pattern of intra – product specialization directly affects the income distribution through factor substitution. Based on the cross – country panel data, the empirical results indicate that the low – level pattern of intra – product specialization has significantly decreased the wage share of workers with a high level of education, while the high – level pattern has impacted negatively upon the wage share of workers with a low level of education. The net effects of the intra – product specialization tend to shift labor demand towards workers with an intermediate level of education in developing countries. Through technology spillovers of skilled – intensive imported intermediate inputs and imitation innovation, the technological progress induced by low – level pattern is associated with a shift in labor demand towards to workers with an intermediate level of education, while the high – level pattern of intra – product specialization towards to workers with a high level of education due to independent innovation.

Based on above results, this paper puts forward some policy implications, such as increasing relative supply of skilled labor; adopting regional diversification strategies; supporting high – tech industries in coastal provinces of China to improve their competitive advantages and win higher status in global production sharing; encouraging inland provinces to undertake industries transferred from coastal area and properly protecting low – tech industries deepening low – level pattern of intra – product specialization.

Key Words: Pattern of international intra – product specialization; Income distribution; Skill premium; Education premium; TSI of imported intermediate inputs

目 录

第一章 绪论 ·· 1

  第一节 研究背景及意义 ································· 1
    一 研究背景 ·· 1
    二 研究范畴 ·· 6
    三 研究意义 ·· 7
  第二节 相关概念界定 ····································· 8
    一 国际产品内分工概念 ······························· 8
    二 不同技能劳动力收入分配的相关概念 ········· 12
  第三节 研究内容与结构 ································· 13
    一 研究的核心问题 ··································· 13
    二 研究思路 ··· 13
    三 研究内容安排 ····································· 14

第二章 文献回顾 ·· 18

  第一节 国际产品内分工影响要素相对需求、价格的理论
       研究 ·· 19
    一 单一产品内分工模型 ······························ 19
    二 单一产品内分工模型的扩展 ···················· 23
    三 多元产品内分工模型 ···························· 29
    四 理论研究简评及展望 ···························· 32
  第二节 国际产品内分工影响不同技能劳动力收入分配的
       经验研究 ··· 34

　　　　一　国外研究 ·· 34
　　　　二　国内研究 ·· 39
　　　　三　经验研究小结及前沿进展 ·································· 43

第三章　国际产品内分工的现状及发展趋势 ······························ 49
　　第一节　国际产品内分工的测度方法 ································ 49
　　　　一　产品内分工的常用测度方法 ································ 49
　　　　二　本书采用的方法 ·· 56
　　第二节　全球国际产品内分工的发展趋势 ···························· 60
　　　　一　国际产品内分工的基本发展趋势 ···························· 61
　　　　二　三大区域的国际产品内分工发展及相互依存度 ·············· 62
　　　　三　主要经济体在国际产品内分工体系中的地位及
　　　　　　参与度 ·· 66
　　　　四　国际产品内分工的产品结构 ································ 70
　　　　五　国际产品内分工决定因素概述 ······························ 73
　　第三节　中国参与国际产品内分工的现状 ···························· 78
　　　　一　中国中间产品贸易概况及进口中间产品结构 ················ 78
　　　　二　中国工业部门的国际产品内分工水平 ······················· 84

第四章　国际产品内分工模式的分类和测度 ······························ 96
　　第一节　高、低端型国际产品内分工模式分类 ······················· 96
　　　　一　已有研究对生产及产品内分工模式设定 ····················· 96
　　　　二　高、低端型国际产品内分工模式分类 ······················· 99
　　　　三　进口中间投入品的动态分类 ·······························101
　　　　四　高、低端型国际产品内分工水平测度 ······················106
　　第二节　主要国家参与国际产品内分工模式测度 ·····················108
　　　　一　发达国家 ··108
　　　　二　发展中国家 ··113
　　第三节　中国工业部门参与国际产品内分工模式测度 ···············117
　　　　一　总体层面 ··117

  二 分行业层面 ………………………………………… 121

第五章 国际产品内分工影响不同技能劳动力收入分配的理论分析 ……………………………………………………… 127

  第一节 国际产品内分工的直接作用机制 ……………… 128
    一 要素需求创造效应 …………………………………… 128
    二 要素替代效应 ………………………………………… 137
    三 要素需求创造效应与要素替代效应的联合作用效应 ……………………………………………… 139
  第二节 国际产品内分工的间接作用机制 ……………… 141
    一 价格效应——基于 SS 定理 …………………………… 141
    二 技术进步效应——国际产品内分工引致的有偏型技术进步 ……………………………………………… 143

第六章 国际产品内分工模式影响不同技能劳动力收入分配的实证分析：中国工业部门 ……………………… 148

  第一节 中国工业部门技能溢价现状 …………………… 149
    一 熟练劳动力与非熟练劳动力工资差距变化 ………… 149
    二 熟练劳动力工资收入份额变化分解 ………………… 151
    三 熟练劳动力工资收入份额与国际产品内分工水平行业分布变化 ……………………………………… 156
  第二节 实证模型构建、计量方法及数据说明 ………… 157
    一 实证模型构建及变量影响预期 ……………………… 157
    二 计量方法 ……………………………………………… 161
    三 数据说明 ……………………………………………… 162
  第三节 计量结果分析 …………………………………… 164
    一 对熟练劳动力工资份额的直接作用效应 …………… 164
    二 对熟练劳动力工资份额的间接作用效应 …………… 169
    三 稳健性检验 …………………………………………… 173

第七章 国际产品内分工模式影响不同教育程度劳动力收入分配的实证分析：国际比较 ………… 180

第一节 教育溢价：27个国家的比较 ………… 180
一 数据来源及劳动力分类方法 ………… 180
二 各国教育溢价比较分析 ………… 182

第二节 实证模型设定、计量方法及变量说明 ………… 191
一 模型设定 ………… 191
二 计量方法 ………… 193
三 变量描述及影响预期 ………… 194

第三节 计量结果分析 ………… 202
一 对发展中国家三类劳动力报酬份额的影响 ………… 202
二 对发达国家三类劳动力报酬份额的影响 ………… 207
三 对样本整体三类劳动力报酬份额的影响 ………… 210
四 稳健性说明 ………… 213

第八章 结论与政策启示 ………… 215

第一节 结论 ………… 215
一 当前的国际产品内分工格局与模式 ………… 215
二 中国参与国际产品内分工模式及程度 ………… 217
三 国际产品内分工影响收入分配的理论分析 ………… 219
四 国际产品内分工影响收入分配的实证考察 ………… 221

第二节 政策启示 ………… 223
一 改善中国劳动力的教育及技能水平 ………… 223
二 加快完善收入分配机制 ………… 224
三 实施生产分工局部提升与区域分散化战略 ………… 225

附 录 ………… 227

参考文献 ………… 231

第一章 绪论

第一节 研究背景及意义

一 研究背景

自20世纪80年代以来,经济全球化加速了人员、资本和技术等要素的跨国流动,跨国公司为实现成本最小化,开始实施资源全球配置策略。在此背景下,国际分工模式逐渐发生根本性的变化,产品生产过程中的各个环节和工序被分散到不同国家去进行,从而形成了以工序、区段和环节为对象的分工范式,即国际产品内分工(卢锋,2004a)。国际产品内分工克服了传统产业间分工和产业内分工中假定产品生产过程不可分割、全部生产过程在某一国家或经济体内进行的局限,瓦解了福特式一体化生产模式,使企业能够在全球范围内合理布置其各生产工序和环节,并最大限度地获得要素成本节约效益和专业化收益。这种新型的国际分工形态将国家间建立在比较优势基础上的分工体系从完整的产品,深入到产品内部的工序和环节,从而引发全球生产与贸易模式的根本性改变,并对世界各国的经济、福利及收入分配带来新的冲击。更为重要的是,国际产品内分工为发展中国家通过参与简单加工环节,在符合比较优势原理基础上融入国际经济系统提供了新的切入点,使众多发展中国家成为当代全球化进程的参与者。

得益于现代运输和通信技术的发展,该新型国际分工在20世纪90年代后迅速扩张,片断化生产、跨国外包和离岸等生产活动逐渐盛行，中间投入品贸易快速增长。Lurong Chen（2008）指出，在20世纪90年代，国际产品内分工得到了前所未有的发展。1990—2000年，零部件贸易从3550亿美元增长为8460亿美元，年均增长率达9.1%，而同期世界贸易、世界GDP的年均增长率分别为6.5%和3.7%，零部件贸易的增长速度远超世界贸易及世界GDP的增长速度。根据本书的测算，进入21世纪以后，国际产品内分工仍以稳定的速度增长。1998—2012年，世界中间产品进出口的年均增长率分别为9.31%、9.05%，相应地，中间产品进出口占世界总进出口的比重分别从54.3%、53.0%上升至57.8%、54.9%。随着国际产品内分工及贸易的迅猛发展，有关产品内分工的研究开始大量涌现，这些研究主要集中在实证测度、产生基础或影响因素、组织模式选择及影响作用四大问题上，其中，国际产品内分工对各国福利、要素收入分配的作用在许多国家收入差距日益扩大趋势下尤受关注。

另外，在经济全球化发展中，收入分配不均、工资差距扩大和非熟练劳动力失业增加已成为许多国家共同面临的难题。如从20世纪80年代以来，美国制造业非生产性工人（相对于生产性工人）的相对工资和相对就业迅速上升（见图1-1和图1-2）；Zhu（2005）测

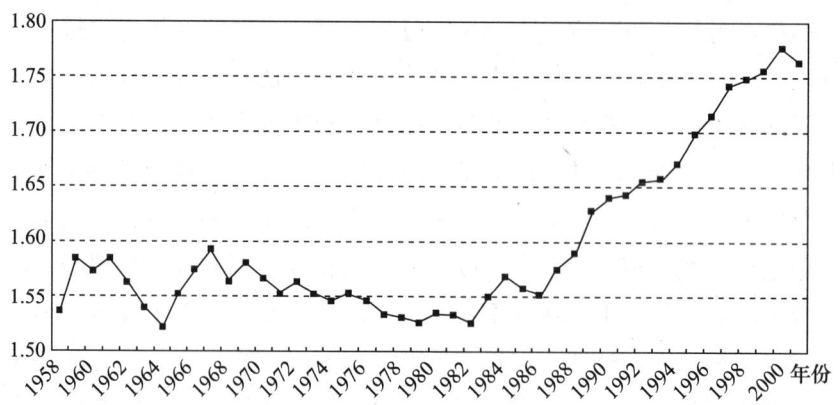

图1-1 美国制造业非生产性工人/生产性工人的相对工资

资料来源：罗伯特·C.菲恩斯特拉：《全球经济下的离岸外包——微观经济结构与宏观经济影响》，孟雪译，格致出版社、上海人民出版社2011年版，第9页。

算了1978—1988年28个国家的工资差距变化情况,发现9个高收入国家中有8个国家的工薪差距在扩大,11个中等收入国家中有8个国家的工薪差距在扩大,而在7个低收入国家中也有3个国家的工薪差距在扩大。根据世界投入产出数据库(WIOD)的数据,本书计算了1995—2009年28个样本国家的高等教育劳动力(HS)、中等教育劳动力(MS)和低等教育劳动力(LS)三类劳动力的工资差距、报酬份额和就业份额变化情况(见表1-1),发现28个国家中有16个国家的W_HS/W_MS、14个国家的W_HS/W_LS、W_MS/W_LS出现了扩大,而且除墨西哥外,27个国家的高等教育劳动力相对工资报酬份额和就业份额都有不同程度的增加。

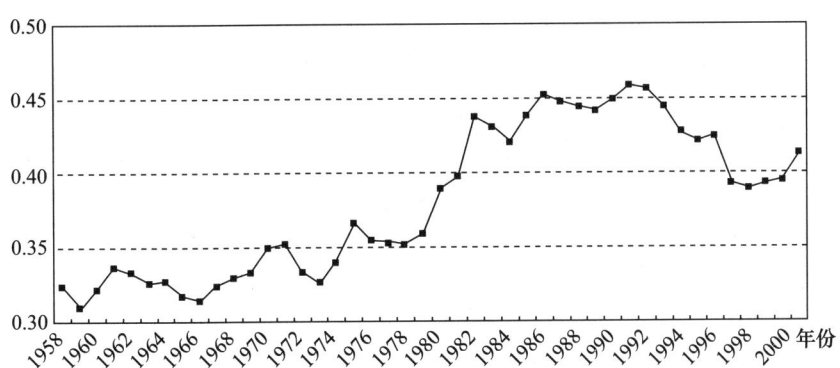

图1-2 美国制造业非生产性工人/生产性工人的相对就业

资料来源:同图1-1。

表1-1 工资差距、报酬份额和就业份额变化情况(1995—2009年)

国家	W_HS/W_MS	W_HS/W_LS	W_MS/W_LS	LABHS	LABMS	LABLS	H_HS	H_MS	H_LS
印度	0.48	0.56	-0.18	0.10	0.00	-0.09	0.03	0.05	-0.08
印度尼西亚	0.47	-0.47	-0.66	0.07	-0.01	-0.06	0.03	0.05	-0.08
中国	0.51	0.81	0.00	0.10	0.04	-0.14	0.04	0.06	-0.10
土耳其	-0.17	-0.78	-0.26	0.12	0.06	-0.17	0.08	0.09	-0.17

续表

国家	W_HS/W_MS	W_HS/W_LS	W_MS/W_LS	LABHS	LABMS	LABLS	H_HS	H_MS	H_LS
巴西	-0.02	-1.03	-0.43	0.05	0.09	-0.14	0.06	0.18	-0.23
墨西哥	0.14	1.31	0.46	-0.04	0.12	-0.08	-0.01	0.13	-0.12
俄罗斯	0.07	0.07	-0.01	0.05	-0.03	-0.02	0.03	0.00	-0.03
葡萄牙	-0.07	-0.44	-0.17	0.07	0.04	-0.11	0.06	0.06	-0.11
波兰	0.13	0.52	0.21	0.19	-0.10	-0.09	0.13	-0.04	-0.09
匈牙利	0.27	0.41	0.02	0.14	-0.08	-0.06	0.08	0.00	-0.08
希腊	-0.22	-0.04	0.12	0.10	0.07	-0.17	0.09	0.09	-0.17
捷克	0.02	-0.27	-0.15	0.08	-0.06	-0.02	0.06	-0.02	-0.03
英国	-0.01	-0.07	-0.04	0.13	0.00	-0.13	0.12	0.03	-0.15
意大利	-0.37	-0.22	0.13	0.08	0.11	-0.19	0.07	0.11	-0.18
西班牙	-0.15	-0.37	-0.11	0.11	0.06	-0.17	0.13	0.09	-0.22
芬兰	0.16	0.15	-0.01	0.10	0.01	-0.11	0.06	0.04	-0.11
法国	-0.24	-0.35	-0.05	0.09	0.01	-0.11	0.11	0.03	-0.14
奥地利	-0.05	0.15	0.14	0.09	-0.04	-0.06	0.07	0.00	-0.07
丹麦	0.00	-0.01	-0.01	0.10	-0.11	0.02	0.08	-0.11	0.02
韩国	-0.03	-0.01	0.01	0.17	-0.07	-0.09	0.17	-0.05	-0.12
加拿大	0.09	0.30	0.12	0.09	-0.06	-0.02	0.06	-0.03	-0.03
日本	-0.07	-0.08	0.00	0.08	-0.01	-0.07	0.07	0.01	-0.08
爱尔兰	0.17	0.23	0.02	0.24	-0.06	-0.17	0.19	-0.01	-0.17
瑞典	-0.07	-0.13	-0.04	0.13	-0.07	-0.06	0.13	-0.05	-0.07
德国	0.07	0.25	0.09	0.09	-0.07	-0.02	0.06	-0.04	-0.02
荷兰	0.10	0.15	0.02	0.15	-0.07	-0.08	0.11	-0.04	-0.07
美国	0.16	0.46	0.12	0.10	-0.08	-0.02	0.07	-0.04	-0.02
澳大利亚	0.22	0.21	-0.04	0.08	0.01	-0.09	0.04	0.05	-0.08

说明：W_HS/W_MS 为高等教育劳动力与中等教育劳动力工资差距；W_HS/W_LS 为高等教育劳动力与低等教育劳动力工资差距；W_MS/W_LS 为中等教育劳动力与低等教育劳动力工资差距；LABHS、LABMS、LABLS 分别为高、中、低等教育劳动力的工资报酬份额；H_HS、H_MS、H_LS 分别为高、中、低等教育劳动力的就业份额。变化幅度根据 2009 年各指标值减去 1995 年相应各指标值获得。

资料来源：根据 WIOD 数据整理获得。

根据斯托尔珀—萨缪尔森定理（Stopler - Samuelson Theorem，SS定理），国际贸易将使出口产品中相对密集使用的要素价格提高，进口产品中相对密集使用的要素价格降低。因此，随着各国贸易规模的不断扩大，发达国家的工资不平等程度会不断加深，而发展中国家的工资不平等程度会不断减小。显然，SS定理的预测与发展中国家工薪差距扩大的实际不符。另外，尽管SS定理的推论和发达国家的现实一致，但在影响渠道上仍存在两个矛盾：SS定理中要素收益等于其边际产出乘以产品的市场价格，因此，贸易开放使发达国家熟练劳动力相对工资上升的同时，必然伴随着熟练劳动力密集型产品相对价格的提高及行业技术密集度的下降（熟练劳动力相对工资上升后，在要素投入上企业会用非熟练劳动力替代部分熟练劳动力，使行业技术密集度下降，熟练劳动力的边际产出提高）。但数据表明，20世纪80年代后，发达国家的行业技术密集度不是下降了，而是上升了。另外，熟练劳动力密集型产品的相对价格是趋于下降的。①

由于传统国际贸易理论无法合理解释这些矛盾，学者开始寻求新的解释，视角之一是基于国际产品内分工视角展开研究。② 国际产品内分工作为技术进步和贸易自由化的综合体（Jones and Kierzkowski，1990）③，被认为是继贸易与技能偏向型技术进步之后引起工资差距扩大的又一个重要原因（Feenstra and Hanson，2003）。于是该领域的研究日益成为国际经济学界的一个热点。

改革开放以来，中国的对外贸易取得了举世瞩目的成绩，贸易总额从1978年的206.4亿美元增至2012年的38671亿美元，占世界贸

---

① 参见劳伦斯和斯劳特（Lawrence and Slaughter，1993）、劳伦斯（1994）的解释。
② 另有一些学者从技能偏向性技术进步（Skill - biased Technological Change，SBTC）角度解释工薪差距，如邦德和约翰逊（Bound and Johnson，1992）、伯曼等（Berman et al.，1994）、劳伦斯和斯劳特（1993）、克鲁格曼和劳伦斯（1994）等。也有学者将国际贸易与技术进步联系起来，从贸易引致的技术进步或国际技术溢出的角度加以解释，如伍德（Wood，1995）、皮萨里德斯（Pissarides，1997）、Thoenig 和 Verdier（2003）、Acemoglu（1998，2003）、潘士远（2009）、喻美辞和熊启泉（2012）等。
③ Jones 和 Kierzkowski（1990）指出，技术进步和贸易自由化是国际产品内分工产生的两个必要条件，技术进步使生产的切割化、片断化成为可能，而且使分散生产的服务联系成本大大降低；贸易自由化使跨国分散化生产的中间产品能够自由地跨国界流通。

易的比重从1978年的2.9%跃至2012年的11.34%,进出口额的排名分别从1984年的第17位和第15位上升到2012年的第2位和第1位。其间,中国以吸引外商直接投资、发展加工贸易为突破口,快速融入了全球生产网络,逐步成为国际产品内分工的重要参与者与推动者。无论是中间产品贸易数据还是垂直专业化指数都表明,当前中国参与国际产品内分工已达到较高水平:2012年,中国中间产品出口额和进口额均位居世界首位;中间产品贸易长期占中国总贸易额的50%左右,且中间产品进口占比一直在70%以上;垂直专业化率达25%—30%,如果考虑加工贸易,对垂直专业化率进行修订,则中国出口中的进口中间产品价值占比可能高达50%(Koopman等,2012;Dean等,2008;刘庆林等,2010)。

同时,我国的收入不平等程度也在不断加剧。根据世界银行和中国国家统计局的测算,我国的基尼系数由改革开放前的0.16上升到2012年的0.474,已经大大超过了国际上0.4的警戒线。中国工业部门熟练劳动力与非熟练劳动力的平均工资之比从20世纪90年代中期以后迅速增大(Xu和Li,2008;喻美辞和熊启泉,2012),在2004年达到最高水平,为2.184,之后虽有所回落,但2011年工资差距仍有1.593;熟练劳动力的就业和工资份额则分别从1996年的1.42%、1.41%上升为2011年的2.86%、4.48%。表1-1中1995—2009年中国高等教育劳动力的相对工资、就业及报酬份额也大幅提升。那么,中国的这一收入分配现实是否与中国参与国际产品内分工有关?[①]如果有,国际产品内分工又是如何推动不同技能劳动力之间工资收入差距扩大的?实际上,中国工资及收入差距扩大的十几年里,正是我国参与国际产品内分工迅速发展的时期。为此,国内学者也开始越来越重视这一问题的研究。

二 研究范畴

国际产品内分工对收入分配的影响研究是开放经济对收入分配影

[①] 关于中国当前"既患寡又患不均"的收入分配问题,学者认为,影响因素主要包括三类:一是经济发展阶段的影响;二是融入全球化带来的影响;三是中国特殊体制机制的影响(刘柏惠等,2014)。

响研究的一个分支。开放经济发展可以表现为国际贸易、国际直接投资、国际金融和国际劳务合作等多种国际经济发展方式，但开放经济的发展以国际分工为基础。当前的国际分工表现为从产业间分工到产业内分工再到产品内分工深化的趋势，因此，本书选择从国际产品内分工这一视角展开研究，并根据负责完成生产工序技术含量的不同，把各国进行的国际产品内分工分为不同模式。又因当前中国的服务外包水平比较低（陈仲常和马红旗，2010），因此，本书聚焦于实体国际产品内分工。

收入分配是一个范围较广的命题，对收入分配的研究吸引了不同领域的众多经济学家，不过，本书的研究主要基于国际经济学范畴。收入分配包括功能性收入分配和规模性收入分配，其中，前者衡量国民收入在要素间的分配情况，又称要素收入分配；后者衡量以个人和家庭为单位的收入分布状况。考虑到当前中国劳动力市场正面临结构性调整，大学毕业生就业率下降与"技工荒"现象并存，为此，本书仅关注前者即要素收入分配，而且只考察国际产品内分工对各类技能或教育程度劳动力之间收入分配的影响。

三 研究意义

基于国际产品内分工的不同模式，探讨国际产品内分工对各类技能或教育程度劳动力收入分配、工资收入差距的影响，具有理论研究和实践指导两个方面的意义。在理论研究方面，虽然有关国际产品内分工收入分配效应的文献众多，但研究结论相差颇大。此外，各理论分析框架对国际产品内分工影响要素相对需求、相对价格的作用机制和渠道也各有侧重，为此，有待进一步梳理，需要构建更具一般意义的分析框架。在经验研究方面，已有研究虽然检验了不同行业、不同国际产品内分工及贸易伙伴条件下的产品内分工收入分配效应，但至今仍鲜有研究基于不同国际产品内分工模式来实证检验产品内分工对各要素相对需求、相对价格的影响。本书基于一国（行业）所负责生产工序的技术密集度差异，识别和区分国际产品内分工的不同模式，对国际产品内分工影响收入分配的作用机制进行演绎、归纳，并展开相应的实证检验，可以为现有的研究提供有益的补充。

在实践指导方面，当前全球竞争日益加剧，产业国际分工体系正在发生重大变革和调整，同时中国传统的比较优势已发生变化，中国参与全球经济的模式迫切需要调整和变革。本书对关于当前国际产品内分工格局及主要经济体参与国际产品内分工模式演变的研究有助于指导实践，实施更加积极主动的开放战略，加快中国经济转型升级和国际分工地位提升。另外，30多年的改革开放，是在"让一部分人先富起来"的基本理念下推动进行的，但是，收入差距的不断扩大使收入分配问题日益成为社会各界关注的焦点。为此，正确认识国际产品内分工这一重要开放经济变量对中国劳动力市场的冲击，对各类劳动力就业、工资的影响具有重要的现实意义，有助于政府部门更好地制定人力资本发展政策，有利于中国经济的长期可持续发展，有利于中国成功跨越中等收入阶段。

第二节 相关概念界定

一 国际产品内分工概念

产品内分工这个概念最初由美国学者塞文·W. 阿恩特（Seven W. Arndt）提出，阿恩特（1997）在讨论全球化与开放经济环境下离岸外包对就业和工资的影响时首次使用了这个术语，不过，他并没有对该术语进行详细解释。中国学者卢锋建立了一个以产品内分工概念为中心的分析框架，对产品内分工的概念、发生背景、部门表现、产生基础、决定因素及发展原因进行了全面阐述。卢锋（2004a）认为，产品内分工"是一种特殊的经济国际化过程或展开结构，其核心内涵是特定产品生产过程不同工序或区段通过空间分散化展开成跨区或跨国性的生产链条或体系，因而有越来越多国家参与特定产品生产过程不同环节或区段的生产或供应活动。"产品内分工的简单结构大致如图1-3所示。本书主要参考卢锋的有关研究，认为国际产品内分工是指某一特定产品生产过程的不同工序、不同环节或不同区段在空间上被分散到不同国家，每个国家专业化就某些特定工序、环节和区段进行生产的一种国际分工模式。

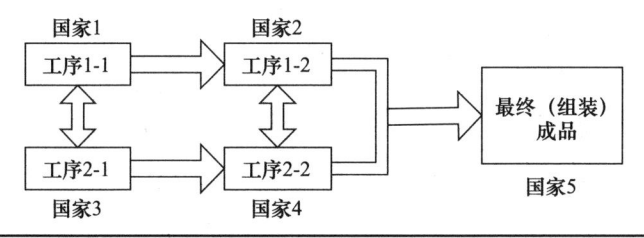

在国际范围内实现的生产分工

图1-3 国际产品内分工的简单结构

资料来源：卢锋：《产品内分工——一个分析框架》，北京大学中国经济研究中心（CCER）工作报告，No. C2004005，2004年。

在现代经济中，产品可以分为货物类商品和服务类商品，生产过程也有广义和狭义之分，其中，狭义的生产过程是指产品的生产制造，广义的生产过程则包括产品的研发设计、加工制造与流通销售整个流程。由于中国参与全球生产网络，进行国际产品内分工主要发生在制成品行业，因此，本书主要关注货物类商品生产制造过程中的国际产品内分工现象。

早在20世纪六七十年代，就有学者敏锐地注意到一些国际产品内分工的早期表现，如巴拉萨（Balassa，1967）使用"垂直专业化"这一概念，指出商品的生产过程被分解为多个连续的特殊阶段进行专业化生产，结果使中间产品贸易不断扩大；迪克西特和格罗斯曼（Dixit and Grossman，1982）考察多区段生产系统如何在不同国家分配工序区段及关税等政策变动对这类国际分工的影响。至90年代中后期，对国际产品内分工现象的研究进入一个快速发展期，但不同研究者对这一现象采用了不同概念来加以定义，常见的有：垂直专业化（Hummels et al.，2001）、外包（Katz and Murphy，1992；Feenstra and Hanson，1996a）、任务贸易（Grossman and Rossi-Hansberg，2006）、分散化生产（Jones and Kierzkowski，1990；Deardorff，2001b）、全球生产网络/分享（Ng and Yeats，2001；Feenstra and Hanson，2003）、价值链分割（Krugman，1995）、生产的非本地化（Leamer，1998）、中间产品贸易（Antweiler and Trefler，2000），等等。到目前为止，还没有一个普遍接受的统一概念，而且建立在不同概念基础上的研究侧重点也各有不同。① 不过，其核心都是指分工及贸易对象从产品层面深入到工序层面，原一体化的生产过程被切割为不同的工序、环节、任务进行全球分散化生产这一经济现象。比如，国内外学者较多采用"垂直专业化"这一概念，赫梅尔斯等（Hummels et al.，2001）认为，垂直专业化需要满足以下三个条件：(1) 产品生产过程可以分解为两个或两个以上连续的阶段或环节；(2) 至少要有两个或两个以上的国家或地区在特定产品的生产过程中创造附加值；(3) 其中至少有一个国家或地区在产品的生产过程中使用进口的中间投入，并且一部分最终产品要用于出口（见图1-4）。根据这些条件可发现，垂直专业化的本质与国际产品内分工非常接近，所不同的是第三个条件使垂直专业化的范围比国际产品内分工的范围要窄一些，前者不包括用

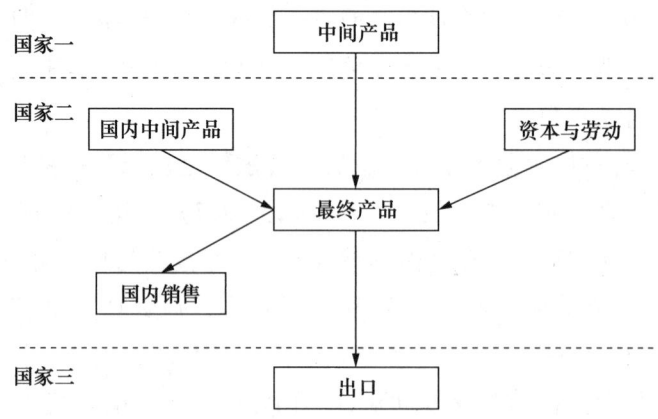

图1-4 垂直专业化示意

资料来源：Hummels, D., Ishii, J. and Yi, K., "The Nature and Growth of Vertical Specialization in World Trade", *Journal of International Economics*, Vol. 54, No. 1, 2001, pp. 75–96.

---

① 不同概念的研究侧重差异详见蒲华林（2011），第7页。

于国内销售的那一部分分工。本书赞同蒲华林（2011）的观点，认为国际产品内分工这一概念更能维护国际分工从产业间发展到产业内再进一步发展到产品内的逻辑顺序和理论上的历史传承。为此，本书主要采用国际产品内分工这个概念，但不明确区分与其他概念的差别，也使用离岸、外包和垂直专业化等术语。

国际产品内贸易是指由国际产品内分工所引起的中间投入品贸易（田文，2005）。正如上文对生产过程涵盖范围的限制，本书研究的产品内贸易是指货物类产品生产的制造环节，在全球范围内分布后所引起的中间投入品贸易。

国际产品内贸易与国际产业间贸易、国际产业内贸易既紧密相连又有所区别。国际产业间贸易是指不同产业之间产品的跨国相互贸易；国际产业内贸易是指同一产业内部产品的跨国双向贸易活动，而所谓同一产业内部的商品一般要求按照国际贸易商品标准分类（Standard International Trade Classification，SITC）至少前三位相同，即至少属于同一类、同一章、同一组的商品。田文（2005）认为，产品内贸易与产业间贸易、产业内贸易是交集的关系，他指出，当把产品内贸易所涉及的零部件、中间产品按照 SITC 三分位类别进行分类时，"涉及的产业可能从类到章到组，如在汽车生产的产品内分工结构中，中间产品包括发动机、仪表盘、刹车、离合器、电池、轮胎、座位、外壳等许许多多产品，在这些产品中，一部分仍属产业内分工，而另一部分则已不属一个产业内了"。卢锋（2004a）认为，产品内贸易与产业内贸易存在本质的区别："标准贸易理论大都研究最终产品，它们暗含一个基本假定，就是所有产品都在特定国家内部生产，因而没有考虑产品生产过程发生工序和区段国际分工的可能性。产品内分工，虽然在语义上似乎应当包含在行业内分工的范围以内，但是，鉴于国际贸易理论对行业内贸易和分工概念的标准理解，产品内分工与行业内分工含义存在本质区别。"本书认为，产品内贸易与产业间贸易、产业内贸易既有联系又有区别，前者以中间产品为主，而后两者以最终产品为主，但这些中间产品可能属于同一产业，也可能属于不同产业。因此，在产品层面，产品内贸易与产业间贸易、产业内贸易存在本质的区别，但在产业层面，产品内贸易与产业间贸易、产业内贸易又存在交集关系，三者间的联系与区别大致如图 1-5 所示。随着生产技术的进步，生产过程越复杂，生产过程可分割的环节越多，这三种贸易形态越容易互相转换，也越来越密不可分。

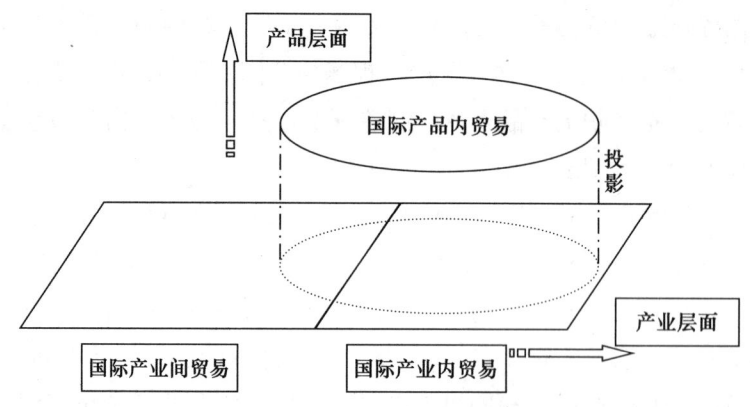

图 1-5　三种国际贸易形态的结构关系

资料来源：笔者参考朱慧（2008）整理获得。

二　不同技能劳动力收入分配的相关概念

工资收入或工资报酬是指劳动者个人全部收入中与劳动密切相关的部分，包括基本工资、奖金、津贴以及其他与劳动相关的收入。工资收入只是劳动力收入的重要组成部分，一方面，对于多数发展中国家而言，工资收入仍是广大劳动力的主要甚至唯一收入来源；另一方面，工资以外的其他收入比如财产性收入、转移性收入等在数据统计上缺乏连续性和完备性，因此，本书将工资收入作为劳动力收入的代理指标。

根据一国的经济发展水平和数据的可获得性，国际上对劳动力的分类方法主要有两种：一种是按教育程度来划分，如对发达国家，将受过大学及以上教育的劳动力定义为熟练劳动力或称为高技术劳动力，其他为非熟练劳动力或称为低技术劳动力。对发展中国家，可能把获得高中及以上文凭的劳动力定义为熟练劳动力，其他为非熟练劳动力。另一种是按工作性质来划分,不在生产第一线的工人(非生产性工人)或者白领工人定义为熟练劳动力,在生产第一线的工人(生产性工人)或者蓝领工人视为非熟练劳动力。本书第六章的实证分析,按工作性质对劳动力进行划分,科技活动人员视为熟练劳动力,其他非科技活动人员均为非熟练劳动力。第七章根据劳动力所接受的教育程度进行划分,分为高等教育劳动力、中等教育劳动力和低等教育劳动力三类。

工资收入分配格局是指各类劳动力的工资收入在收入分配中的比例关系,其与不同劳动力的相对就业及相对工资密切相关。如果将一个国家的劳动力分为熟练劳动力和非熟练劳动力两组,则相对工资为熟练劳动力平均工资和非熟练劳动力平均工资之比,本书有时也把该比率称为工资差距或工薪差距。

第三节 研究内容与结构

一 研究的核心问题

本书围绕以下问题展开:

(1)在多边国际分工体系中,各国参与国际产品内分工的模式有何差异?如何识别和测度不同国际产品内分工模式及程度?

(2)国际产品内分工及其不同模式怎样影响不同技能或教育程度劳动力的相对需求和相对工资?作用机制和渠道有哪些?

(3)不同国际产品内分工模式对中国工业部门熟练劳动力与非熟练劳动力收入分配的作用效应如何?

(4)不同国际产品内分工模式对各国高、中、低教育劳动力收入分配的作用效应如何?

二 研究思路

本书在归纳已有研究的基础上,首先,对国际产品内分工的发展及其当前格局进行考察。其次,深入剖析国际产品内分工的不同模式,将国际产品内分工区分为低端型国际产品内分工与高端型国际产品内分工，并提出适合的识别和测度方法对多个国家（地区）及中国工业部门展开相应的考察。再次，参考格罗斯曼和罗西·汉斯伯格（Grossman and Rossi-Hansberg, 2008）的理论分析框架，对国际产品内分工及其不同模式影响不同技能劳动力相对需求、相对工资的作用机制进行理论分析。最后，分别从国内行业层面和跨国宏观层面对国际产品内分工不同模式的收入分配效应进行经验研究。本书的研究思路及结构如图1-6所示。

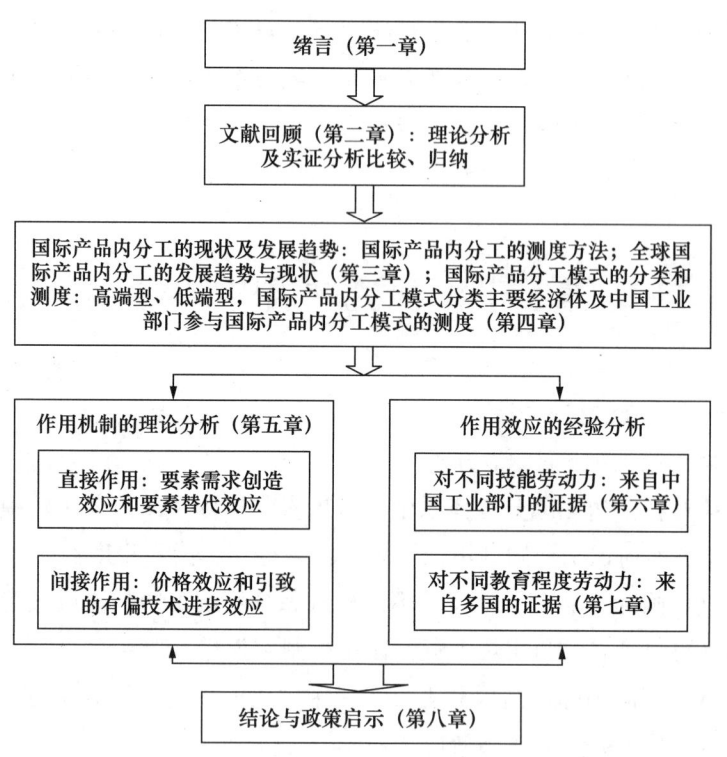

图1-6 本书的研究思路及结构

三 研究内容安排

基于上述思路，本书共分为八章，具体研究内容安排如下：

第一章阐述本书的选题背景及意义、相关概念、本书的研究内容及结构安排和研究方法。

第二章从理论与实证两个方面对有关国际产品内分工影响要素收入分配的文献进行梳理和比较。在综述理论研究文献时，按各理论分析框架或模型的不同设定，分单一产品内分工模型、单一产品内分工的扩展模型和多元产品内分工模型三类进行整理。对经验分析文献，根据研究对象的不同，分国外研究、国内研究进行整理。同时还分别对理论研究和实证研究做了简单评述和小结，指出了各自的前沿进展。

第三章对全球国际产品内分工的发展及格局现状进行测算和分析。首先，对国际产品内分工的现有测度方法进行比较，提出了本书的测算方法：在国别宏观层面，用一国中间产品进口占该国总进口的比重来衡量该国参与国际产品内分工的程度；在中观行业层面，用修订后的垂直专业化指数来衡量各行业的国际产品内分工水平，在具体测算垂直专业化指数时，突破了"中间产品进口与国内生产比例等于最终产品进口与国内生产比例"这一假设，采用 BEC 法垂直专业化指数。然后，用上述两种测度指标分别考察了全球国际产品内分工的发展、区域结构、国别结构及产品结构，中国进口中间产品的类别结构和来源结构，以及中国工业部门的国际产品内分工总体水平和行业分类水平。

第四章对国际产品内分工模式进行分类和测度。依据菲恩斯特拉和汉森（Feenstra and Hanson, 1996a）的模型，本书将产品内分工分为低端型国际产品内分工与高端型国际产品内分工，并依据技术复杂度对进口中间投入品进行动态分类，实现对两种不同产品内分工模式的识别及测度。然后，分别对 45 个国家（地区）参与两种国际产品内分工模式的程度进行考察，根据各国低端型、高端型国际产品内分工水平的不同，把 45 个国家（地区）划分为四类不同层次梯队；同时，对中国工业部门参与两种国际产品内分工模式的水平进行了测算，指出中国低技术部门已逐步从低端型国际产品内分工向高端型国际产品内分工升级，但高技术部门参与国际产品内分工的模式尚无明显升级迹象。

第五章从理论上分析国际产品内分工对不同技能劳动力收入分配

的作用机制。在综合各种理论研究中的作用机制和效应以及参考格罗斯曼和罗西·汉斯伯格（2008）的理论分析框架后，本书认为，国际产品内分工对熟练劳动力、非熟练劳动力相对需求、相对工资的影响路径包括直接作用机制与间接作用机制。其中，直接作用主要通过要素需求创造效应和要素替代效应产生，间接作用则包括产品价格效应和国际产品内分工引致的有偏型技术进步效应。然后分析了低、高端型产品内分工如何通过这四种作用机制影响不同劳动力的相对需求与相对工资，产生偏向何种劳动力的收入分配效应。

第六章构建动态模型计量检验国际产品内分工及其不同模式对中国工业部门收入分配的影响。首先，对中国工业部门1996—2011年熟练劳动力与非熟练劳动力之间的工资差距及熟练劳动力的就业、工资份额变化进行考察，并对熟练劳动力工资份额的变化进行分解，也对各行业的熟练劳动力工资份额、国际产品内分工水平这两个变量的变化趋势关系进行事实描述。其次，运用SYS—GMM估计方法，分总效应、行业分类效应、模式分类效应、直接作用效应与间接作用效应等多角度，检验国际产品内分工对中国工业部门熟练劳动力工资收入份额的影响。研究发现，无论是低端型还是高端型产品内分工模式，均会显著提高行业熟练劳动力的工资份额，加剧熟练劳动力与非熟练劳动力间的工资差距。不过，这两种分工模式的内在作用机制和渠道并不相同。

第七章计量检验国际产品内分工及其不同模式对不同教育程度劳动力的收入分配影响。根据世界投入产出数据库，首先，考察27个样本国1998—2009年三类劳动力的工资差距、就业结构及报酬份额，发现教育溢价明显。其次，以27个国家1998—2009年的宏观面板数据为样本，分发展中国家组、发达国家组及样本整体三种情况，用FGLS方法检验国际产品内分工及其低端型、高端型两种模式对高等、中等和低等教育三类劳动力报酬份额的直接影响与间接影响。检验发现，低端型国际产品内分工显著降低了高等教育劳动力的报酬份额，高端型国际产品内分工则明显降低了低等教育劳动力的报酬份额，国际产品内分工的综合效应相对偏向中等教育劳动力。不过，这种影响主要发生在发展中国家，并没有证据支持国际产品内分工提高了发达国家的中等教育劳动力报酬份额。

第八章对全书进行了总结，归纳了本书的主要结论和发现，在此基础上提出了一些政策启示。

第二章 文献回顾

20世纪80年代以后,许多国家特别是美国等发达国家的熟练劳动力与非熟练劳动力之间工资差距普遍上升(Feenstra,2003),这一问题引起了公众、政策制定者及学术界的极大关注,出现了贸易与技术进步之争。早期一些学者认为,贸易竞争是引起非熟练劳动力相对就业减少、相对工资降低的主要因素,如Revenga(1990)、Murphy和Welch(1991)、Borjas等(1992)。但之后越来越多的学者指出,技术进步(Technological Change),有时也称为技术变革,对劳动力市场有着更大的影响,贸易的影响则是次要的,甚至微不足道的(Bound and Johnson,1992;Berman et al.,1994;Lawrence and Slaughter,1993;Krugman and Lawrence,1994)。从伍德(1994)、Acemoglu(1998)开始,学者开始意识到不能单独看待贸易和技术进步各自对劳动力市场的影响,尤其是不能忽略贸易对技术进步的影响。特别对发展中国家来说,其技术进步很大一部分源自发达国家向发展中国家的技术扩散,而贸易和投资是引起该类技术扩散的重要渠道(Xu and Li,2008)。

与上述研究视角不同,菲恩斯特拉和汉森(1996a)认为,生产活动的跨国外包是引起熟练劳动力与非熟练劳动力之间工资差距扩大的又一个重要原因。之后,众多学者对国际产品内分工的要素收入分配影响展开了研究,本书从理论与实证两个角度对这些文献进行回顾和整理。

第一节 国际产品内分工影响要素相对需求、价格的理论研究

本节重点梳理有关国际产品内分工影响要素相对需求及相对价格的各理论分析框架和模型,剖析国际产品内分工的作用机制、传导途径及制约因素。各种理论模型和分析框架的设定略有不同,如有的以发达国家为研究对象,也有少数以发展中国家为本位;有些模型仅包含一个最终产品生产部门及进行产品内分工;有些则设定有两个最终产品生产部门但仅其中一个部门参与产品内分工,另有一些假设两个产品部门都可以参与产品内分工。本书以下部分将根据模型的不同设定、从单一到多元分类阐述有关国际产品内分工影响要素收入分配的重要理论研究文献。

一 单一产品内分工模型

(一) F—H 模型

一般认为,国际产品内分工发生后,当发达国家将低技术工序转移到发展中国家时,会降低母国对非熟练劳动力的需求,但会增加东道国对非熟练劳动力的需求。菲恩斯特拉和汉森(1996a)对此提出了不同的观点,并最早建立理论分析模型(F—H 模型),指出,跨国外包会同时提高两国的技术密集度,从而增加对熟练劳动力的相对需求,并最终扩大两国内的工薪差距。

F—H 模型以 DFS 模型(Dornbusch et al., 1980)为基础,假设一个发达国家(熟练劳动力相对富裕)和一个发展中国家(非熟练劳动力相对富裕)用熟练劳动力、非熟练劳动力和资本三种要素生产一种制成品,且该制成品由连续性中间产品无成本组装而成。把这些中间产品根据技术密集度从低到高按序排列,两国根据要素禀赋和比较优势进行国际产品内分工,发达国家将专业化生产技术密集度相对较高的那部分中间产品,发展中国家则专业化生产技术密集度较低的剩余部分中间产品。

当因为外国直接投资（FDI）流入使发展中国家的资本存量相对增加，或发展中国家发生中性技术进步时，两国间的分工发生变化，一部分在发达国家属技术密集度最低区段的中间产品生产活动将离岸到发展中国家进行，而这部分中间产品在发展中国家却属于技术密集度最高区段。因此，新分工模式下，发达国家和发展中国家的中间产品生产活动平均技术密集度都有一定的提高，两国国内都将增加对熟练劳动力的相对需求，熟练劳动力与非熟练劳动力的工资差距随之扩大。菲恩斯特拉和汉森（1996a，1996b，1999，2003）的系列实证检验也支持了上述理论观点。另外，菲恩斯特拉（1998）进一步指出，外包的影响类似技能偏向型技术进步，外包的要素偏向性决定了其对不同要素的作用。

（二）塞文·W. 阿恩特的 $2 \times 2 \times 2$ 分析框架

阿恩特（1997）的研究结论与 F—H 模型完全相反，认为国际产品内分工下劳动密集型生产环节的离岸并不会对就业与工资造成冲击，反而会使两国的劳动力工资相对上升。

图 2-1 和图 2-2 分别代表发达国家 A 国和发展中国家 B 国参与国际产品内分工后的工资变化情况。假定国际产品内分工模式为：A 国和 B 国均为小国，产品内分工前后价格不变；两国生产两种产品 Y 与 X，其中，Y 为资本密集型产品，X 为劳动密集型产品；在技术进步作用下，劳动密集型产品 X 的生产可分解为两个阶段、资本投入相对密集的 X_1 阶段和劳动投入相对密集的 X_2 阶段；产品内分工发生后，A 国将集中进行 X_1 阶段的生产，B 国将主要承接 X_2 阶段的生产。

对发达国家 A 国（见图 2-1），国际产品内分工前，由等产量线 Y_0 和 X_0 决定的相对工资率为 (w/r)，即图 2-1 中与等产量线 Y_0 和 X_0 同时相切的直线斜率，在该工资率下，Y 产品与 X 产品的扩张线分别为从原点 O 出发的射线 y 与 x。产品内分工发生后，A 国将劳动投入相对密集的 X_2 阶段离岸至 B 国，国内只剩下 X_1 阶段，在原 (w/r) 的要素相对价格下 X 部门的生产扩张线调整为 x_1，专业化分工降低了 X 产品的生产成本，单位价值等产量线 X_0 向左下角内移为 X'。新的均衡要素相对价格变为 $(w/r)'$，$(w/r)'$ 线也同时与 Y_0 及 X' 相切。$(w/r)'$ 线比 (w/r) 线更陡峭，意味着劳动工资相对上升。国际产品内分工后，发达国家的劳动相对工资会上升。其机制在于：分散化生产使产品 X 的生产成本更低了，由于产品 X 的价格没有变化，因此，产品 X 的生产利润升高，导致更多的生产要素从产品 Y 的生产转移到产品 X 的生产上。尽管 X_1 的生产已经比原来产品 X 要使用更多的资本，但 X_1 这一生产阶段在发达国家仍然比产品 Y 要使用更多的劳动力。当资源从资本密集型行业向劳动密集型行业转移时，劳动的相对需求增加，从而引起工资率上升。工资率上升进一步导致资本对劳动的替代，最终使产品 Y 的生产和产品 X_1 的生产上都出现比原来更高的资本劳动投入比。在图 2-1 中表现为产品 Y 的等产量线和新的产品 X 等产量线即 X′与等成本线 $(w/r)'$ 的切点均比原来高，或者新的产品 X 和产品 Y 的生产扩张线均处于原来的生产扩张线的上方（y′、x_1' 比 y、x_1 的斜率大）。为此，阿恩特进一步指出，国际产品内分工发生后，发达国家的总就业量并不减少，只不过存在一定的就业结构调整，从 X_2 到 X_1，少量从 Y 到 X_1。而且这一就业调整带来的阵痛要低于行业间调整所带来的摩擦，因为多数是行业内的甚至可以说是公司内的一些调整。

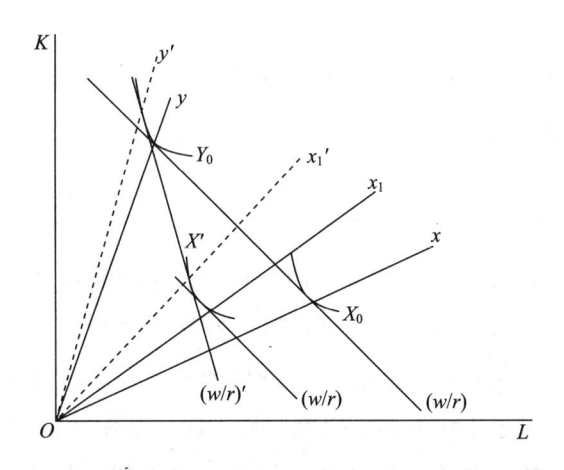

图 2-1　发达国家 A 国相对工资变化

资料来源：Arndt, S. W., "Globalization and the Open Economy", *North American Journal of Economics and Finance*, Vol. 8, No. 1, 1997, pp. 71-79.

相应地，对发展中国家 B 国（见图 2-2），国际产品内分工前由等产量线 Y_0^M 和 X_0^M 决定的相对工资率为 $(w/r)^M$。国际产品内分工后 B 国将从事劳动投入相对密集的 X_2 阶段的生产，类似发达国家的生产调整机制，新的均衡要素比价为 $(w/r)^{M'}$，即发展中国家的相对工资也提高了。

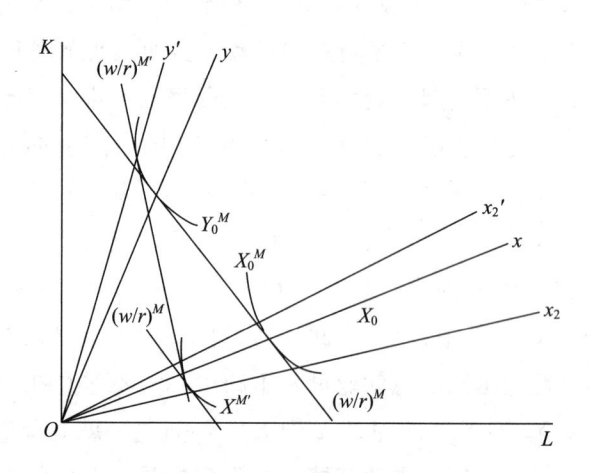

图 2-2　发展中国家 B 国相对工资变化

资料来源：同图 2-1。

为此，阿恩特（1997）认为，国际产品内分工对要素相对价格的影响类似于部门偏向型技术进步，无论是发达国家还是发展中国家，由于假设产品内分工仅发生在劳动密集型行业，因此，最后劳动工资提高了。

（三）F—H 模型与阿恩特（1997）分析框架的比较

F—H 模型与阿恩特模型（1997）的结论完全相反，而且前者认为国际产品内分工对要素价格的影响依赖于离岸环节的要素偏向性，后者却认为，决定于离岸的部门偏向性。深入剖析两者的研究前提与假设，可发现两者并不矛盾，结论的差异源自前提的不同。F—H 模型中包含经济紧密联系的两个国家，产品价格和要素价格由两国产品市场和要素市场同时达到均衡时获得，即价格内生。正如克鲁格曼

(2000)指出,他们的模型类似一个封闭型经济,而封闭型经济中往往是技术进步(或离岸)的要素偏向性决定要素相对价格。相反,在阿恩特的分析中,研究对象是开放小国经济,产品价格外生不变,因此,类似利默(Leamer,1998)的"技术变革的部门偏向性作用"的观点,是离岸的部门偏向性起主要作用。另外,两个模型隐含的作用机制也不完全相同:对离岸母国,在F—H模型中假设有三种投入要素但只产出一种最终产品,国际产品内分工对不同要素的影响决定于生产活动平均要素密集度的变化;而阿恩特(1997)分析框架中有两种产出,产品内分工对要素相对需求和相对价格的影响主要决定于两个产品部门的相对生产扩张程度。

二 单一产品内分工模型的扩展

F—H模型与阿恩特(1997)获得了明确的结论,但更多的研究表明并非如此。当一些学者把一些其他条件如不同生产模式、要素禀赋、资本特定性等引入后,发现即使仍限定国际产品内分工只在一个产品部门进行,国际产品内分工对要素相对需求、相对价格的影响也变得不再唯一、确定了。如维纳布尔斯(Venables,1999)指出,国际片断化生产并不一定使世界要素价格收敛或发散,"甚至可能出现一些奇异结果";科勒(Kohler,2001)指出,由于在F—H模型中只有单一最终产品且所有的环节都根据要素密集度有序排列,离岸环节及两国所从事生产活动的要素密集度清晰,因此,离岸扩大后,两国相对工资的变化是确定的;而当存在多个行业(特别是当产品数超过要素数时)、多种片断化生产模式时,影响将是不确定的。

(一)多产品生产与产品内分工的要素收入分配效应

迪尔多夫(Deardorff,2001a,2001b)用多锥H—O模型研究国际片断化生产的要素价格效应,认为在要素价格不均等的多样化锥间,可能发生成本节约取向的国际产品内分工,但其对要素价格的影响是不确定的。迪尔多夫(2001a)分别用二维勒纳—皮尔斯图(Lerner - Pearce)和数理方法(假设两国偏好一致、满足C—D函数条件)演绎了片断化生产后各国相对工资的变化,假设:南北两国用资本和劳动生产一系列产品,北国资本相对富裕,南国劳动相对富裕;将这些产品按资本密集度由低到高排列，南国只生产该系列产品的一部分 X_{is}（i = 1，…，s），北国生产另外一部分商品 X_{iN}（i = s + 1，…，n），两国的生产不重叠；片断化生产模式为南国的一个产品 X_f 分解为两个环节，其中资本相对密集的环节 OZ 被安排在北国生产，而劳动相对密集的环节 ZY 则保留在南国生产。迪尔多夫（2001a）根据国际产品内分工前后两国行业要素密集度的变化，指出：（1）片断化生产后，北国要素报酬的变动决定于其所承担环节 OZ 的资本密集度与其参与片断化前的行业平均资本密集度，如果前者大于后者，则资本相对报酬增加，反之则劳动相对报酬提高。（2）片断化生产后，南国要素报酬的变动比较复杂，取决于其所承担环节 ZY 的资本密集度、参与片断化前的行业平均资本密集度及该国独立生产该产品 X_f 时的资本密集度，三者之间不同的关系将影响要素的相对报酬变化情况。

（二）一国要素禀赋与产品内分工的要素收入分配效应

琼斯和基尔兹科斯基（Jones and Kierzkowski, 2001b）扩展了阿恩特（1997）的研究，在阿恩特（1997）研究中，只涉及了发达国家把劳动密集型产品部门的劳动密集度相对高的生产环节进行离岸的情形，而琼斯和基尔兹科斯基（2001b）则探讨了多种单一行业单一环节的离岸情形，指出随着一国要素禀赋、产出模式及进行产品内分工产品部门的相对要素密集度不同，产品内分工对劳动工资的影响会有差异。

琼斯和基尔兹科斯基早在 1990 年就提出了国际产品内分工的本质与产生原因。不过，琼斯和基尔兹科斯基把国际产品内分工与贸易引起的新全球化现象用"分散化生产"加以归纳，因此是"分散化生产"的最初提出者。琼斯和基尔兹科斯基指出，分散化生产不同于一体化生产，由于产品生产过程被切割区段化，因此，对服务联系的依赖性更强，这些服务联系活动包括协调、运输、通信、管理、保险及金融支持等。分散化生产模式虽然会增加固定成本（主要由服务联系成本构成），但同时其所获得的更精细分工和专业化生产却使生产的边际成本降低，因此，随着收入和产出的增加，分散化生产成为可能和必然，而现代运输、信息技术的发展，更是加快了这一趋势。琼斯和基尔兹科斯基（2001b）用奥林匹克运动会中的十项全能冠军和单项冠军来比喻分散化生产框架下比较优势的获得，指出分散化生产所带来的更精细专业化分工，使一些擅长生产某些区段的国家获益，从而使李嘉图的比较优势深入产品内部。

琼斯和基尔兹科斯基（2001a，2001b）分析了一国各种要素禀赋比例下、承担不同要素密集型生产区段时劳动相对工资的变化情况，此处阐述两种典型情况。为分析简便，假设经济体有两种生产要素：资本与劳动；只有一种产品的生产过程被分解（见图2-3中的产品2），无组合成本；该经济体在劳动密集型环节上没有竞争力，将离岸劳动密集型环节，集中生产资本密集型环节；产品价格不变。点D、C、E分别代表生产1单位商品3、商品2、商品1所需的资本、劳动投入量，折线DCE为希克斯单位价值等产量曲线。点C表示1单位商品2可分解由环节B（资本相对密集型环节）和环节A（劳动相对密集型环节）构成，如果一国的要素禀赋比例为射线Oλ，则该经济体起初生产商品3和商品2，此时劳动相对工资为直线DC斜率。在该要素价格条件下，1单位价值投入可生产OF量的环节B和OG量的环节A。分散化生产后，该经济体负责环节B的生产，而且分工的精细化使环节B的成本降低至H点。图2-4显示，分散化生产前该经济体的单位价值等产量曲线为折线DCE，分散化生产后单位价值等产量曲线为折线DHE。如果要素禀赋比例为射线Oλ，该经济体起初生产商品3和商品2，相对工资线从DC线变为更陡的DH线，因此劳动工资上升；如果要素禀赋比例为射线Oλ′，则该经济体起初生产商品2和商品1，相对工资线CE变为更平坦的HE线，此时劳动工资反而下降了。可见，分散化生产对劳动工资的影响决定于一国的要素禀赋比例。

琼斯和基尔兹科斯基（2001b）总结指出：分散化生产对劳动工资的影响类似于部门偏向性技术进步的作用，如果分散化生产发生于资本相对密集型产品部门，则相当于资本密集型产品部门进行技术改造，劳动相对工资必将下降；反之，如果分散化生产发生于劳动相对密集型产品部门，则劳动工资将相对提高，而无论是哪个要素相对密集的环节被离岸。而产品部门的要素相对密集性却决定于该国的要素禀赋比例,如图2-4所示中,产品2可能是劳动密集型产品部门(要素禀赋比例为射线Oλ时,相对于产品3),也可能是资本密集型产品部门(要素禀赋比例为射线Oλ′时,相对于产品1),结果使工资率发生了不同的变化。

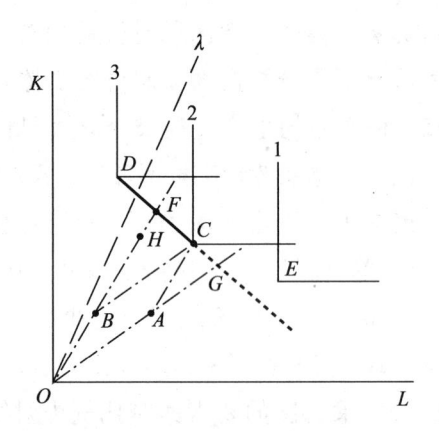

图2-3 产品2生产过程的分解

资料来源:Jones, R. W. and Kierzkowski, H., "Globalization and the Consequences of International Fragmentation", in Dornbusch, R., Galvo, G. and Obsfel, M. eds., *Money, Capital Mobility, and Trade: Essays in Honor of Robert A. Mundell*, MA: MIT Press, Cambridge, 2001b, p. 365.

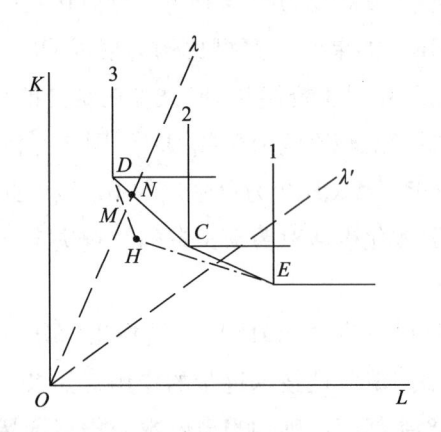

图2-4 不同要素禀赋比例下的工资变化

资料来源:同图2-3。

上述结论也适用分析国际片断化生产对发展中国家劳动工资的影响。李瑞琴（2010）在借鉴琼斯和基尔兹科斯基等研究成果的基础上，重点研究了发展中国家承接劳动密集型工序后劳动工资的变化，发现存在类似的作用规律。

Khalifa 和 Mengova（2010b）以格罗斯曼和罗西·汉斯伯格（2006，2008）的理论分析框架为基础，其研究也表明，南方国家要素禀赋的不同会影响南北两国的产品内分工模式，从而产生不同的要素收入分配效应。他们指出，如果不考虑贸易条件变化，存在一个南方国家熟练劳动力禀赋的临界点：当南方国家的熟练劳动力较富裕，超过该临界值时，北方国家企业将离岸高技术工序至南方国家，技术进步离岸成本下降后高技术工序的离岸量将扩大，结果使南方国家的工薪差距扩大；反之，如果南方国家的熟练劳动力相对较少，低于该临界值时，北方国家企业则将离岸低技术工序到南方国家，结果使南方国家的工薪差距缩小。

（三）产品内分工前后的生产模式与产品内分工的要素收入分配效应

埃格和福尔基格（Egger and Falkinger，2003）指出，母国进行国际外包前后的生产模式（专业化生产或多样化生产）决定着外包的要素收入分配影响。埃格和福尔基格（2003）在小国经济、仅一个行业发生资本密集型环节离岸或劳动密集型环节离岸的假设基础上，分别了三种外包前后母国生产均衡在多样化生产与专业化生产间变换时的要素价格影响，具体为：（1）外包前后均为多样化生产均衡；（2）外包前为专业化生产模式（仅生产某一类要素密集型产品），但外包后实现多样化生产均衡；（3）外包前可能为专业化生产模式或多样化生产模式，但外包后实现专业化生产均衡。研究指出，外包对母国要素价格的净影响决定于外包前后的生产模式及行业要素相对密集度的变化情况，部门偏向型效应与要素偏向型效应都可能出现。特例之一，如果外包前后都进行多样化生产，则外包的部门偏向性规律发生作用，即外包部门相对密集使用的要素报酬上升；特例之二，如果外包前后母国都从事专业化生产，则外包的要素偏向性起主要作用。

(四) 要素的特定性与产品内分工的要素收入分配效应

科勒（Kohler，2001）认为，H—O框架要求所有要素可以在一国内自由流动这一前提在相对短期条件下并不现实，为此，他选用特定要素模型展开研究。科勒发现，片断化生产对母国国内工资率的影响与特定要素——资本是否发生跨国流动有关，在有资本流动的情况下，无论离岸环节的要素密集度如何，都将使国内的工资率下跌；而在无资本流动的情况下，离岸环节的相对要素密集度将决定国内要素价格的变化，如果劳动相对密集的环节进行离岸则劳动力受损；反之则获益。另外，科勒（2004）指出，离岸环节所需的特定资本要素是否具有不可分割性也会影响国际片断化生产的福利效应和分配效应。田文（2007）以发展中国家从事产品内分工的加工生产与贸易为研究对象，在对琼斯（2000）的要素跨国流动对偶均衡贸易模型进行改进的基础上，分析了要素不能跨国流动、特定资本跨国流动及资本为非特定要素且可跨国流动三种不同条件下的工资租金比率变化情况，发现条件不同将导致发展中国家的工资租金比率出现不一致的变化。刘瑶（2011）建立了一个包含两种商品多种投入要素的特定要素小国模型来分析外包对熟练劳动力、非熟练劳动力相对价格的影响，指出当把土地和熟练劳动视为特定要素时，外包都将有利于特定要素所有者，不利于非熟练劳动力。因此，外包会扩大熟练劳动力与非熟练劳动力的工资差距，而无论外包中间产品的要素密集度高低、均衡状态时是否为完全专业化外包及资本是否发生跨国流动。

(五) 产品贸易价格与产品内分工的要素收入分配效应

除上述因素外，如果模型的研究对象非小国经济体，产品（包括中间产品）相对价格内生可变，则根据SS定理，贸易条件的变化将影响产品内分工对要素相对价格的作用，即产生贸易条件效应。如马库森（Markusen，2006）根据不同的分散化生产背景构建了五个模型，其基本的分析框架也是 $2\times2\times2$ H—O理论。假设北方国家原生产非熟练劳动力密集型产品Y和熟练劳动力密集型产品X，分散化生产仅发生在熟练劳动力密集型X产品部门，X的生产可分解为更高熟练劳动力密集度的环节M和中等熟练劳动力密集度的环节S，根据产品的熟练劳动力密集度从高到低排序为：M > X > S > Y。当中等熟练劳动力密集度的环节 S 离岸至南方国家后，将使两国同时对熟练劳动力的需求上升，熟练劳动力的相对工资提高。但研究进一步指出，离岸后两国的产出模式和贸易模式发生改变，两国经济总量的相对大小会影响产品 M 对 S 的相对价格，如果北方国家是大国，则其贸易条件会恶化，该贸易条件效应对熟练劳动力的工资具有副作用。在研究方法上，马库森认为，分散化生产后一国的专业化生产模式和贸易模式存在多种组合，为了使模型符合经济现实，马库森（2006）用各不等式约束条件分析总均衡，并用 GAMS 软件对模型进行编码并模拟要素相对价格及福利的变化。

三 多元产品内分工模型

当各国间存在要素价格差时，为节约成本，所有企业都有可能进行国际片断化生产，因此，少量文献突破仅一个产品部门进行产品内分工的假设局限，研究多个产品部门同时进行产品内分工后的要素价格变化。如埃格（2002）和科勒（2003）、格罗斯曼和罗西·汉斯伯格（2006，2008）、科勒（2008）、鲍德温和罗伯特·尼科德（Baldwin and Robert‑Nicoud, 2007, 2014）等。这些文献尝试建立一般化的分析框架，使其模型不仅可以分析多产品部门、多要素投入及多个产品部门同时进行产品内分工时的要素价格效应，而且努力兼容一些单一模型如 F—H 模型、阿恩特模型、琼斯模型和基尔兹科斯基模型等。不过，这些文献的研究方法、假设及兼容性也有一定的差别及局限性，如埃格和科勒的研究对象为小国经济体，因此，假设最终产品价格外生给定不变，科勒则考虑了最终产品价格因外生冲击发生变化的情况，而格罗斯曼和罗西·汉斯伯格、鲍德温和罗伯特·尼科德的模型中产品价格内生，纳入了贸易条件效应。

（一）任务贸易模型

格罗斯曼和罗西·汉斯伯格是近期被引用较多的文献，他们把国际产品内分工所引起的新贸易内容标志为任务贸易。假设每个产品的生产过程由一系列不同类型的连续任务无成本组成，信息网络技术与交通运输业的每一次革命性进步将降低离岸成本，使更多的任务发生离岸,从而对各类要素价格产生不同影响。每类任务只需要一种要素投入,为此,分为低技术任务、高技术任务和其他任务。每个任务的离岸难易度不同,且同类任务不可替代,严格互补。

他们的研究指出,任务的离岸是内生的,离岸成本决定着任务的离岸量;总体上看,离岸的工资效应并不确定,将由生产率效应、相对价格效应及劳动力供给效应共同决定。以两个行业都只进行低技术任务离岸为例:当通信、运输技术的进步使各任务的离岸成本一致下降时,将有更多的任务被转移出去以获得成本节约收益,虽然两个产品部门都获益,但由于非熟练劳动力密集型产品部门的低技术任务所占比重相对较大,因此,该部门将获得更多收益。高收益刺激生产扩张,最终使整个经济体对非熟练劳动力的相对需求上升,工资提高。该过程类似于非熟练劳动力生产率提高时对工资的作用机制,因此被称为生产率效应。非熟练劳动力密集型产品部门的生产扩张后,产出的相对增加将使其贸易价格下降,根据 SS 定理的作用机理,将降低非熟练劳动力的工资,产生负的相对价格效应。另外,国内完成的低技术任务减少,使一部分原从事这些任务的非熟练劳动力被释放出来,供给的相对增加使其相对工资下降,因此会有负的劳动力供给效应。

格罗斯曼和罗西·汉斯伯格(2006,2008)总结认为,国际产品内分工发生后,低技术任务的离岸将使非熟练劳动力的工资呈非线性的"U"形变化。在离岸初始时,离岸成本下降所产生的正生产率效应并不多,但负的劳动力供给效应却会很显著,因此,非熟练劳动力的相对工资会先下降;但当离岸量增加到一定程度时,由于生产率效应提高,该工资就会逐步上升,最终使相对容易离岸任务的投入要素获益,甚至有可能对母国产生一个帕累托改进,使各要素都受益。格罗斯曼和罗西·汉斯伯格还简略地探讨了两产品部门的低技术任务离岸成本不一致下降及高技术任务也发生离岸的各种情形,使其分析框架具有一定的兼容性。

(二)任务贸易与标准贸易理论的统一

鲍德温和罗伯特·尼科德(2007,2014)尝试把任务贸易和主流标准贸易理论进行整合，提出了一个两者可兼容的分析框架。他们认为，由于任务贸易的产生基础不同于传统最终产品贸易，因此，标准国际贸易理论特别是四大定理（分别为 H—O 定理或 HOV 定理、FPE 定理、SS 定理及 Rybczynski 定理）受到了挑战，如果研究者忽视任务贸易直接用进出口数据验证这些定理，则有可能会出现悖论。为此，他们用"影子迁移"要素向量 ΔV 及行业部门所获得的成本节约向量 S 进行调整，使各标准贸易定理在任务贸易下仍基本成立，并以此分析任务贸易对两国产出、产品价格、要素价格、贸易模式及贸易利益的影响。

鲍德温和罗伯特·尼科德（2007，2014）模型假设两国用多种要素生产多种产品，每种产品的生产过程由众多任务组成，不同于 GRH 模型中每个任务只有一种要素投入的限定，其任务包含多种要素投入，且允许发生要素替代。该模型假设母国以希克斯中性生产技术优于外国，存在效率优势 $\gamma(>1)$，即生产相同一个单位产品，外国要比母国多投入 γ 倍的生产要素 $a_{ij}^* = \gamma a_{ij}$。国际产品内分工发生后，企业把部分任务离岸到外国，并用自己的生产技术组织外国要素进行生产，但又按外国的要素价格支付报酬而非其边际产出。因此，只要母国企业离岸某一任务的协调成本低于两国间的技术优势 γ，都可获得一定的额外收益。在这一过程中，相当于部分外国生产要素迁移到了母国，但又不同于一般意义上的移民（一般意义上的移民是在母国工作并按母国工资标准支付劳酬），故为"影子迁移"。

任务贸易对各要素相对需求、相对价格的影响程度依赖于各产品部门所获得成本节约量 S 及"影子迁移"要素量 ΔV。以 $2 \times 2 \times 2$ 分析框架为例，在离岸后且假设相对价格不变的条件下，如果母国劳动密集型产品部门 X 获得的成本节约 S_X 与资本密集型产品部门 Y 获得的成本节约 S_Y 之比与两部门的要素相对投入满足 $a_{KX}/a_{KY} < S_X/S_Y < a_{LX}/a_{LY}$，则母国两种要素的报酬率都上升；如果 X 部门获得的相对成本节约很大，出现 $S_X/S_Y > a_{LX}/a_{LY}$，则母国劳动工资率上升，而资本报酬率下降；相反，如果 X 部门获得的相对成本节约很小，甚至 $S_X/S_Y < a_{KX}/a_{KY}$，则母国劳动工资率下降，但资本报酬率上升。

鲍德温和罗伯特·尼科德（2014）用上述方法分析了多种离岸情形，如禀赋相似两国行业内双向离岸、垄断竞争下的离岸等。他们还特别指出，当东道国企业可以购买母国离岸任务的产出时，东道国要素的收入不仅受相对价格效应影响，而且获得隐含的技术转移收益。

四 理论研究简评及展望

尽管20世纪90年代以来国际产品内分工对要素收入分配影响分析的理论研究有了较大的进展：在研究方法上，除定性描述和勒纳—皮尔斯图分析外，越来越多地采用数理方法，从而使演绎和推导日趋严格与规范；在研究对象参与国际产品内分工模式的设定上，从起初的小国经济下仅涉及一个产品部门的单一要素密集型任务的定向离岸逐步扩展到大国经济下多个产品部门多类要素密集型任务的同时、双向离岸；在影响因素上，逐渐将生产模式、要素禀赋、资本特定性、技术进步、离岸成本等纳入其中。但是，这些研究多以标准贸易理论框架（如 H—O 模型或特定要素模型）为基础，其前提是要素完全自由流动、充分就业、企业及劳动力同质等，因而使这些模型在对现实问题进行解释时有一定的局限性。

目前，突破这一局限性的前沿方法是基于劳动力市场的不完全性，结合企业的异质性考察国际产品内分工对异质劳动力群（个）体的工资不平等问题。赫尔普曼等（Helpman et al., 2011）指出："较近期地，有一股新研究浪潮将劳动力市场摩擦与异质性企业的贸易模型组合在一起，如公平工资模型（Egger and Kreickemeier, 2009; Amiti and Davis, 2011）、效率工资模型（Davis and Harrigan, 2011）、搜寻与匹配摩擦模型（Helpman and Itskhoki, 2010; Helpman et al., 2010; Mitra and Ranjan, 2010; Felbermayr et al., 2011）等。"虽然上述学者以最终产品贸易为核心解释变量而非国际产品内分工，但也有一些涉及或延伸到了国际产品内分工的收入分配效应分析。

伯纳德等（Bernard et al., 2007）突破了梅利茨（Melitz, 2003）模型中只有一种同质要素投入的局限，建立了一个包含比较优势、垄断竞争及企业异质性的标准模型，指出：（1）贸易自由化使具有比较优势的行业生产率提高更显著，因此，使该行业密集使用的要素相对价格提高；(2) 由于所有行业的平均生产率提高，产品价格下降，因此，各要素的实际收入会提高；而且如果生产率效应足够大，该国稀缺要素的实际收入也会提高，发生反 SS 定理现象。总之，异质性企业行为所产生的生产率效应可能弱化新古典贸易理论中稀缺要素实际收入下降的幅度。

埃格和克雷克默尔（Egger and Kreickemeier，2009）在琼斯和基尔兹科斯基（2001a）分析框架上引入受公平约束的效率工资模型，研究当存在非市场出清工资率和非自愿失业时国际片断化生产对就业及相对工资的影响；科勒和罗纳（Wrona，2010）在特定要素模型上引入搜寻与匹配型失业，研究格罗斯曼和罗西·汉斯伯格模型中任务贸易的工作岗位创造效应超过替代效应时的条件。

阿米特和戴维斯（Amiti and Davis，2011）结合了梅利茨模型和赫尔普曼等的搜寻模型考察最终产品及中间投入品关税下降对企业平均工资的影响。他们假设同一行业内的企业存在异质性，一些企业的产品仅在国内市场销售，而另一些企业选择出口、离岸或两类涉外业务同时涉及。研究指出，最终产品进口关税下调后，由于竞争的加剧，非出口企业，特别是进口竞争型企业的利润和工资将下降；相反，出口企业的利润和工资将上升；中间投入品进口关税下降后，相比于仅使用本土投入品的企业，离岸企业的利润和平均工资将增加，最终使不同企业间的工资差距扩大。Sethupathy（2013）采用包含异质性企业和工资谈判的分析框架研究离岸的工资与就业效应：他设定企业具有生产率异质性，将内生决定高生产率企业进行离岸活动；只有一种同质劳动力投入要素，但劳动力市场存在不完全竞争，存在搜寻成本和引致租金分享的工资谈判现象。研究发现，母国离岸企业的国内工资相对较高，但其提供的工作岗位由于同时存在负的替代效应与正的创造效应，因此，就业净变化并不确定；不发生离岸活动的母国本土企业的国内工资会低一些，而且其所提供的就业机会将因生产收缩而减少。本书的实证检验表明，上述工资变化预测成立，但对就业的影响和理论预测并不相同。

第二节 国际产品内分工影响不同技能劳动力收入分配的经验研究

理论研究与实证分析永远并行，众多学者也对国际产品内分工的就业、工资及收入差距效应进行了大量的实证研究。本节主要考察实体国际产品内分工对不同技能劳动力间的收入分配影响，并根据研究对象的不同进行梳理和分类。

一 国外研究

（一）对发达经济大国的研究

伯曼等（1994）最早研究分析国际外包的劳动力市场效应，他们认为，贸易和国际外包对美国制造业就业结构的影响很小，生产性工人和非生产性工人间的相对就业变化主要由劳动节约型技术进步引起，电脑的普及和研发投入则强化了技术进步的偏向性作用。菲恩斯特拉和汉森（1996b，1999）首次通过实证检验指出，国际外包对美国制造业的非生产性工人工资份额具有显著正影响，扩大了美国的工薪差距。以菲恩斯特拉和汉森的研究为里程碑，此后国外大量经验文献开始涌现。

菲恩斯特拉和汉森（1996b）参照伯曼等（1994）将工人分为两大类：非生产性工人与生产性工人，其中，非生产性工人包括经理、专业人士、技师、销售人员、文书工作人员等；生产性工人包括手艺工人、操作工、体力劳动者、服务员、农民等。每个行业的外包水平用进口的中间投入品成本在非能源材料购买的总成本中所占的比重来衡量，中间产品包括零部件和委托外加工品。然后利用伯曼等的成本函数回归模型，检验了实体外包对美国1972—1992年四分位制造业非生产性工人相对工资收入份额的影响。发现广义实体外包可解释美国1979—1990年31%—51%的非生产性工人工资收入份额上升。菲恩斯特拉和汉森还指出，伯曼等仅用零部件代表中间产品，使美国制造业的外包水平被低估，从而得出外包不足以解释美国非生产性工人和生产性工人间相对就业变化这一结论。菲恩斯特拉和汉森（1999）首创"零利润"条件两步法，把要素价格与商品价格、生产技术联系了起来，指出相对工资变化必定反映为价格变化和生产率变化之和。用这种方法，他们指出，国际外包对美国制造业1979—1990年非生产性工人工资收入份额上升贡献了15%，而与电脑使用等相关的技术进步则贡献了35%。

莫里森和西格尔（Morrison and Siegel，2001）基于美国1959—1989年、450个四分位行业数据实证检验了技术、贸易、服务外包对不同学历劳动力就业及报酬的影响作用，其中劳动力根据所受教育程度的不同被划分为四类：高中以下、高中、高职及大学。研究指出，技术进步的影响作用明显强于贸易、外包，计算机及研发投资的增加将显著减少对无大学学历劳动力的需求，而对具有大学学历的劳动力产生需求增加的作用；贸易也会对低等教育劳动力产生负影响，但无证据显示其会增加对高等教育劳动力的需求；外包对各类劳动力均产生了负影响，其中对无大学学历劳动力的负影响尤为突出。

Hijzen等（2005）检验了国际外包对英国1982—1996年50个行业低、中、高技术劳动力工资收入份额的影响。国际外包用各行业的进口中间投入占产出增加值比重衡量。他们参考格雷戈里等（Gregory et al.，2001）的分类方法，根据标准职业分类法（Standard Occupational Classification，SOC）将劳动力分为高技术劳动力、中技术劳动力和低技术劳动力。其中，高技术劳动力包括经理及行政人员、专业人士；中技术劳动力包括专业辅助人员、技工、文员和秘书、手艺工人、个性化安保服务人员、销售员等；低技术劳动力为操作工及其他。研究发现，国际外包对低技术劳动力的工资收入份额为显著负效应，但对中技术劳动力及高技术劳动力无显著影响。Hijzen（2007）采用了菲恩斯特拉和汉森的"零利润"条件两步法考察国际外包与技术变革对英国1993—1998年三分位制造业工资不平等的影响，以及这两个解释变量影响作用的要素偏向性与部门偏向性。研究指出，国际外包与技术变革都对低技术劳动力工资收入份额产生了显著负影响，但对高技术劳动力的影响不显著，其中，技术变革的影响更大些。此外，技术变革的效应更具要素偏向性，而国际外包的效应则更具部门偏向性。

　　Falk 和 Koebel（2002）、Geishecker（2006）、Geishecker 和 Gorg（2008）、Horgos（2009）针对德国展开研究。Falk 和 Koebel 把劳动力划分为三类，高技术劳动力为拥有大学或高等学位的工人，中技术劳动力是指通过长期职业培训拥有资格证书且一般为工头、领班及技师的这一类工人，低技术劳动力为学徒以及其他工人，然后以德国 1978—1990 年 26 个行业数据为样本进行实证分析。研究发现，国际外包对其国内低技术劳动力的相对需求为显著负效应，但对中、高技术劳动力无显著影响，而且产出与资本投入增加引起的规模效应远远高于不同劳动力间的替代效应。Geishecker 将德国的国际外包变量根据目的地加以区分，发现德国到中东欧国家的实体外包对国内低技术劳动力的工资份额产生了显著负影响。Horgos 用四种方法测度国际外包，分别为 IITM 指数（进口投入品占行业总进口的比重）、IITI 指数（进口投入品占行业总投入的比重）、IIGO 指数（进口投入品占行业产出增加值的比重）及 VS 指数，并以德国 1991—2000 年各行业的工薪差距（高中以上学历劳动力工资/高中及以下学历劳动力工资）为被解释变量进行检验。指出国际外包测度方法的不同将使其工资效应有差异，其中，IITM 指数的总影响显著为正，IIGO 指数为弱显著为正，IITI 指数为负但不显著，VS 指数为正但不显著。Geishecker 和 Gorg 以德国 1991—2000 年家庭与行业的匹配数据为样本，实证分析国际外包对员工小时工资的作用，计量结果表明，外包对工资有显著影响，外包每增加一个百分点，将使低等教育劳动力的小时工资下降 1.5%，但使高等教育劳动力的小时工资上升 2.6%，对中等教育劳动力的影响则不显著。

　　斯特劳斯·卡恩（Strauss–Kahn，2004）用初中及以下学历工人代表低技术劳动力，大专及以上学历工人代表高技术劳动力，发现国际垂直专业化分工显著降低了对法国制造业低技术劳动力的需求，1975—1985 年引起了 11%—15% 的下降，1985—1993 年则超过 25%，而且到非 OECD 国家的国际垂直专业化比到 OECD 国家的负影响作用大很多。

Helg 和 Tajoli（2005）用对外加工贸易进口占行业总产出的比重衡量意大利、德国制造业参与国际分散化生产的程度，发现国际分散化生产会提高意大利对高技术劳动力的相对需求，但对德国的影响不显著。

Yan（2006）的研究表明，跨国外包会显著提高加拿大非生产性劳动力的相对就业与相对工资收入份额。当以非生产性劳动力的收入份额为被解释变量时，信息通信技术（Information and Communication Technologies，ICT）支出的正影响大于外包；当以非生产性劳动力的就业份额为被解释变量时，则外包的正影响更大一些。

Sanghoon Ahn 等（2008）考察了外包尤其是到东亚地区的国际外包对日本、韩国劳动力市场的影响，其中日本的样本数据包括1988—2002年108个行业部门，韩国的样本数据包括1993—2003年78个行业部门。他们把劳动力根据教育程度划分为高等、中等及低等三类，分别检验了日本、韩国到世界、亚洲、北美、欧盟、中国及亚洲"四小龙"的外包对三类劳动力工资份额的影响。研究发现，到不同目的地的外包会对日本、韩国三类劳动力的工资份额产生不一样的影响，大致上，日本、韩国到亚洲特别是到中国的外包会对低等教育劳动力产生不利影响，而对高等教育劳动力产生有利影响。

（二）对发达经济小国的研究

一些研究以发达的经济小国为研究对象，如埃格和埃格（Egger and Egger，2003，2005）、Lorentowicz 等（2005）以奥地利20个行业为研究样本，Hsieh 和 Woo（2005）针对中国香港到中国内地的离岸活动展开，Ekholm 和 Hakkala（2006）、Andersson 和 Karpaty（2013）着重分析瑞典的情况。

埃格和埃格（2003，2005）指出，奥地利到中东欧国家的国际外包会增加对高技术劳动力的相对需求，而且埃格和埃格认为，行业间的相互作用会进一步扩大对高技术劳动力的需求效应，但 Lorentowicz 等（2005）用奥地利的总国际外包量进行检验则发现，实体离岸在1995—2002年使高技术劳动力的相对需求及相对工资收入份额分别下降了24%、14%。Lorentowicz 等（2005）指出，其与埃格和埃格（2003，2005）产生相反的结论是由于埃格和埃格只考虑奥地利到中东欧国家的外包，而且奥地利往往又把一些低技术密集的生产环节离岸至中东欧国家，因此，该类外包对高技术劳动力的相对需求产生了正影响。类似地，Hsieh 和 Woo（2005）发现，中国香港对中国内地的中间产品贸易提高了对中国香港高技术劳动力的相对需求和相对收入，其对中国香港工薪差距的贡献度达50%左右。

Ekholm 和 Hakkala（2006）根据瑞典1995—2000年89个行业的数据，分别考察到低收入国家的离岸和到高收入国家的离岸对获得初等教育、中等教育和高等教育三类劳动力工资收入份额的影响，研究表明，到低收入国家的离岸将对中等教育程度的员工产生显著负影响，而对高等教育程度的员工产生显著正影响；到高收入国家的离岸则有完全相反的作用。此外，两类离岸对仅获初等教育的员工似乎都没有显著影响。Andersson 和 Karpaty（2013）用瑞典1997—2002年约1900家企业的数据进一步分析了不同离岸对两类劳动力（大专及大专以上、高中及高中以下）相对工资收入的影响，他们同时考虑实体离岸和服务离岸，并根据离岸目的地的不同又各自分为四类：到高收入国家的离岸、到东欧国家的离岸、到亚洲低收入国家的离岸以及到其他低收入国家的离岸。研究发现，相比服务离岸，实体离岸的影响非常小；无论是到高收入国家还是到低收入国家，服务离岸都对高等教育劳动力的工资收入及就业产生了显著的正影响。

（三）对发展中国家的研究

相对而言，以发展中国家为研究对象的文献比较少。可能受数据限制，在实证分析全球化对发展中国家收入分配影响时，多数研究偏向于用进出口贸易或 FDI 数据来加以解释，详见综述 Goldberg 和 Pavcnik（2007），只有较少文献用国际产品内分工作为核心解释变量进行经验分析。

Egger 和 Stehrer（2003）根据捷克、匈牙利、波兰3个国家1993—1999年二分位制造业数据，采用动态面板计量方法分析了国际外包（用各行业的中间产品进出口额衡量）对这些国家工资收入差距的短期、长期效应。研究发现，作为离岸承接国，无论是中间产品进口或出口都降低了非体力劳动者的工资份额，对体力劳动者产生了有利影响，因此，较大程度地缓和了这些国家的收入不平等问题。

Amiti 和 Cameron（2012）利用印度尼西亚 1991—2000 年制造业行业层面的关税数据和企业职工工资数据，考察中间投入品和最终产品关税下降对印度尼西亚技能溢价（用非生产性工人与生产性工人的工资比率衡量）的影响。研究指出，印度尼西亚是一个非熟练劳动力非常富裕的国家，其所进口的中间投入品往往比最终产品的技术密集度更高，因此，关税下降后，中间投入品进口的增加会降低行业对熟练劳动力的相对需求，从而减缓了技能溢价。计量回归结果显示，中间投入品的进口关税每下调 10%，将引起进口企业平均 10% 的技能溢价下跌幅度；相反，最终产品进口关税的下降并没有对技能溢价产生显著影响。Kasahara（2016）根据印度尼西亚制造业企业职工受教育程度的不同，将职工分为小学以下、小学、初中、高中、大学、研究生六类，用 1996 年和 2006 年企业面板数据考察进口中间产品对不同教育程度职工相对需求的影响。研究发现，中间产品进口增加会提高两类职工的相对需求，分别为生产性工人中的高中学历职工和非生产性工人中的大学学历职工，不过，这一影响在不同企业间存在差异性。研究还指出，如果按传统方法，将职工仅划分为非生产性工人与生产性工人两大类，则中间产品进口增加并不会对非生产性工人的相对需求产生显著影响。

二 国内研究

与国外相比，国内有关国际产品内分工对收入分配影响的研究相对滞后。近些年来，随着国内学者对国际产品内分工研究的深入，有关国际产品内分工影响不同技能劳动力需求、工资及收入差异的研究才逐渐丰富。以下根据国内实证文献中所选取的被解释变量进行分类综述。

（一）以相对就业为被解释变量

唐宜红和马风涛（2009）以中国 20 个工业行业、1992—2005 年数据为样本，用各行业的工程技术人员人数与本行业总就业人数的比率代表熟练劳动力的相对就业，实证检验国际垂直专业化对中国劳动力就业结构的影响。研究发现，国际垂直专业化显著降低了各行业工程技术人员的就业占比，其中，对劳动密集型行业的负影响最大，资本密集型行业其次，资源密集型行业的负影响最小。臧旭恒和赵明亮（2011）也发现，垂直专业化分工总体上降低了中国工业部门对熟练劳动力的相对需求，尤其是在中低技术行业这一负影响更为明显，但垂直专业化分工增加了对高技术行业熟练劳动力的相对需求，相应回归系数为正且通过了显著性检验，不过，系数值小于总体行业和中低技术行业的对应值。林文凤（2013）根据世界投入产出数据库，实证考察了国际垂直专业化对中国33个工业行业、1995—2009年高等、中等、低等教育劳动力的就业份额影响，发现国际产品内分工对高等、低等教育劳动力的就业有促进作用，但减少了中等教育劳动力的相对就业。其中，对低等教育劳动力的影响大于对高等教育劳动力的影响；高技术产品内分工的影响大于一般产品内分工的影响。

王俊和黄先海（2011）参考 Geishecker（2008）以狭义外包率衡量各行业的国际产品内分工水平，并根据进口中间产品将外包率又进一步拆分为了制造外包率（中间产品为工业原材料等物质投入品）和服务外包率（中间产品为交通运输、金融保险等服务产品）。他们的回归结果显示，外包不能显著地提升中国制造业的就业结构，总外包率、制造外包率、服务外包率的回归系数尽管是正的但均不显著。对行业的分组检验显示，外包比率系数不仅不显著而且还出现了方向性的差异，其中，低技术行业外包率的回归系数为负，而高技术行业和中等技术行业的外包率回归系数为正。对此，王俊和黄先海认为，中高技术行业总体技术含量相对较高，即使国内企业仅完成非核心的生产、加工环节，但为了完成跨国公司的外包任务，将增加相应的技术人员配备，提高从业人员的平均技能水平，因此，中高技术行业参与国际产品内分工有利于提升国内的就业结构；但低技术行业参与国际产品内分工时，主要是利用低技术劳动力进行简单加工装配，因此，反而可能使技术人员的就业比重下降。

蔡宏波和陈昊（2012）用进口中间产品占行业总投入的比重测度各行业的国际产品内分工水平，并突破"相同比例假定"，用 DJ 指数

(Daveri and Jona-Lasinio，2008）衡量广义材料外包率、服务外包率和狭义材料外包率。以基于1997年、2002年、2007年28个行业三年隔断式面板数据为样本，使用P2SLS方法计量分析后发现，广义材料外包对科技活动人员的就业份额影响显著为负，服务外包的影响显著为正，狭义材料外包的影响也显著为正，且各类型外包对劳动力结构的影响存在显著的行业差异。

唐东波（2011）、喻美辞和熊启泉（2012）检验了中间产品进口额对就业结构的影响。唐东波（2011）发现，中间产品进口与国内高技能工人就业存在一定的替代关系，回归系数显著为负。喻美辞和熊启泉（2012）指出，来自美国、日本等8大贸易伙伴国的中间产品进口额并没有对中国劳动力市场产生显著影响，但其通过资本—技能互补效应、技能偏向的技术溢出效应提高了中国制造业熟练劳动力的工资和就业份额，扩大了熟练劳动力与非熟练劳动力之间的相对工资差距，加剧了工资不平等。

唐东波（2012a）开展了国内少有的以工业企业微观数据为样本的实证研究。各企业的垂直专业化份额用出口生产的全部进口中间产品价值占其总出口值的比例表示，并根据各企业进口中间产品的国别来源，将其区分为来自OECD等发达国家的中间产品进口份额VSSH和来自亚非拉等低收入国家的进口中间产品份额VSSL。检验发现，企业的总垂直专业化水平VSS对高技能工人就业比重的影响为负但不显著，而VSSH的影响显著为正，VSSL的影响显著为负。对此，唐东波（2012a）认为，是由于来自发达国家的中间产品技术含量较高，因此，需要高技能劳动力与之匹配，而来自发展中国家的中间产品则仅需投入低技术劳动力，从而使VSSH、VSSL对就业结构产生了相反的作用。

（二）以相对工资为被解释变量

王中华等（2009）、赵明亮和臧旭恒（2011）、王晓磊和陆甦颖（2011）均用垂直专业化率衡量各行业的国际产品内分工水平，检验其对熟练劳动力相对非熟练劳动力工资差距的影响，但他们的计量结果却有一定的差异。王中华等发现，垂直专业化显著提高了熟练劳动力的相对工资,且对资本密集型行业的影响大于对劳动力密集型行业的影响;王晓磊和陆甦颖也发现,垂直专业化对相对工资产生了显著正影响,不过其中对劳动密集型行业的正影响最大,技术密集型行业其次,对资本密集型行业的影响小且不显著。

赵明亮和臧旭恒(2011)、刘瑶和孙浦阳(2012)、胡昭玲和刘彦磊(2014)得出了与上述研究相反的结论。赵明亮和臧旭恒的回归结果显示,垂直专业化对全部行业、中低技术行业及高技术行业的影响均为负但不显著。刘瑶和孙浦阳以熟练劳动力不能在行业间自由流动的技术特定性模型为基础,发现当熟练劳动力不能在行业间自由流动时,中国承接的非熟练劳动力密集型外包缩小了工业部门熟练劳动力与非熟练劳动力的相对工资,而且行业的技术特定性会加强外包这一影响。胡昭玲和刘彦磊用各行业进口的中间投入品占总中间投入的比重测度国际产品内分工水平,并根据世界投入产出数据库,按照劳动力的受教育程度,将接受初等、中等教育的低技能和中等技能劳动力合称为非熟练劳动力,将受过高等教育的高技能劳动力称为熟练劳动力。系统GMM估计结果显示,国际产品内分工显著缩小了中国工业行业的相对工资差距,而且行业技术密集程度越高,所受的负影响越大。对此,他们指出,是由于中国在国际生产分工体系中主要从事非熟练劳动力密集型生产环节,多数时候仅是对从国外进口的中间产品进行简单加工装配,因此,不利于高等教育劳动力的工资提升。

(三)以相对工资收入为被解释变量

不同于其他经验分析的实证模型,盛斌和牛蕊(2009)以中国31个工业行业1998—2006年的面板数据为样本,借鉴菲恩斯特拉和汉森的"零利润"条件两步法估计生产性外包对行业全要素生产率、平均工资及要素收入分配的影响。生产性外包水平用各行业中间产品出口占行业总出口的比重加以衡量。他们的检验结果显示,外包显著地提高了各行业的平均工资水平,其中对高技术行业和资本密集型行业的影响尤为显著。外包的直接作用加上其与外资的联合作用,使其对样本期内的工资增长贡献度高达80%左右。进一步利用"委托要素价格法"设定的方程进行回归,发现外包同时显著提高了不同技能劳动力的工资份额，但其对高技术劳动力报酬的正影响明显大于对低技术劳动力的正影响，这意味着外包扩大了中国熟练劳动力和非熟练劳动力之间的工资收入差距。

滕瑜和朱晶（2011）重点考察中间产品出口对熟练劳动力相对工资收入的影响，分别以各行业中间产品出口值与中间产品产出值的比重、各行业中间产品出口值与总出口值的比重为核心解释变量。一阶差分 GMM 估计法的检验结果显示，中间产品贸易对工业行业熟练劳动力的相对工资收入具有显著正影响，随着我国中间产品贸易的发展，中间产品贸易占总体贸易比重的增加必然会加剧我国熟练劳动力和非熟练劳动力工资收入差距的扩大。蔡宏波等（2012）指出，广义材料外包、狭义材料外包对制造业熟练劳动力工资份额有显著的提升作用，但服务外包的影响不显著。

除了上述三类被解释变量，也有一些学者采用其他收入指标检验国际产品内分工对中国收入分配的影响。如孙辉煌（2007）用基尼系数衡量收入差距，发现在中国宏观国家层面中间产品出口额的增加会显著提高基尼系数，即扩大了熟练劳动力与非熟练劳动力间的收入差距；王中华和梁俊伟（2008）同样用基尼系数衡量收入差距，也发现，国际垂直专业化分工对中国收入差距有显著的扩大作用。宗毅君（2008）指出，国际产品内分工同时促进了中国资本和劳动密集型行业的工资增长，但其对资本密集型行业的促进作用更大，因此会在一定程度上扩大行业间的工资差距，进而间接地扩大不同技能劳动力间的工资差距。戴魁早（2011）认为，垂直专业化提高了中国高技术行业的工资收入水平，但其对各行业的影响存在显著差异，其中对航空航天器制造业工资增长的促进作用最大，接下来，依次为电子及通信设备制造业、医药制造业、电子计算机及办公设备制造业和医疗设备及仪器仪表制造业。

三 经验研究小结及前沿进展

（一）现有经验研究特点

对比上述不同文献的研究对象、方法、数据及结果，可以发现，近 20 多年来，有关国际产品内分工影响不同技能劳动力收入分配的经验分析呈以下几个特点：

在研究对象上，国外研究明显以发达国家为主，对发展中国家的研究相对较少。所采用的样本也多以行业数据为基础，直至近几年，以企业、家庭或劳动力个体数据为样本的经验研究才开始出现和增多。国内研究则基本围绕中国工业部门展开考察，一般以二分位行业数据为样本，以企业微观数据为基础的研究目前仍较少。

在劳动力划分标准上，主要依据所从事职业或获得的教育程度进行分类。国外部分研究将劳动力划分为两大类：熟练劳动力与非熟练劳动力，或高技术劳动力与低技术劳动力，或生产性劳动力与非生产性劳动力，或白领工人与蓝领工人；也有研究将劳动力划分为如高等教育劳动力、中等教育劳动力与低等教育劳动力三类。国内研究则主要根据工作性质将劳动力分为两大类，通常将科技活动人员视作熟练劳动力，其他均归为非熟练劳动力。

在国际产品内分工的测度方法上，国内外多数文献结合投入产出表用进口中间投入品占增加值、总投入、总产值的份额来测度一国的实体国际产品内分工（离岸、外包）程度，或用狭义材料外包，或用广义材料外包，或两种方法同时使用。此外，近年来，越来越多的国外文献对中间产品的来源地加以区分，考虑不同国际产品内分工伙伴国对本国不同技能劳动力收入分配的影响。如分为高收入国家与低收入国家，或分为 OECD 国与非 OECD 国，或按地区分为亚洲国家与中东欧国家等，使不同国际产品内分工格局的收入分配效应得到比较分析。相对而言，除唐东波（2012a）外，国内还鲜少有研究对中国进口的中间产品来源地进行区分，基本以各行业的总国际产品内分工水平为核心解释变量。

在实证模型构建上，虽然实证分析方法主要有熟练劳动力需求估计法、"零利润"条件估计法和 GDP 函数估计法三种（王中华和代中强，2008），但其中建立在短期成本函数基础上的熟练劳动力需求估计法最为常用。该方法最早出现于伯曼等（1994），随后菲恩斯特拉和汉森加以进一步的应用和推广，之后该方法逐渐成为研究工资差距、收入差距、就业结构的基准模型（喻美辞和熊启泉，2012）。也有少许文献通过"零利润"条件两步法来进行估计，如菲恩斯特拉和汉森、Hijzen、盛斌和牛蕊等。"零利润"条件两步法把要素价格与商品价格和生产技术联系了起来，因此可获得较为准确的计量结果，但因其对数据要求较高，所以学者较少使用。

在被解释变量的选择上，国外学者在研究国际产品内分工对劳动力市场的影响时，无论是针对就业结构、工资差距还是收入差距的研究，如果回归模型以短期成本函数为基础，一般均以各类劳动力报酬份额为被解释变量。国内研究在构建回归方程时，虽然也以短期成本函数为基础，但被解释变量可能被替换为熟练劳动力的就业份额或相对工资（以非熟练劳动力平均工资为分母）。对此，伯曼等（1994）指出，熟练劳动力的相对工资份额变化是衡量劳动力需求结构和技能结构变化的一个更好的指标。一方面，由于熟练劳动力的相对工资上升具有替代作用，反而会减少熟练劳动力的就业；另一方面，由于熟练劳动力或非熟练劳动力自身的技能升级，熟练劳动力的就业份额会低估劳动力需求向熟练劳动力转移的程度。这两方面的原因使熟练劳动力的就业份额变化不能完全体现熟练劳动力相对需求的变化。另外，相对工资受劳动力供给变化的影响，也不能完全地体现各类劳动力的需求变化。

在研究结论上，各经验分析结果存在较大差异。相对而言，国外研究将劳动力进行二分法时，计量结果较为统一，多数经验研究发现，国际产品内分工偏向熟练劳动力，会增加熟练劳动力的就业与工资报酬份额。但当国外研究把劳动力划分为三类或更多类别时，基于不同样本数据的计量结果差别较大。国内研究的回归结果也较不统一，其中，国际产品内分工对熟练劳动力就业份额的影响以负为主，对熟练劳动力与非熟练劳动力相对工资的影响有正有负，而对熟练劳动力工资收入份额的影响以正为主。

（二）经验研究趋势

近年来，随着企业微观数据及家庭、劳动力个体数据的丰富，针对不同企业、劳动个体工资差异的经验研究开始增多，根据采用数据的不同，可以分为以下两类：

一类是基于企业数据。Biscourp 和 Kramarz（2007）利用法国 1986—1987 年和 1991—1992 年企业数据考察离岸对企业生产性劳动力与非生产性劳动力就业的影响，研究发现，狭义离岸水平与法国企业就业量下滑显著相关，尤其对生产性劳动力（非熟练劳动力）的就业具有明显负影响。需说明的是，Biscourp 和 Kramarz 并没有提及"离岸"这一术语，而是采用了最终产品进口和中间投入品进口这两个指标，但仔细比较这两个指标的测算方法，会发现他们使用的最终产品进口相当于菲恩斯特拉和汉森（1999）研究中使用的狭义离岸水平，而中间投入品进口则相当于狭义与广义离岸水平之差。阿米蒂和戴维斯（2011）除了构建理论模型考察最终产品及中间投入品关税下降对企业平均工资的影响，同时利用印度尼西亚 1991—2000 年制造业企业层面数据验证了其理论预期。此外，Amiti 和 Cameron（2012）、Kasahara（2016）也采用了印度尼西亚制造业企业层面数据。Mion 和 Zhu（2013）则基于 1996—2007 年的比利时企业数据分别考察了来自中国的进口、到中国的离岸这两种活动对比利时企业就业增长率、存活率及技能升级的影响，研究显示，离岸会增加比利时企业的存活率，同时提高非生产性劳动力的占比，影响虽小但却非常显著。

另一类是基于员工—企业匹配数据。员工—企业匹配数据库有些可公开获得，如美国的 CPS（Current Population Survey）数据库；有些则具有机密性，需要依靠特定统计机构才能获得，如丹麦的雇主—雇员匹配数据库。美国 CPS 数据库含有单个员工的年龄、性别、工作经验、收入、受教育程度、所属行业及职业类别等信息，但在使用过程中需要将员工数据、贸易数据分别按行业或职业进行分类、匹配统计。丹麦的雇主—雇员匹配数据库则同时提供了企业、员工的各变量面板信息，能够方便地对企业、员工展开考察。

埃本斯坦等（Ebenstein et al.，2014）基于美国 1983—2002 年 CPS 数据的经验分析表明，进出口及离岸等对美国不同职业工人工资的影响大于对不同行业工人工资的影响，离岸迫使工人从工资较高的制造业岗位流动到其他低工资的部门或职业，而且工人所从事的岗位越普通、越常规，越易受到冲击。埃本斯坦等（2014）还发现，与低收入国家的离岸活动会使美国工人的工资下跌,而与高收入国家的离岸活动则将提高美国工人的工资。Liu 和 Trefler(2011)也获得了与埃本斯坦等相似的结论,他们基于 1996—2007 年 CPS 数据考察了美国对中国、印度的离岸活动对员工岗位流动的影响,发现这些离岸活动分别使工资提高型岗位流动、工资降低型岗位流动增加了 4% 和 17%,即离岸更偏向将员工推向低工资职业。

Munch 和 Skaksen(2009)根据丹麦 1993—2002 年、55 个行业与 71105 个员工的匹配数据考察跨国外包及本土外包对员工个体工资的影响。他们认为,跨国外包对工资的影响包括两种效应,即比较优势效应和分工效应,但本土外包只有分工效应。由于丹麦是一个高技术劳动力富裕的国家,因此,理论上预测跨国外包的比较优势效应将对丹麦的富裕要素—高技术劳动力产生有利影响,而本土外包和跨国外包的分工效应则对高技术劳动力和低技术劳动力产生相似的影响。随后的实证检验表明,跨国外包确实提高了接受更多教育员工的工资,而降低了仅获基础教育和职业教育这两类员工的工资;相反,本土外包提高了后两类员工的工资,但对接受更多教育员工的工资没有显著影响。

哈梅尔斯等(2014)利用丹麦的企业—员工匹配数据从企业微观及劳动力个体层面考察了进出口及离岸活动对就业及工资的影响,研究发现,相比其他因素,企业的离岸活动会对就业及工资产生更强力、更持久的冲击,而且这一过程中,低技术劳动力所受打击远甚于高技术劳动力;相比之下,自然科学及工程从业者比社会科学及语言从业者面临更大的工资下降危机。

鲍姆加滕等(Baumgarten et al.,2013)把每个员工从事的任务划分为高技术任务(往往属非常规性的、需要面对面进行的)和低技术任务(一些常规性工种),利用德国 1991—2006 年行业—员工匹配数据发现,离岸对劳动力个人小时工资的负影响与工人是否发生行业间流动及其所从事的工种息息相关:若不考虑工人的跨行业流动,离岸对工资的负影响较温和,但如果把工人的行业间流动考虑在内,则发现离岸将显著降低了工人工资,不过,一些非常规性的、需要面对面进行的交互式职业员工所受的负影响会小一些。

  总之，越来越多的前沿研究开始基于微观、异质数据进行经验分析，而数据的细分使实证检验结果更具解释力。

第三章 国际产品内分工的现状及发展趋势

20世纪后半期逐渐兴起的第三次科技革命极大地推动了社会生产力的发展，改变了人类经济活动的技术基础，使世界各国之间的经济联系得到了前所未有的加强。从20世纪80年代开始，国际分工出现了一个引人注目的新现象，即产品生产过程中包含的不同工序和环节被分散到不同国家进行，从而形成了以工序、环节为对象的新型国际分工形态。随着生产工序"可分技术"的升级、通信和运输交易成本的下降、世界贸易和投资自由化的盛行、全球跨国企业的涌现、新兴市场国家的出现（曾铮，2009），该新型国际分工在过去的20多年里迅速兴起，逐渐成为当今世界最为普遍的分工方式之一。

第一节 国际产品内分工的测度方法

一 产品内分工的常用测度方法

国际产品内分工是根据某一最终产品生产过程中各个生产环节展开的纵向国际分工，因此，必然伴随着大量中间投入品的跨国流动。但从产品本身的性质来说，由于缺乏产品转移信息，很难区分中间产品与最终产品。用于生产过程的是中间产品，直接到达消费者手中的是最终产品，产品是作为中间产品还是最终产品，只有在使用中才能确定。而且随着科学技术的不断进步，生产环节间的纵向分工日益精细、曲折，中间产品的种类逐渐增多，这使国际产品内分工及贸易的准确衡量变得非常困难，因此，至今尚未形成一套完善的、得到一致认可的测度方法和指标体系。目前，研究者基于对产品内分工的不同认识,依据贸易数据、投入产出数据,用不同的代理变量来测度国际产品内分工,其中使用较多的测度方法及指标包括以下三大类。

(一) 基于贸易数据的衡量

国际产品内分工的一个特点是进口(出口)零部件或中间产品在本国(国外)生产组装成最终产品,然后出口(进口),因此,可以采用零部件或中间产品贸易数据来衡量一国参与国际产品内分工的程度。此外,也可以依据加工贸易数据来反映一国的国际产品内分工水平。

方法一:零部件贸易数据法。Ng 和 Yeats (2001) 最先对零部件和成品贸易加以明确区分,他们根据 SITC (Rev. 2) 贸易商品分类目录,将第七大类商品——机械及运输设备 (SITC 7) 中的 50 种商品归为零部件,然后利用东亚零部件贸易数据研究了国际生产分享的原因、幅度和动机。Athukorala (2006) 在改版后的 SITC (Rev. 3) 基础上,把商品名称中提到零部件的均归为零部件范畴,最终将 SITC 7 中 168 类五分位商品和第八大类商品——杂项制品 (SITC 8) 中 57 类五分位商品共 225 类归为零部件,并以此分析了东亚国家在全球零部件贸易中的地位和作用。Zeddies (2007)、陈静等 (2009) 采用 Athukorala 的分类方法,分别考察了西欧 17 个国家、东亚 10 个经济体的零部件贸易影响因素。

方法二:中间产品贸易数据法。联合国国民核算体系 (SNA) 把所有产品分为资本货物、中间产品和最终消费品三大产品类别,为此,许多学者选取其中的中间产品分类对国际产品内分工进行考察。联合国 2002 年推出的第四版《广义经济类别分类》(Classification by Broad Eeonomie Categories, BEC) 中的 16 个基本类型与国民核算体系中的资本品、中间产品和消费品三类的对应关系如表 3-1 所示,其中,中间产品包括 111、121、21、22、31、322、42 和 53 这 8 类产品。此外,联合国还提供了 BEC 分类与不同版本 SITC 五分位、HS 六分位商品的对应关系表,因此,可以根据 SITC 五分位、HS 六分位商品贸易数据,进一步统计出一国以及各行业的中间产品进出口额(当然,数据筛选过程比较烦琐),并据此测度一国及各行业参与国际产品内分工的程度。如唐海燕和张会清（2009）利用 BEC 分类划分的国际贸易分类体系及分类贸易数据，对中国在国际产品内分工体系中的竞争力和地位进行评判。

表 3-1　　　　　SNA 分类和联合国 BEC 分类对应

SNA	BEC 代码	BEC 分类描述
资本品	41	资本货物（除运输设备外）
	521	运输设备，工业
中间产品	111	食品和饮料（初级），主要用于工业
	121	食品和饮料（加工），主要用于工业
	21	未归类的工业用品（初级）
	22	未归类的工业用品（加工）
	31	燃料和润滑剂（初级）
	322	燃料和润滑剂（加工，不包括汽油）
	42	资本货物（除运输设备外）零配件
	53	运输设备零配件
消费品	112	食品和饮料（初级），主要用于家庭消费
	122	食品和饮料（加工），主要用于家庭消费
	522	运输设备（非工业）
	61	未归类的消费品（耐用品）
	62	未归类的消费品（半耐用品）
	63	未归类的消费品（非耐用品）

资料来源：引自联合国《广义经济类别分类》（第四版），第 6 页。

方法三：加工贸易数据。在许多国家的海关统计中，根据贸易方式的不同，将对外贸易分为一般贸易和加工贸易。如中国海关将加工贸易定义为经营企业进口全部或者部分原辅材料、零部件、元器件、包装物料（又简称料件），经加工或装配后，将制成品复出口的经营活动，包括进料加工、来料加工、装配业务和协作生产。显然，这种先进后出的加工贸易非常符合国际产品内分工及贸易的特点，因此，一国加工贸易的进出口额占总贸易额的比重也能近似地反映该国参与产品内分工的水平。一些学者尤其是国内学者常利用中国加工贸易数据测度中国参与国际产品内分工的程度,如 Helg 和 Tajoli（2005）、张纪（2009）、胡昭玲和张蕊（2008）等。

以零部件或中间产品贸易数据衡量国际产品内分工比较直观,数据也相对易得,因此,在以宏观视角了解全球、区域、双边或一国的国际产品内分工水平时较多使用。但也有两个缺陷:一是很难将各类贸易商品清晰、准确地区分为零部件、中间产品或最终产品;二是开展行业或企业层面实证分析时,还需进一步将贸易数据按行业、企业统计口径一一匹配、对应,而这会产生一定的偏差。加工贸易数据同样直观,而且可以方便地进行行业、企业层面的统计,但问题是许多国家的对外贸易统计中并没有把加工贸易单独列出来,因此很难用于多国间的比较。

(二) 结合投入产出数据的衡量

投入产出表,提供了中间投入品和产出的数据,而中间投入品份额正是产品内分工赖以量化的基础。因此,基于投入产出表结合贸易数据的度量成为国际产品内分工量化中较常用的方法。根据 Horgos（2009）的整理,主要包括以下四个指标:

指标一:进口中间投入品占总进口比例（Imported Inputs as Share of Total Imports, IITM）。其计算公式为:

$$IITM_t \equiv \frac{\sum_{j=1}^{J}\sum_{w=1}^{W}I_{wjt}}{M_t} \tag{3-1}$$

式中,I_{wjt}为 t 期 j 行业产品生产过程中来自 w 行业的进口投入品,M_t 为 t 期该国的总进口。IITM 值越大,表示进口中属于投入品的越多,一国利用国外投入品的程度越高;反之则表示一国利用的国外投入品越少。使用该指标的研究有 Yeats（2001）、Egger 等（2001）、Chen 等（2005）。该指标的分子通过对各行业的进口中间投入品使用量累加获得,而分母为一国的总进口,因此,当行业分类很细时,IITM 值可能会被高估。

指标二:进口中间投入品占总投入比例（Imported Inputs as Share

of Total Inputs，IITI）。其计算公式为：

$$IITI_t \equiv \frac{\sum_{j=1}^{J}\sum_{w=1}^{W}I_{wjt}}{\sum_{j=1}^{J}\sum_{w=1}^{W}Q_{wjt}} = \frac{\sum_{j=1}^{J}\sum_{w=1}^{W}I_{wjt}}{\sum_{j=1}^{J}\sum_{w=1}^{W}(I_{wjt}+D_{wjt})} \quad (3-2)$$

式中，Q_{wjt} 为 t 期 j 行业的投入品中来自 w 行业的那部分，包括 w 行业的进口投入品和 w 行业本国国内生产的投入品。该指标反映了一国总投入对国外投入品的依赖程度，同样，值越大表示一国利用国外的中间投入品越多；反之则越少。菲恩斯特拉和汉森（1996b）、菲恩斯特拉和汉森（1999）、Amiti 和 Wei（2005）、周申等（2010）等用此指标测算外包水平。此外，该指标的分子、分母均通过对各行业相应值累加获得，因此，相比 IITM 指标，其偏差会小一些。

指标三：进口中间投入品占总产出比例（Imported Inputs as Share of Gross Output，IIGO）。其计算公式为：

$$IIGO_t \equiv \frac{\sum_{j=1}^{J}\sum_{w=1}^{W}I_{wjt}}{\sum_{j=1}^{J}O_{jt}} \quad (3-3)$$

式中，O_{jt} 为 t 期 j 行业的总产出（一般为增加值）。该指标反映该行业进口投入与总产出的比例关系，值越大，表示 j 行业单位产出中所用的进口投入品越多；反之则越少。使用该指标的研究有埃格和埃格（2003，2005）、Hijzen 等（2005）、Hijzen（2007）、Geishecker（2006）、王俊和黄先海（2011）、Foster - McGregor 等（2013）。与IITI 指标一样，IIGO 指标的分子、分母也通过行业数据加总获得，由于行业的总产出一般大于其总投入，因此，用 IIGO 测度一国的国际产品内分工参与度时会低于用 IITI 时的水平。

指标四：垂直专业化（Vertical Specialization，VS）。Campa 和 Goldberg（1997）首先提出了垂直专业化这一指标，用来反映用于总产值的进口投入品占比。其计算公式为：

$$VS_t \equiv \sum_{j=1}^{J}\sum_{w=1}^{W}\frac{f_{wt}Q_{wjt}}{P_{jt}} \quad (3-4)$$

式中，f_{wt} 为 t 期 w 行业进口品与国内使用的比例，P_{jt} 为 j 行业产出值（一般为工业总产值）。斯特劳斯·卡恩（2004）也使用该指标，不过，目前国内外研究中使用更多的是哈梅尔斯等（2001）在此基础上提出的垂直专业化指标，即通过计算出口产品中使用的进口中间投入品份额来衡量一国的国际产品内分工水平，如刘志彪和刘晓昶（2001）、刘志彪和吴福象（2005）、Chen 等（2005）、平新乔等（2006）、张小蒂和孙景蔚（2006）、黄先海和韦畅（2007）等。

上述指标均可用来反映一国的国际产品内分工参与度，但各有差异，而且因度量方法及测度指标的不同，可能导致实证结果不同（Feenstra and Hanson, 1999; Horgos, 2009）。Horgos（2009）利用偏离份额分析法（Shift - Share Analysis）把以上四个指数分别分解成两部分，一部分用来刻画行业内因素（行业自身参与国际产品内分工程度的变化），另一部分用来刻画结构性因素（行业的结构性变化导致一国总国际产品内分工参与度的变化），并用德国的数据进行对比分析，发现垂直专业化最能衡量一个国家、地区或行业的国际产品内分工水平。吕新军和胡晓绵（2010）分别用 IITM、IITI 和 VS[①] 三种方法，测算中国 36 个工业行业 1997 年、2002 年、2007 年的国际外包率，也发现 VS 指标相对较好。

此外，需特别指出的是，在上述四个指标的测算过程中，如果不仅考虑来自本行业的进口中间投入，也考虑除本行业以外的进口中间投入，就属广义国际产品内分工测度指标，其对进口中间投入品的消耗不仅包含直接消耗，也包括多次的间接消耗。[②] 但是，如果在测算过程中仅考虑本行业的中间投入（设 w = j），对进口中间产品仅考虑本行业的直接消耗，则属狭义国际产品内分工测度指标。菲恩斯特拉和汉森（1999）最先提出国际产品内分工测度指标的广义和狭义之分，不过，他们偏向采用狭义的测度指标，认为其更贴近行业内垂直

[①] 吕新军和胡晓绵（2010）采用的第三个指标 IIGO 的计算公式其实与 Horgos（2009）的 VS 指标的计算公式一致。

[②] 有关对进口中间投入品的直接消耗与间接消耗说明可参见 Lau 等（2007）。

专业化和分散化生产现象。比如相对汽车行业，钢材的进口一般并非因离岸引起，但汽车零部件的进口却与离岸活动有很大关系。不过，Hijzen 等（2005）认为，如果行业划分得很细，则广义测度指标更适合。目前，国内外的经验研究对各类广义和狭义测度指标均有广泛使用。

（三）基于企业层面的衡量

产品是作为中间产品还是最终产品，只有具体使用的企业才能确定，因此一些学者利用企业层面数据来考察国际产品内分工。

方法一：利用行业个别代表性企业数据。如戴德里克等（Dedrick et al.，2010，2011）对苹果 iPhone 手机价值分布的研究，刘戒骄（2011）对苹果、波音和英特尔三个公司生产分割后生产组织方式的比较等。刘戒骄发现，随着竞争程度的提高，企业将重视营造成本优势，为此会倾向选择外购，使企业的外包及生产国际化分散程度逐步提高。苹果、波音和英特尔三家公司中，苹果公司所处市场竞争强度最高，因此，其外包及开放程度也高；波音公司居中，而英特尔公司面临的市场竞争相对较低，因此其微处理器、芯片组等核心产品主要由自己建立的国内外子公司生产完成，而对部分非核心产品开始逐步外包生产。

方法二：基于个别国家提供的企业层面大数据。当前，少数国家开发了企业数据库，如美国（Bernard et al.，2007）、智利（Kasahara and Rodrigue，2008）、丹麦（Hummels et al.，2014）、印度尼西亚（Amiti and Konings，2007；Amiti and Davis，2011，Amiti and Cameron，2012；Kasahara et al.，2016），这极大地便利和推进了相关研究。如哈梅尔斯等发现，如果一家企业的主营业务为制造而非零售或批发，则其进口的物资主要被作为中间产品用于生产而不是作为最终产品用于消费。因此，哈梅尔斯等（2014）认为，可以用丹麦制造企业进口物资的总价值衡量每个企业的离岸程度。

企业层面的数据使相关分析能深入、清晰地获悉特定产品生产过程中的环节、工序分工方式，也可能获得各环节增加值，且不必再受限于"比例假设"①,使国际产品内分工的测算精度明显提高。但目前提供企业层面数据的国家极少,跨国公司的数据也不易获得,因此,该方法的局限性仍较大,相对较少被采用。

二 本书采用的方法

综合考虑各指标的测算方法、考察侧重、使用频率及数据的可获得性,本书将采用中间产品贸易数据与垂直专业化指标分别考察各样本国及中国工业各行业的国际产品内分工水平。

(一) 中间产品贸易比重

在宏观国别层面,本书用一国中间产品进出口额占该国总进口的比重、总出口的比重来衡量该国参与国际产品内分工的程度,其计算公式为:

$$中间产品出口份额 = \frac{\sum_{j \in B} x_{cjt}}{\sum_{j \in J} x_{cjt}} \quad (3-5)$$

$$中间产品进口份额 = \frac{\sum_{j \in B} m_{cjt}}{\sum_{j \in J} m_{cjt}} \quad (3-6)$$

式中,x_{cjt}、m_{cjt} 分别代表 c 国 t 期 j 类商品的出口额和进口额,B 系中间产品集合,J 为贸易商品总集合。对贸易中间产品的区分以联合国 BEC 分类方法为基础,包括 111、121、21、22、31、322、42、53 共 8 类产品 (见表 3-1),也可以根据 SITC 码、HS 码与 BEC 的对应关系,把 SITC 五分位贸易商品或 HS 六分位贸易商品中的中间产品筛选出来形成中间产品集合 B。

从理论上讲,一个国家进口的中间投入品或出口的中间投入品都属于国际产品内贸易的计量范围,因此,均可以用来反映一国的国际产品内分工水平。但是,由于一国出口的产品是作为中间投入品使用还是作为最终产品使用,该出口国很难确定,因此,在衡量国际产品内分工及贸易时更偏向选用中间投入品的进口份额 (田文,2005)。

---

① 相关解释详见本章第一节第二部分"垂直专业化指标及其修订方法"相关内容。

(二) 垂直专业化指标及其修订方法

在中观行业层面，本书主要采用垂直专业化指标。根据哈梅尔斯等（2001）、平新乔等（2006）的方法，假设一国经济中有 I 个部门（或行业），可知：

$$VS_i = \left(\frac{M_i^I}{Y_i}\right)X_i = \left(\frac{X_i}{Y_i}\right)M_i^I \tag{3-7}$$

$$VSS_i = \frac{VS_i}{X_i} = \frac{M_i^I}{Y_i} = \frac{\sum_{j=1}^{I} M_{ji}^I}{Y_i} \tag{3-8}$$

式中，VSS_i 为行业 i 单位产出所需要的进口中间投入，也是该行业单位出口所需的进口中间投入；VS_i 为 i 行业出口所包含的国外增加值，该部分价值虽然从一国出口，但并不由该国创造；VSS_i、VS_i 分别表示行业 i 的相对、绝对垂直专业化程度，即本书所考察的行业国际产品内分工水平；M_i^I 表示 i 部门所使用的进口中间投入品，$M_i^I = \sum_{j=1}^{I} M_{ji}^I$，$M_{ji}^I$ 是 i 部门投入使用的来自 j 部门的进口中间投入品；Y_i 表示 i 部门的产出值，X_i 表示 i 部门的总出口，X 为一国的总出口。

一国的总垂直专业化程度为 $VS = \sum_{i=1}^{I} VS_i$，进一步定义一国的总垂直专业化指数为 VSS（Vertical Specialization Share），其计算公式为：

$$VSS = \frac{VS}{X} = \frac{\sum_{i=1}^{I} VS_i}{X} = \frac{\sum_{i=1}^{I} \left(\frac{VS_i}{X_i}\right) \cdot X_i}{X} = \sum_{i=1}^{I} \left[\left(\frac{X_i}{X}\right)\left(\frac{VS_i}{X_i}\right)\right] \tag{3-9}$$

把式（3-7）代入式（3-9），可得：

$$VSS = \frac{\sum_{i=1}^{I} VS_i}{X} = \frac{1}{X}\sum_{i=1}^{I}\left(\frac{M_i^I}{Y_i}\right)X_i = \frac{1}{X}\sum_{i=1}^{I}\frac{X_i}{Y_i}\left(\sum_{j=1}^{I}M_{ji}^I\right) \Rightarrow = \frac{1}{X}\sum_{i=1}^{I}\sum_{j=1}^{I}\frac{X_i}{Y_i} \cdot M_{ji}^I \tag{3-10}$$

令 $a_{ji} = M_{ji}^I/Y_i$，即生产一单位 i 部门产品，需要 j 部门投入 a_{ji} 单位的进口中间投入品。

将式（3-10）由矩阵形式表示为：

$$VSS = \frac{1}{X}(1, 1, \cdots, 1)\begin{bmatrix} a_{11} & \cdots & a_{1n} \\ \vdots & \ddots & \vdots \\ a_{n1} & \cdots & a_{nn} \end{bmatrix}\begin{Bmatrix} X_1 \\ \vdots \\ X_n \end{Bmatrix} = \frac{1}{X}\mu A^M X^V \quad (3-11)$$

式中，μ 为单位矩阵，$A^M = \begin{bmatrix} a_{11} & \cdots & a_{1n} \\ \vdots & \ddots & \vdots \\ a_{n1} & \cdots & a_{nn} \end{bmatrix}$ 是进口系数矩阵，$X^V = \begin{Bmatrix} X_1 \\ \vdots \\ X_n \end{Bmatrix}$ 是出口向量。

因为进口投入品用于某一产品部门后，通过该部门的产出又会被用于后续多个产品部门，即将被多次间接循环利用，为此，将式(3-11) 改写成完全系数矩阵形式：

$$VSS = \frac{1}{X}\mu A^M (I - A^D)^{-1} X^V \qquad (3-12)$$

式中，$A^D = \begin{bmatrix} b_{11} & \cdots & b_{1n} \\ \vdots & \ddots & \vdots \\ b_{n1} & \cdots & b_{nn} \end{bmatrix}$ 是国内消耗系数矩阵，元素 b_{ji} 代表生产一单位 i 部门产品，需要国内生产 j 部门 b_{ji} 单位的中间投入品，$(I - A^D)^{-1}$ 为列昂惕夫逆矩阵。A^D 与 A^M 满足投入产出表平衡关系：$A^D + A^M = A$，A 则是投入产出表中的直接消耗系数矩阵。

在计算 VSS 时，关键数据是 M_{ji}^I，以便获得 A^M，由于从中国的投入产出表无法直接获得 A^D 和 A^M，只有直接消耗系数矩阵 A，因此，只能通过对 A 进行处理从而得到 A^D 和 A^M。对此，平新乔等（2006）假设：

（1）j 部门提供的中间投入品，无论在哪个部门使用，其进口中间投入品的比例不变；假设（1）也称为比例假设，不仅 HIY 法，而且菲恩斯特拉和汉森（1999）对外包的测算、OECD 构建的国际投入产出表都应用了此假设（Hummels et al., 2016）。

（2）中间产品中进口与国内生产的比例等于最终产品中进口与国

内生产的比例。

基于这两个假设，就可以拆分出进口中的中间投入品和最终产品：

首先，引入一个系数 λ_{ji}，λ_{ji} 的含义是 i 部门生产产品时，使用 j 部门中间投入品中进口品的比例。将 λ_{ji} 与投入产出表中的直接消耗系数矩阵 A 的对应项相乘，就可以得到所需要的进口消耗系数矩阵 A^M。根据假设（1），每个部门使用 j 部门的中间投入品中进口品所占的比例完全一样，即 $\lambda_{ji} = \lambda_j$，所以只需要计算 λ_j 即可。

其次，λ_j 可根据假设（2）得到。设 F_j^M 和 F_j^D 分别表示 j 行业最终产品中进口和国内生产的数量，I_j^M 和 I_j^D 分别表示 j 行业中间投入品中进口和国内生产的数量。根据假设（2），有：

$$\frac{F_j^M}{F_j^D} = \frac{I_j^M}{I_j^D} = \frac{I_j^M + F_j^M}{I_j^D + F_j^D} \tag{3-13}$$

$$\lambda_j = \frac{I_j^M}{I_j^M + I_j^D} = \frac{I_j^M + F_j^M}{I_j^D + F_j^D + I_j^M + F_j^M} \tag{3-14}$$

即 j 行业的进口中间投入品比例 λ_j 等于 j 行业的进口 /（总产出 + 进口 - 出口）。

获得了 λ_j 就可以把投入产出表中的直接消耗系数矩阵 A 拆分成进口系数矩阵 A^M 和国内消耗系数矩阵 A^D，并最终测算出一国及各行业的 VS 与 VSS 值。

此外，i 行业的垂直专业化指数与一国的总垂直专业化指数满足以下等式：

$$VSS = \sum_{i=1}^{I} \left(\frac{X_i}{\sum_{i=1}^{I} X} \cdot VSS_i \right) \tag{3-15}$$

即一国的总垂直专业化指数其实是各行业垂直专门化指数的出口加权平均值。也可以把 I 替换成各种行业分类集合，如低技术部门或高技术部门，从而测算出这些大类部门的垂直专业化指数。

上述测度方法最初由 David Hummels、Jun Ishii 和 Kei-Mu Yi 于 2001 年提出，因此也常被称为 HIY 法。在测算过程中，A^M 和 M_{ji}^I 的获

得依赖于两个假设，显然，这两个假设的约束条件非常严格，与经济实际运行相差较大，会使 VSS 有一定的偏差。为此，有学者尝试将这两个假设尽量放松。如迪恩等（Dean et al., 2007）对假设（2）做了改进，他们把所有加工贸易进口全部视为中间投入品进口，然后把一般贸易进口按照 BEC 商品分类方法区分出中间投入品进口；黄宁和蒙英华（2012）把以加工贸易方式进口的产品归为进口中间产品；库普曼等（2012）认为，假设（1）在中国并非事实，中国出口中加工贸易占有很大的比重，而加工贸易对进口中间产品的使用和一般贸易出口及国内销售对进口中间产品的使用，两者间显然存在较大差异，因此，HIY 法的衡量结果很可能会低估出口中的国外含量，而高估出口的国内含量，为此，他们把 A^D 进一步拆分，分解为国内销售和一般贸易出口产品的国内消耗系数矩阵 A^{DD} 和加工贸易出口产品的国内消耗系数矩阵 A^{DP}，然后再测算中国各行业的 VSS 值。①

本书在测算中国各行业及全国总垂直专业化指数时，由于无法获得中国 HS（1996）六分位商品的贸易方式数据，因此，借鉴迪恩等（2007）的方法，仅对假设（2）适当放松：首先，将 HS 六位码贸易商品与 BEC 一一对应，将其中的中间产品筛选出来；其次，进一步将 HS 六位码贸易商品一一对应于相应的中国国民经济行业，统计出各行业的中间投入品进口额；最后，计算出 j 行业的"进口中间投入品/总中间投入"比值即为 λ_j，其中总中间投入可从投入产出表中直接获得。有了 λ_j，再结合假设（1），使 $\lambda_{ji} = \lambda_j$，就可获得进口消耗系数矩阵 A^M，并最终测算出中国各行业及全国的 VSS 值。本书将这一测算方法称为 BEC 法。

第二节 全球国际产品内分工的发展趋势

除非另有说明，本节所使用的贸易数据全部来源于联合国商品

---

① 有关"增加值贸易测算"的前沿研究中已越来越放松这两个假设条件，详可参考 Johnson 和 Noguera（2012a, 2012b）、库普曼等（2014）、王直等（2015）等的测算方法。

Comtrade 数据库。Comtrade 数据库中的 BEC 分类贸易数据早期覆盖的国家并不多，如1988年只有泰国的数据，1995年包含的国家数增加至115个，但1996年、1997年又分别减少为73个、64个。自1998年起大部分国家提供了连续的 BEC 分类贸易数据，数据库所包含的国家数也基本稳定在140个以上，因此，本节的样本数据时间序列为1998—2012年。

一 国际产品内分工的基本发展趋势

国际产品内分工最早出现于20世纪60年代，美国率先通过制造业的国际外包，把劳动密集型生产环节转移到墨西哥等一些发展中国家和地区以实现生产成本的降低。之后，随着科技的发展、竞争的加剧，在跨国公司的推动下，越来越多的国家开始参与这一新型国际分工。

众多学者采用不同测度方法，考察了国际产品内分工的发展趋势，不约而同地发现其呈稳定增长的趋势。菲恩斯特拉和汉森（1996a）根据投入产出表的数据，推测美国进口的中间投入品比例，发现美国进口的中间产品占比从1972年的5.3%增加到了1990年的11.6%。Yeats（2001）指出，自20世纪80年代早期以来，机械和运输设备制造业的中间投入品（零部件）贸易增长速度明显快于最终产品贸易的增长速度，零部件和附件贸易占贸易总额的比例从1978年的26.1%增长至1990年的30%。哈梅尔斯等（2001）结合投入产出表数据发现，1970—1990年，法国、英国和美国进口和出口的中间产品在贸易总额中的比例都上升了，只有日本的这一比例略有下降。Lurong Chen（2008）指出，在20世纪90年代，国际产品内分工得到了前所未有的发展，1990—2000年，零部件贸易从3550亿美元增长为8460亿美元，年均增长率达9.1%，而同期世界贸易、世界 GDP 的年均增长率分别为6.5%和3.7%，零部件贸易的增长速度远超世界贸易及世界 GDP 的增长速度。

进入21世纪后，国际产品内分工的发展有所缓和，但仍以稳定的速度增长。1998年，世界中间产品进口额为28683亿美元；2012年，世界中间产品进口额上升为99773亿美元。根据本书的测算，

1998—2012 年，世界中间产品进口、中间产品出口的年均增长率分别为 9.31%、9.05%；相应地，中间产品进口、出口占世界总进口、出口的比重分别从 54.3%、53.0%上升至 57.8%、54.9%。图 3-1 显示，自 2002 年以来，中间产品进口、出口占世界总进口、出口的比重呈逐步攀升趋势，其间虽然受 2001 年"9·11"事件、2008 年国际金融危机影响，在 2001 年、2002 年及 2009 年中间产品的进口、出口占比出现了急剧下跌，但总体呈上升趋势。2008 年国际金融危机后，2010 年即回到了国际金融危机前水平并又开始缓慢递增。

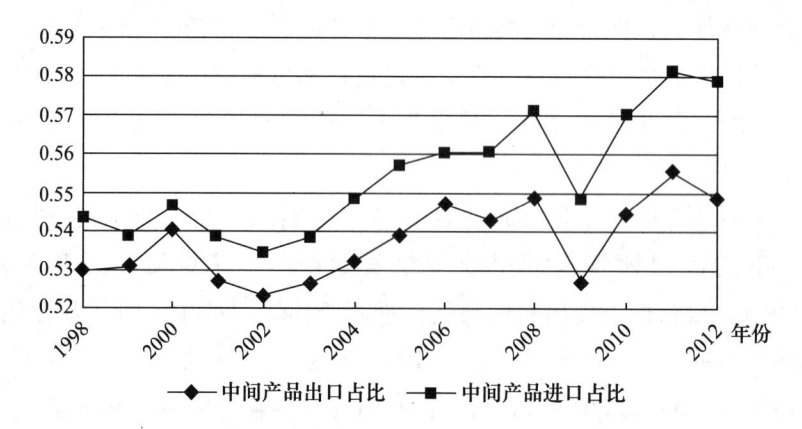

图 3-1 1998—2012 年中间产品进口、出口占世界总进口、总出口的比重
资料来源：根据 Comtrade 数据库数据整理获得。

二 三大区域的国际产品内分工发展及相互依存度

图 3-2 和图 3-3 描绘了 1998—2012 年世界三大区域参与国际产品内分工的动态变化。本书所选的三大区域分别为东亚经济圈（East Asia，简称东亚）、欧盟区（European Union，EU，简称欧盟）及北美自由贸易区（North American Free Trade Area，NAFTA，简称北美），其中，东亚包括日本、韩国、中国、中国香港、中国台湾、新加坡、马来西亚、菲律宾、泰国、印度尼西亚 10 个经济体，因 Comtrade 数据库中未提供中国台湾的贸易数据，故中国台湾未被统计在内；欧盟主要为东扩前的 15 个成员国，分别为奥地利、比利时、丹麦、芬兰、法国、德国、希腊、爱尔兰、意大利、卢森堡、荷兰、

葡萄牙、西班牙、瑞典、英国；北美主要以美国、加拿大及墨西哥的中间产品贸易数据为统计依据。1998 年，这三个区域在世界中间产品贸易总额中的占 77.4%，2012 年虽略有下降，但仍然占 71.9%；1998 年，三大区域进口的中间产品占世界中间产品总进口的份额为 77.7%，2012 年为 76.6%；1998 年，三大区域出口的中间产品占世界中间产品总出口的 77.2%，2012 年的相应份额为 66.9%。上述数据表明，国际产品内分工主要集中在这三大区域内，形成了世界三大工厂，即东亚工厂、欧盟工厂和北美工厂。

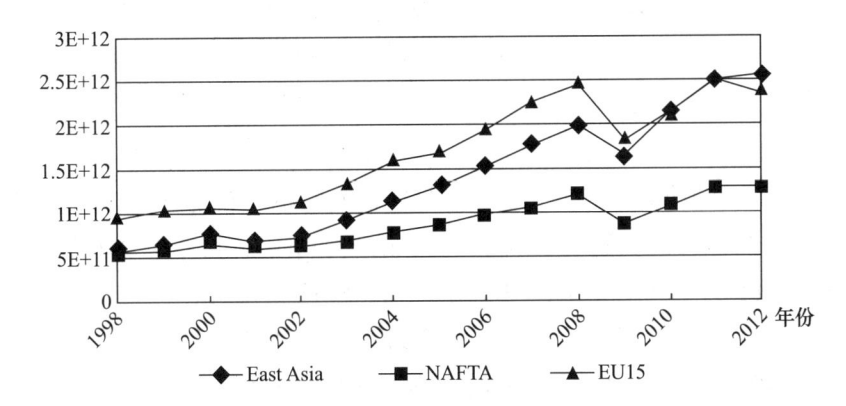

图 3-2　1998—2012 年三大区域的中间产品出口变化（美元）

资料来源：根据 Comtrade 数据库数据整理获得。

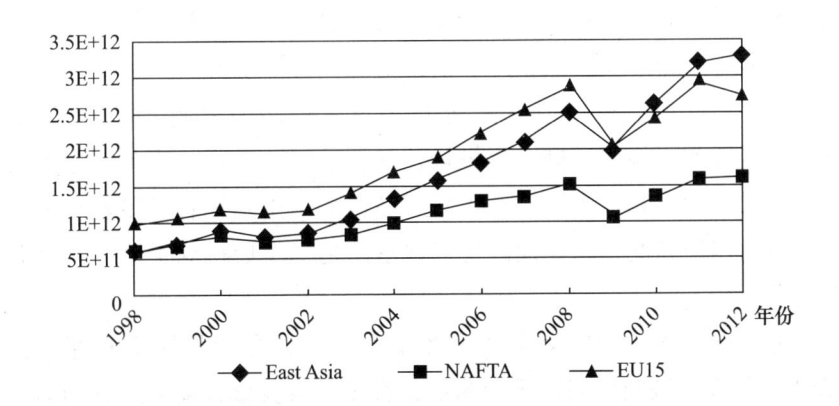

图 3-3　1998—2012 年三大区域的中间产品进口变化（美元）

资料来源：根据 Comtrade 数据库数据整理获得。

图 3-2 和图 3-3 显示，三大区域参与国际产品内分工的程度发生了一定的分化。

首先，从规模上看，三大区域的中间产品贸易规模在 2009 年之前，排序依次为：欧盟第一、东亚第二、北美第三，但从 2010 年起，东亚的中间产品贸易总量超过欧盟开始跃居第一。1998 年，欧盟、东亚和北美三个区域在世界中间产品贸易总额中的占比分别为 34.8%、21.4% 和 21.3%，2005 年分别为 32.5%、25.8% 和 18.0%，2010 年变为 27.8%、29.2% 和 14.8%，2012 年为 26.5%、30.5% 和 15.0%。当前，根据中间产品贸易数据，三大区域中，北美参与国际产品内分工的程度最低，欧盟居中，东亚的产品内分工参与程度最高。

其次，在发展趋势上，三大区域的中间产品进口、出口除 2009 年外均呈稳步增长趋势，相比之下，北美的中间产品进、出口与欧盟、东亚的差距日益扩大。1998 年，欧盟、东亚、北美的中间产品出口额分别为 9619 亿美元、5915 亿美元、5682 亿美元，对应的中间产品进口额分别为 9932 亿美元、6079 亿美元、6262 亿美元；到 2012 年，欧盟、东亚、北美的中间产品出口额分别为 23637 亿美元、25449 亿美元、12744 亿美元，对应的中间产品进口额分别为 27311 亿美元、33100 亿美元、16043 亿美元。三大区域中，东亚的中间产品贸易增长最快，东亚的中间产品贸易在世界中间产品贸易中的占比逐年上升，欧盟、北美两个地区的份额逐渐减少。东亚的中间产品进口规模、中间产品出口规模分别于 2009 年、2010 年超过了欧盟区，其中，东亚的中间产品进口规模增速尤为明显。总之，当前，东亚已成为重要的世界制造中心，在国际产品内分工中发挥着举足轻重的作用，也正因为如此，东亚地区生产共享的迅速发展得到了世界众多学者的关注。

进一步测算三大区域间的相互依存关系，参考林桂军和邓世专 (2011)，设区域间中间产品贸易的依存度及自身依存度公式分别为：

$$区域 X 对区域 Y 的中间产品进口依存度 = \frac{X 从 Y 的中间产品进口}{X 与世界的中间产品进口} \quad (3-16)$$

$$\text{地区 } X \text{ 中间产品进口的自身依存度} = \frac{X \text{ 地区内部中间产品进口}}{X \text{ 与世界的中间产品进口}}$$

$$(3-17)$$

以上两个指标的值一般处于 0—1 之间,而且其值越接近于 1,说明前者对后者或自身的中间产品贸易依存度越高;反之,如果其值趋向于 0,则表示两者之间或区域内部没有密切的生产合作。[①]

表 3-2 根据上两式计算获得,数据显示:

表 3-2　　　三大区域以及彼此间的相互依存度

地区	指标	1998 年	2001 年	2004 年	2007 年	2010 年	2012 年
东亚中间产品进口	自身依存度	0.422	0.432	0.465	0.449	0.433	0.400
	对欧盟的依存度	0.101	0.103	0.091	0.081	0.075	0.069
	对北美的依存度	0.193	0.151	0.120	0.101	0.094	0.088
欧盟中间产品进口	自身依存度	0.520	0.550	0.553	0.521	0.484	0.463
	对东亚的依存度	0.079	0.081	0.086	0.091	0.100	0.088
	对北美的依存度	0.101	0.103	0.075	0.068	0.067	0.065
北美中间产品进口	自身依存度	0.454	0.449	0.411	0.387	0.373	0.373
	对欧盟的依存度	0.152	0.164	0.153	0.142	0.129	0.124
	对东亚的依存度	0.206	0.186	0.193	0.194	0.218	0.217

资料来源:根据 Comtrade 数据库数据整理获得。

(1) 三大区域内部的中间产品贸易较多,使各自的自身中间产品进口依存度明显高于区域间的依存度,其中,欧盟最高,东亚其次,北美相对较低。2012 年,欧盟中间产品进口的自身依存度、对东亚的依存度、对北美的依存度分别为 0.463、0.088、0.065;2012 年,东亚中间产品进口的自身依存度、对欧盟的依存度、对北美的依存度分别为 0.400、0.069、0.088;2012 年,北美中间产品进口的自身依存度、对欧盟的依存度、对东亚的依存度分别为 0.373、0.124、0.217。

(2) 东亚、欧盟的中间产品自身依存度呈先升后降趋势,而北美

[①] 依存度可分进口依存度与出口依存度,但理论上讲,X 地区的进口自身依存度应该等于出口自身依存度,X 地区对 Y 地区的出口依存度应该等于 Y 地区对 X 地区的进口依存度,因此,此处仅讨论进口依存度。

的中间产品自身依存度为持续下降态势。1998年,东亚中间产品进口的自身依存度为0.422,2003年达最高值为0.467,之后开始下滑;1998年欧盟中间产品进口的自身依存度为0.520,1999年达最高为0.580,随后即开始逐年下降;北美的中间产品自身依存度从1998年的0.454一路下跌为2012年的0.373。随着现在科技的发展,国际产品内分工日益广化、深化,使各国的国际产品内分工合作伙伴日益突破地理约束,愈加多元化。

(3)根据区域间中间产品依存度,当前,东亚对北美的依存度略高于对欧盟的,2012年东亚对北美的依存度为0.088,而其对欧盟的依存度为0.069;早期欧盟对北美的依存度高于对东亚的,但近些年欧盟对东亚的中间产品进口依存度已高于对北美的相应依存度,2012年欧盟对东亚、北美的依存度分别为0.088、0.065;北美对东亚的依存度更明显高于其对欧盟的依存度,2012年北美对东亚、欧盟的依存度分别为0.217、0.124。

(4)进一步观察区域间中间产品依存度的变化趋势,可发现欧盟、北美对东亚的依存度稳步上升;相反,东亚对欧盟、北美,欧盟对北美及北美对欧盟的依存度逐年下滑。

这些变化特点说明东亚已成为欧盟、北美除自身外的最重要国际产品内分工合作伙伴,欧盟、美国和东亚的发达国家生产厂商都认为,东亚的发展中国家厂商是外包业务较具竞争力的合作伙伴(Athukorala and Yamashita,2006)。由于在劳动力工资、贸易成本、多技术梯度并存及优惠政策等方面具有显著的比较优势(陈静,2009),因此东亚经济圈产生了较大的集聚优势。

三 主要经济体在国际产品内分工体系中的地位及参与度

本书以各国的中间产品进、出口额占世界中间产品总进口、总出口的比重衡量各国在国际产品内分工体系中的地位,1998年、2012年,中间产品进口、中间产品出口份额最多的前15个国家如表3-3所示。这15个国家占世界中间产品贸易量的比重达2/3以上,其中,中间产品进口比重维持在70%左右,中间产品出口份额虽略有下降,但2012年的份额仍有62.46%。

表 3-3　1998 年、2012 年中间产品进口、出口前 15 国和地区及其占比

单位:%

1998年各国和地区中间产品进口占世界中间品进口的比重		2012年各国和地区中间产品进口占世界中间产品进口的比重		1998年各国和地区中间产品出口占世界中间产品出口的比重		2012年各国和地区中间产品出口占世界中间产品出口比重	
美国	15.13	中国	13.38	美国	14.17	中国	8.94
德国	8.21	美国	11.47	德国	9.64	美国	8.56
日本	5.47	德国	6.71	日本	6.97	德国	7.25
法国	5.45	日本	5.68	法国	5.32	日本	4.74
英国	5.30	印度	4.08	英国	4.88	俄罗斯	4.15
意大利	4.21	韩国	3.93	加拿大	4.50	沙特	3.84
加拿大	3.93	法国	3.50	意大利	4.01	中国香港	3.39
中国	3.64	中国香港	3.32	比利时	3.45	加拿大	3.20
比利时	3.54	英国	3.09	荷兰	3.11	韩国	3.18
中国香港	3.25	意大利	3.08	中国香港	2.80	法国	2.79
荷兰	2.96	比利时	2.62	韩国	2.76	比利时	2.60
墨西哥	2.77	荷兰	2.55	中国	2.44	意大利	2.51
西班牙	2.67	加拿大	2.35	新加坡	2.09	荷兰	2.49
韩国	2.60	墨西哥	2.26	墨西哥	2.01	英国	2.43
新加坡	2.20	新加坡	2.17	俄罗斯	1.99	新加坡	2.37
其他	28.65	其他	29.82	其他	29.87	其他	37.54

资料来源:根据 Comtrade 数据库数据整理获得。

首先,根据表 3-3 的数据,可发现中间产品的进口国家和地区构成中,15 个中间产品进口大国和地区主要为发达国家或新兴工业化国家和地区,但发展中国家的比重明显上升,表现出强劲的国际产品内分工参与态势。无论是 1998 年还是 2012 年,美国、德国、日本均为发达国家中的前三甲,但它们的占比从 28.81% 下降为 23.86%,相比之下,法国、英国、意大利、加拿大的下滑更为显著,它们在前 15 中的排序分别从 1998 年的第 4—7 位下降为第 7 位、第 9 位、第 10 位和第 13 位。新兴工业化国家和地区韩国参与国际产品内分工的程度明显提高,从 1998 年的第 14 位跃居为 2012 年的第 6 位,中国香

港的排序则上升了两位。中国的表现尤为突出，中国进口的中间产品占世界中间产品总进口的比重快速上升，从1998年的3.64%增加为2012年的13.38%，而且超过美国，位居世界第一。同期印度的中间产品进口份额也有较大幅度增加，1998年为1.09%，2012年则为4.08%，位居世界第五。

其次，从中间产品的出口国和地区构成看，同样表现为虽以发达国家为主，但发展中国家的地位显著提高这一特征。美国、德国、日本仍为发达国家中的前三甲，但其占比则从1998年的30.78%下跌为2012年的20.55%，减少了10个百分点以上的中间产品出口份额，同期法国、英国、意大利、加拿大的排位也大幅下滑，分别从1998年的第4位、第5位，第7位、第6位下降为第10位、第14位、第12位和第8位。新兴经济体韩国、中国香港的排位略为上升。发展中国家中，2012年，中国出口的中间产品占世界中间产品总出口8.94%，虽略低于中间产品的进口份额，但也成为世界中间产品的第一大出口国。俄罗斯、沙特的中间产品出口也明显增加，2012年分别占4.15%和3.84%，各自位居世界中间产品出口份额的第五和第六。由于石油等自然资源富裕，这些国家逐渐成为初级中间产品的重要出口国。总之，在国际产品内分工体系中，虽然发达国家占有主导地位，但发展中国家凭借其比较优势（主要为劳动力成本优势、资源优势），开始在国际产品内分工的舞台上扮演越来越重要的角色。

表3-4显示了43个经济发展水平不同的国家和地区[①]参与国际产品内分工的程度，衡量指标为根据式（3-6）计算得到的一国中间产品进口额占该国总进口的比重。根据表3-4，可发现由于不同经济体的经济规模、技术水平、资源和要素禀赋等存在较大差异，因此，各国（地区）参与国际产品内分工的水平各有不同。一些发展中国家参与国际产品内分工的程度很高，有9个发展中国家的中间产品进口占本国总进口的比重超过60%，其中，印度、中国、泰国、菲律宾、

---

① 第四章中的样本国和地区为45个，但因南非和委内瑞拉的数据不全，故此处仅43个经济体。

越南、马来西亚等的比重分别为83.3%、73.4%、72.3%、70.4%、69.1%和65.9%，即其进口中大部分为中间投入品。相对来说，发达国家的中间产品进口占比较低，如美国为49.0%、挪威为45.1%、澳大利亚为40.1%、荷兰为50.7%、德国为57.1%。此外，根据进口中间产品的年均增长率，也发现发展中国家在1998—2012年中间产品进口有快速增长，年均增长率排前10的国家中除韩国外均为发展中国家。

表3-4　　　　主要经济体的国际产品内分工参与度及变化

国家和地区	2012年人类发展指数	2012年各国和地区中间产品进口占本国和地区总进口的比重（%）	1998—2012年进口中间产品年均增长率（%）	国家和地区	2012年人类发展指数	2012年各国和地区中间产品进口占本国和地区总进口的比重（%）	1998—2012年进口中间产品年均增长率（%）
印度	0.554	83.3	20.1	新加坡	0.895	57.1	9.2
韩国	0.909	75.5	12.6	德国	0.92	57.1	7.7
中国	0.699	73.4	20.0	芬兰	0.892	56.5	6.2
泰国	0.69	72.3	13.4	奥地利	0.895	56.4	7.5
菲律宾	0.654	70.4	4.3	乌克兰	0.74	54.3	11.0
越南	0.617	69.1	20.9	法国	0.893	52.6	5.9
马来西亚	0.769	65.9	8.5	秘鲁	0.741	52.3	12.3
捷克	0.873	64.0	11.6	瑞典	0.916	52.0	6.4
日本	0.912	64.0	9.6	土耳其	0.722	51.2	10.8
意大利	0.881	62.8	6.9	加拿大	0.911	50.7	5.4
波兰	0.821	61.9	10.9	荷兰	0.921	50.7	8.1
葡萄牙	0.816	61.8	5.8	美国	0.937	49.0	7.2
巴西	0.73	61.7	10.2	哈萨克斯坦	0.754	47.5	16.0
墨西哥	0.775	60.9	7.7	爱尔兰	0.916	46.3	2.3
匈牙利	0.831	60.7	9.1	瑞士	0.913	46.2	6.4
西班牙	0.885	60.5	7.0	挪威	0.955	45.1	5.9
以色列	0.9	60.0	6.9	英国	0.875	44.8	5.2
中国香港	0.906	59.9	9.5	丹麦	0.901	44.3	4.7

续表

国家和地区	2012年人类发展指数	2012年各国和地区中间产品进口占本国和地区总进口的比重（%）	1998—2012年进口中间产品年均增长率（%）	国家和地区	2012年人类发展指数	2012年各国和地区中间产品进口占本国和地区总进口的比重（%）	1998—2012年进口中间产品年均增长率（%）
比利时	0.897	59.6	7.0	智利	0.819	43.5	10.8
印度尼西亚	0.629	59.4	14.0	澳大利亚	0.938	40.1	9.3
希腊	0.86	58.3	7.0	俄罗斯	0.788	39.9	15.8
阿根廷	0.811	57.4	6.6				

资料来源：根据 Comtrade 数据库数据整理获得。

不同于国际产业内分工，发展中国家可以在符合比较优势基础上通过承接生产过程中的简单加工环节参与国际产品内分工，因此，越来越多的发展中国家（包括中国）成为国际产品内分工的重要参与者。同时，由于发展中国家一般生产技术相对落后，或经济规模相对较小，或资源较为稀缺，因此，对外国中间投入品的依赖性较大，进而表现为进口中间产品的占比较高。相反，发展程度越高的经济体，行业和产品种类越多，生产所需的中间投入品如零部件和原材料等更多地由国内供给，因此，生产对进口中间投入的依赖程度较低，出口的垂直专业化份额也相对较低（哈梅尔斯等，2001；文东伟，2011）。

四 国际产品内分工的产品结构

如图 3-4、表 3-5 和表 3-6 所示，在世界范围内，1998 年以来，各类中间产品的进口额逐年递增（2009 年除外），其中已加工的工业用品（BEC-22）的贸易量最多，其次为除运输设备外的资本货物零配件（BEC-42）、初级燃料和润滑剂（BEC-31）及运输设备配件（BEC-53），2012 年这四类中间产品占世界中间产品总进口的比重为 87.02%。进一步对比这四类中间产品的进口份额变化，发现 BEC-31 的占比显著提高，从 1998 年的 7.72% 升至 2012 年的 20.38%，增加了 12.66 个百分点，而其余三类中间产品比重均呈递减趋势。中间产品贸易相对集中于某几类产品，主要取决于产品生产过程的技术可分散性。此外，随着各国经济的发展，煤、原油等初级中间产品成为各国所需的重要中间投入品，因此，其进口份额明显增加。世界范围内的中间产品出口结构分布及变化趋势与进口基本相似。

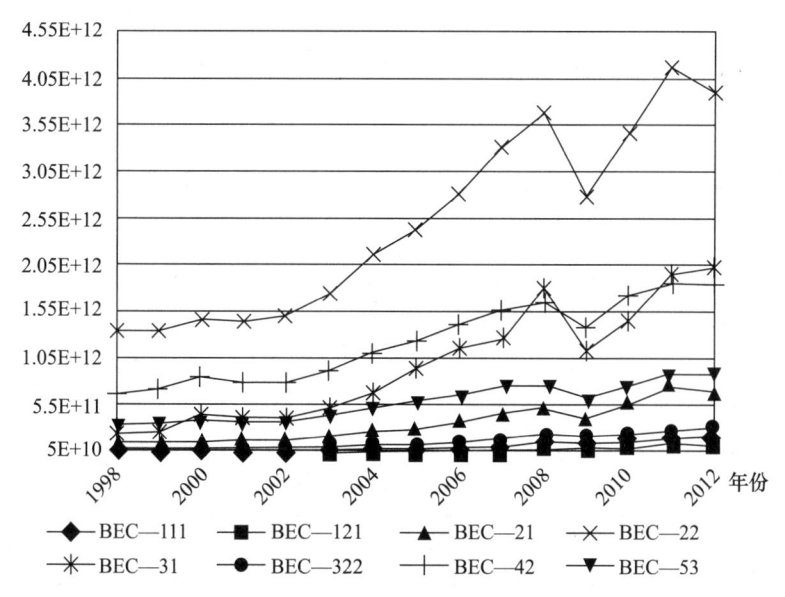

图 3-4 1998—2012 年各类中间产品进口的增长趋势（美元）

资料来源：根据 Comtrade 数据库数据整理获得。

表 3-5 1998—2012 年世界及三大区域各类中间产品进口份额的变化

单位：%

区域	年份	BEC-111	BEC-121	BEC-21	BEC-22	BEC-31	BEC-322	BEC-42	BEC-53
世界	1998	2.13	1.55	5.50	46.84	7.72	1.41	23.19	11.67
	2005	1.33	1.14	5.29	42.41	16.45	1.93	21.55	9.90
	2012	1.84	1.51	6.85	39.21	20.38	2.78	18.55	8.88
东亚	1998	1.96	1.22	6.77	41.38	9.32	2.56	32.96	3.82
	2005	1.32	0.73	7.09	33.30	15.64	2.67	35.08	4.17
	2012	1.93	1.08	10.32	30.02	20.66	4.39	27.32	4.29
欧盟	1998	2.23	1.47	5.21	49.54	6.71	0.83	20.65	13.36
	2005	1.38	1.22	5.29	46.08	15.41	1.76	16.31	12.55
	2012	1.94	1.57	5.76	43.60	21.24	2.14	12.70	11.05

续表

区域	年份	BEC-111	BEC-121	BEC-21	BEC-22	BEC-31	BEC-322	BEC-42	BEC-53
北美	1998	1.52	0.78	2.90	41.57	8.25	0.64	25.91	18.43
	2005	0.86	0.63	2.24	39.78	21.41	1.51	18.86	14.72
	2012	1.09	0.90	2.79	38.58	22.90	0.70	17.75	15.28

资料来源：根据 Comtrade 数据库数据整理获得。

表 3-6　1998—2012 年世界及三大区域各类中间产品出口份额的变化

单位：%

区域	年份	BEC-111	BEC-121	BEC-21	BEC-22	BEC-31	BEC-322	BEC-42	BEC-53
世界	1998	2.08	1.51	4.71	47.08	6.51	1.49	24.30	12.32
	2005	1.31	1.16	4.94	43.47	14.42	1.83	22.11	10.76
	2012	2.06	1.71	6.62	43.32	15.26	2.90	18.64	9.48
东亚	1998	0.47	1.56	2.64	42.64	1.64	1.43	41.17	8.46
	2005	0.23	1.12	2.46	40.07	2.28	1.62	43.43	8.79
	2012	0.22	1.99	2.54	44.43	2.45	1.59	36.98	9.81
欧盟	1998	1.25	1.39	3.23	53.77	1.44	0.77	22.94	15.22
	2005	0.88	1.23	4.39	55.24	2.50	1.15	20.56	14.06
	2012	1.29	1.65	5.54	55.98	2.93	1.27	17.57	13.75
北美	1998	3.20	0.75	4.91	40.18	4.21	0.54	27.10	19.10
	2005	2.23	0.65	5.46	40.61	10.83	1.02	22.04	17.14
	2012	4.21	1.14	7.76	43.82	12.43	0.88	17.35	12.41

资料来源：根据 Comtrade 数据库数据整理获得。

从三大区域的中间产品构成来看，东亚、欧盟、北美同样主要以进、出口 BEC-22、BEC-31、BEC-42 和 BEC-53 四类中间产品为主，其中，BEC-22 的份额远高于其他各类中间产品。仔细比较三大区域对这四类中间产品的进、出口份额，发现略有差异。

在进口方面，2012 年，对已加工的工业用品（BEC-22）进口最多的是欧盟，占了 43.60%，进口 BEC-22 最少的是东亚，比重仅为 30.02%；除运输设备外的资本货物零配件（BEC-42），东亚有较强的外部依赖性，BEC-42 类中间产品占其总中间产品进口的

27.32%，欧盟、北美的 BEC-42 进口占比分别为 12.70% 和 17.75%；对运输设备配件（BEC-53）进口最多的则是北美，比重为 15.28%，而东亚、欧盟的 BEC-53 进口仅占 4.29% 和 15.28%；三大区域对初级燃料和润滑剂（BEC-31）的进口依赖则非常相近，份额均为 20% 左右，其中北美略高，为 22.90%，欧盟居中，东亚相对略低为 20.66%。在变化趋势上，三大区域的 BEC-31 份额都明显上升，而 BEC-22、BEC-42、BEC-53 所占份额则明显下降。

在出口方面，东亚集中于 BEC-22、BEC-42 这两类中间产品，2012 年分别占 44.43% 和 36.98%，BEC-53 位居第三，占 9.81%。此外，东亚出口的 BEC-22、BEC-53 略呈上升态势，BEC-42 的出口则有一定幅度的下降，其份额从 1998 年 41.17 减少为 2012 年的 36.98%。欧盟的 BEC-22 具有突出优势，出口份额从 1998 年的 53.77% 上升为 2012 年的 55.98%，明显高于其他类别的中间产品。欧盟出口相对较多的另外两类中间产品是 BEC-42、BEC-53，但它们的比重分别从 1998 年的 22.94%、15.22% 减少为 2012 年的 17.57%、13.75%。北美也以出口 BEC-22 为主，其份额从 1998 年的 40.18% 上升为 2012 年的 43.32%。2012 年北美出口的 BEC-42、BEC-31、BEC-53 的比较平均，各自的份额分别为 17.35%、12.43%、12.41%，但在变化趋势上存在较大差异，美国出口的 BEC-31 从 1998 年的 4.21% 大幅上涨为 2012 年的 12.43%，同期出口的 BEC-42、BEC-53 分别从 1998 年的 27.10%、19.10% 下降为 2012 年的 17.35%、12.41%。

五　国际产品内分工决定因素概述

随着全球国际产品内分工的快速发展，有关产品内分工和贸易产生基础及决定因素的研究大量涌现，发现影响国际产品内分工与贸易发展的因素颇多。本书基于蒲华林（2011）、唐铁球（2011）、郭志芳（2014）等对国际产品内分工决定因素的理论概括和文献梳理，结合本书对全球国际产品内分工发展的事实分析，认为国际产品内分工的产生基础及决定因素主要包括基于生产技术和要素禀赋差异的比较优势、规模经济、交易成本、运输与通信等科学技术进步、贸易与

FDI 自由化政策五个方面。[①]

（一）比较优势

基于生产技术和要素禀赋差异的比较优势是国际产品内分工的最根本产生基础，决定着国际产品内分工的地理分布，即不同环节或工序的区位选择。迪克西特和格罗斯曼（1982）指出，跨国界的多阶段生产分工模式取决于比较优势。Jones 和 Kierzkowski（2001a，2001b）认为，基于比较优势的国际产品内分工可以使各国或地区从专业化分工中获益。迪尔多夫（2001a，2001b）认为，产品内分工可使企业参与最初不具有比较优势的产品的生产，从而扩大了多样化锥体。Baldwin 和 Nicoud（2007）则基于 H—O 理论及其四个主要定理建立了一般均衡模型，分析离岸外包（片断化）对工资、生产、价格和贸易的影响。总之，学者通过对李嘉图和 H—O 模型进行修正，合理、有力地解释了比较优势是国际产品内分工最核心的基础。另外，大量数据包括本书之前的分析指出，不同于国际产业内分工，在国际产品内分工体系中，虽然发达国家仍占主导地位，但发展中国家在国际产品内分工舞台上也扮演越来越重要的角色，形成了鲜明的南—北产品内分工体系。众多发展中国家正是凭借其劳动力成本和资源等比较优势，通过承接生产过程中的简单加工环节，成为国际产品内分工的重要参与者。而当前东亚之所以能成为欧盟、北美除自身之外的最重要和国际产品内分工合作伙伴，也主要是由于东亚在劳动力工资、贸易成本、多技术梯度并存及优惠政策等方面具有显著的比较优势（陈静，2009）。

（二）规模经济

工序或环节的规模经济效应强化了国际产品内分工的分工结构。一般而言，产品生产过程中的不同工序或环节，由于技术上的差异而往往具有不同的最佳规模。在产品不可分割的条件下，整个产品的最佳规模只能由关键工序或环节的最佳规模决定，其他工序或环节则会因实际规模偏离最佳水平而无法获得规模经济效益。但是，如果产品生产过程能够分割成相互独立的工序或环节，将不同生产工序或环节

[①] 以下内容部分摘自蒲华林（2011）、唐铁球（2011）、郭志芳（2014）等。

分散到不同的企业甚至国家，就可以同时实现所有工序或环节的最佳生产规模，从而促使平均成本下降和资源配置效率提高，充分获取规模经济收益（Ishii and Yi，1997；卢锋，2004a）。Ishii 和 Yi（1997）还进一步指出，由于不同工序之间可能会同时存在要素比例和最佳规模上的差异，因此，国际产品内分工与贸易实际上由比较优势和规模经济共同决定，前者决定不同生产工序或环节的国别分工结构，后者则进一步强化了这种分工结构。格罗斯曼和赫尔普曼（2005）建立的模型同样认为，国际外包伙伴的配对搜寻活动具有规模报酬递增的特点，越是零部件供应商集中的地方，越容易产生国际外包型生产。琼斯等（2005）利用零部件贸易数据，计量验证了收入增长和市场规模扩大会促进零部件贸易，而且服务价格因为规模经济而下降也会导致外包和零部件贸易增长。

（三）交易成本

交易成本直接决定着国际产品内分工的经济可行性。不同于国际产业间、产业内分工与贸易，国际产品内分工涉及分布在不同国家（地区）各个生产环节之间的衔接配合以及零部件等中间产品（服务）的多次跨国界交换。在国际分散化生产工序或环节过程中，除需要支付衔接不同空间区位经济活动的运输和协调成本外，还需要支付因发生跨境经济活动而产生的各种相关服务费用，因此，交易成本对国际产品内分工显得尤为重要，而交易成本的大幅下降往往能成为国际产品内分工的直接推动力。Jones 和 Kierzkowski（1990）较早地分析了服务成本对产品内分工与贸易发展的影响，指出企业对产品内分工与贸易的决定，取决于外包所需支付的服务成本与所节省的生产成本之间的权衡。因为，通过国际产品内分工，一方面发挥了不同国家或地区的要素价格差异优势，从而减少了生产的边际成本；另一方面会由于服务环节的增加而提高运输、通信、计划及协调等方面的服务成本。

交易成本受众多因素影响，如运输成本、贸易壁垒以及基础设施、合同环境、法律制度、市场体系、行政官僚体制效率、政治稳定性、经济政策连续性等。卢峰（2004a）将关税、海关稽查、检验检疫、签证、安检等费用以及因制度、政策、习俗、语言等差异产生的成本统称为"跨境生产交易成本",指出这类交易成本越低,国际产品内分工发生的可能性越大,也只有在这些方面比较完善的国家或地区,才能有更多的机会参与国际产品内分工。格罗斯曼和赫尔普曼(2002)认为,外包的程度取决于在每个市场搜寻的相对成本、定制化投入品的相对成本以及每个国家的合约环境性质,这些交易成本决定了一国或地区参与产品内国际分工的能力。

通过交易成本,运输成本、区位、相邻关系、语言等地理变量也成为国际产品内分工的重要影响因素。琼斯(2000)认为,运输成本是很重要的一种服务成本。因为在中间产品需要跨越多个国界的情况下,运输成本在总成本中所占比重很大,微小的运输成本变化也会对产品内分工和贸易产生很大的扩张效应(Krugman and Venables,1995)。而运输成本又与现代运输技术、产品内分工合作伙伴的地理区位直接相关。徐康宁和王剑(2006)的研究指出,要素禀赋和地理因素共同决定了国际产品内分工的基本格局,而且地理因素的影响力在上升,要素禀赋对分工格局的影响力却有所下降。本书的研究发现,当前国际产品内分工主要集中在东亚、欧盟、北美三大区域内,形成了世界三大工厂,即东亚工厂、欧盟工厂、北美工厂。三大区域占世界中间产品贸易的份额达70%以上,而且三大区域各自的内部中间产品进口依存度明显高于区域间的依存度。这也表明地理因素对当前国际产品内分工格局具有重要影响。

(四)运输与通信等科学技术进步

技术进步不仅影响产品本身的技术和工艺,而且降低了包含运输成本、信息管理成本等在内的交易成本。

一方面,技术进步使生产过程获得了技术上的可分离性,而生产工序的空间可分离性与国际产品内分工的强度正相关(卢峰,2004a)。不同行业的产品具有不同的生产制造可分离性,使各行业参与国际产品内分工的程度表现出很大的差异。如电子产品具有很高的生产制造可分离性,其国际产品内分工程度往往最高;汽车行业虽然具有经济上高度的技术可分离性,但因其很多零部件比较笨重,需要接近当地市场生产才具有竞争优势,因此,其国际产品内分工相对受限;而化工等具有连续生产过程的行业,其国际产品内分工程度常常比较低。本书的研究也发现,世界中间产品贸易主要集中于四大类中间产品,即已加工的工业用品(BEC-22)、除运输设备外的资本货物零配件(BEC-42)、初级燃料和润滑剂(BEC-31)及运输设备配件(BEC-53)。2012年,这四类中间产品占世界中间产品总进口的比重高达87.02%,其中,BEC-22、BEC-31、BEC-42的占比分别为39.21%、20.38%和18.55%。各类中间产品的不均衡贸易发展也说明,国际产品内分工水平与各类产品的生产技术可分离性有很大关系。

另一方面,技术进步降低了交易成本,其中包括远洋运输费用的降低和运输质量的提高、航空运输成本下降、信息交流成本下降等。20世纪90年代以来,国际产品内分工之所以获得前所未有的发展,与第三次、第四次科技革命密不可分,众多研究论证了这一点。琼斯等(2000)认为,技术进步和服务成本尤其是通信、运输以及金融服务成本的下降会促进生产活动的国际分散化和外包,推动国际产品内分工发展。哈梅尔斯等(2001)将产品内贸易的增长原因之一归结为运输与通信技术进步,认为运输与通信技术进步有利于企业将不同的生产环节分布到不同国家,例如,通信技术进步及信息传递成本降低便于企业间协调合作,监督不同地区的生产活动。卢锋(2004a)指出,运输与信息交流成本下降、技术进步等是产品内分工和贸易的重要影响因素。

(五)贸易与FDI自由化政策等

在过去20多年中,贸易自由化和FDI自由化也是国际产品内分工及贸易发展迅猛的主要原因。各类自由化及开放政策,既降低了交易成本,同时也为国际产品内分工提供了更广大的平台。除了运输工具和通信技术进步,哈梅尔斯等(2001)将国际产品内分工发展的另一原因归结为贸易壁垒减少。埃格(2003)指出,关税和非关税贸易壁垒的降低促使发达国家把劳动力密集型生产环节转移到发展中国家和地区。Jones和Kierzkowski(2001a,2001b)、卢锋(2004a)等也同样认为,贸易自由化是产品内分工和贸易发展的重要影响因素。

Cheng 等（2001）构建了一个产品内贸易模型来研究自由化对产品内分工与贸易的影响，发现由 FDI 引致的产品内分工和贸易是形成中国香港与中国内地巨大贸易额的根本原因。

第三节 中国参与国际产品内分工的现状

本书从中间产品贸易主要是中间产品进口、垂直专业化两个角度对中国参与国际产品内分工现状展开分析。

一 中国中间产品贸易概况及进口中间产品结构

图 3-5 显示，20 世纪 90 年代中期以来，随着中国国内经济及对外贸易的迅速发展，中国的中间产品贸易规模不断扩大。1995 年，中国中间产品进口 892 亿美元，2012 年增加为 13345 亿美元，年均增长率达 117.2%；1995 年，中国中间产品出口 591 亿美元，2012 年，上升为 8266 亿美元，年均增长率为 116.8%；2012 年中国的中间产品进、出口额均位居世界第一。不过，不同于中国对外贸易的长期顺差，中国的中间产品贸易却表现为长期逆差，属中间产品贸易的净进口国，而且中间产品出口与进口的差额呈持续扩大态势，贸易逆差缺口从 1995 年的 301 亿美元扩大为 2012 年的 5079 亿美元。中间产品贸易逆差的持续扩大，以及中间产品进口占中国总进口的比重长期稳定在 75% 左右（见表 3-7），说明中国对国外中间投入品具有较强的依赖性，为此，本书将对中国的中间产品进口结构重点展开考察。本节所使用的贸易数据同样全部来源于联合国商品贸易数据库（UN Comtrade 数据库）。

首先，从进口中间产品类别看（见表 3-7），中国进口最多的是已加工的工业用品（BEC-22）和除运输设备外的资本货物零配件（BEC-42），其次为初级工业用品（BEC-21）和初级燃料和润滑剂（BEC-31），这四类中间产品的进口规模迅速扩大（见图 3-6）。中国对 BEC-22 的进口依赖早期非常高，1995 年、1998 年该类中间产品占中国总进口的比重高达 58.23% 和 57.49%，但之后其所占份额

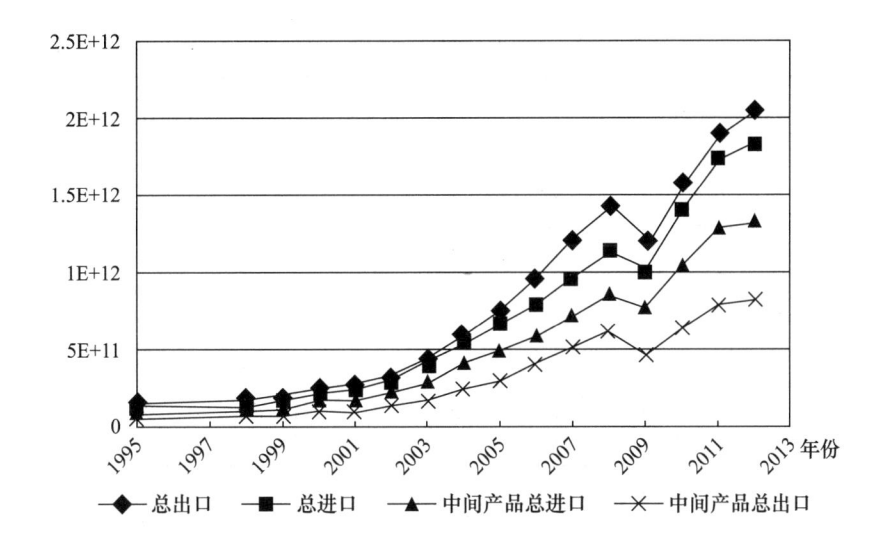

图 3-5 1995—2012 年中国中间产品贸易发展（美元）

资料来源：根据 Comtrade 数据库数据整理获得。

表 3-7　　　　　1995—2012 年中国进口中间产品构成　　　　单位：%

年份	BEC-111	BEC-121	BEC-21	BEC-22	BEC-31	BEC-322	BEC-42	BEC-53	中间产品进口占总进口的比重
1995	2.83	3.37	8.78	58.23	2.73	2.90	18.52	2.64	67.61
1998	1.82	1.40	6.03	57.49	3.20	0.85	26.26	2.96	74.48
1999	1.67	1.11	6.22	54.25	3.85	1.07	28.22	3.60	73.70
2000	2.05	0.56	7.07	48.59	8.75	1.03	28.94	3.01	75.83
2001	2.12	0.60	7.96	47.48	6.60	0.92	30.80	3.52	73.15
2002	1.45	0.84	6.99	46.02	6.11	0.90	33.95	3.74	72.60
2003	2.00	1.05	7.55	42.46	6.76	0.81	34.99	4.37	72.17
2004	2.26	1.08	9.87	38.37	8.50	0.72	35.30	3.90	72.94
2005	1.89	0.77	10.85	36.26	9.96	0.72	36.15	3.39	74.70
2006	1.46	0.78	11.08	33.45	11.55	0.66	37.38	3.65	74.44
2007	1.74	1.10	13.20	32.87	11.45	0.56	35.57	3.51	75.21

续表

年份	BEC-111	BEC-121	BEC-21	BEC-22	BEC-31	BEC-322	BEC-42	BEC-53	中间产品进口占总进口的比重
2008	2.77	1.29	15.64	29.67	15.59	0.47	31.13	3.44	75.35
2009	2.81	1.10	14.43	32.16	13.11	0.59	31.81	3.98	75.97
2010	2.63	0.96	16.40	30.26	14.71	0.65	30.55	3.84	75.23
2011	2.54	1.07	18.31	28.84	17.44	0.82	27.40	3.59	74.09
2012	3.02	1.20	16.28	27.47	19.34	1.01	28.30	3.38	73.40

资料来源：根据 Comtrade 数据库数据整理获得。

不断下降，到 2012 年所占份额为 27.47%。BEC-42 为中国进口较多的第二大类中间产品，该类中间产品的进口份额呈先升后降趋势，从 1995 年的 18.52% 上升为 2006 年的 37.38%，再下降为 2012 年的 28.30%。中国对 BEC-21、BEC-31 的进口则持续递增，相应的进口份额分别从 1995 年的 8.78%、2.73% 上升为 2012 年的 16.28%、19.34%。这两类中间产品为初级产品，其中，BEC-31 主要为烟煤、原油，分别归类于煤炭开采和洗选业、石油和天然气开采业；BEC-21 中包括金属矿及金属屑、生皮、软木及木材、纸浆、燕麦、可可豆、天然胶、橡胶等各种杂项，主要用于黑色金属矿采选业（2012 年占 45.9%）、有色金属矿采选业（2012 年占 15.3%）、废弃资源和废旧材料回收加工业（2012 年占 16.4%）、皮革毛皮制品业、木材加工制品业、农副食品加工业等行业。

其次，观察中国中间产品的国别来源结构。对中国 1995 年、2012 年中间产品进口来源国份额排序并作图 3-7 和图 3-8，可以发现，(1) 中国进口中间产品的来源日趋分散。虽然日本、韩国、美国一直是我国中间产品进口来源的前三大国家，但来自这三国的中间产品占比从 1995 年的 42.34% 下降为 2012 年的 24.66%，同时前十五位国家的比重也从 75.99% 下降为 64.25%。(2) 来自发展中国家或

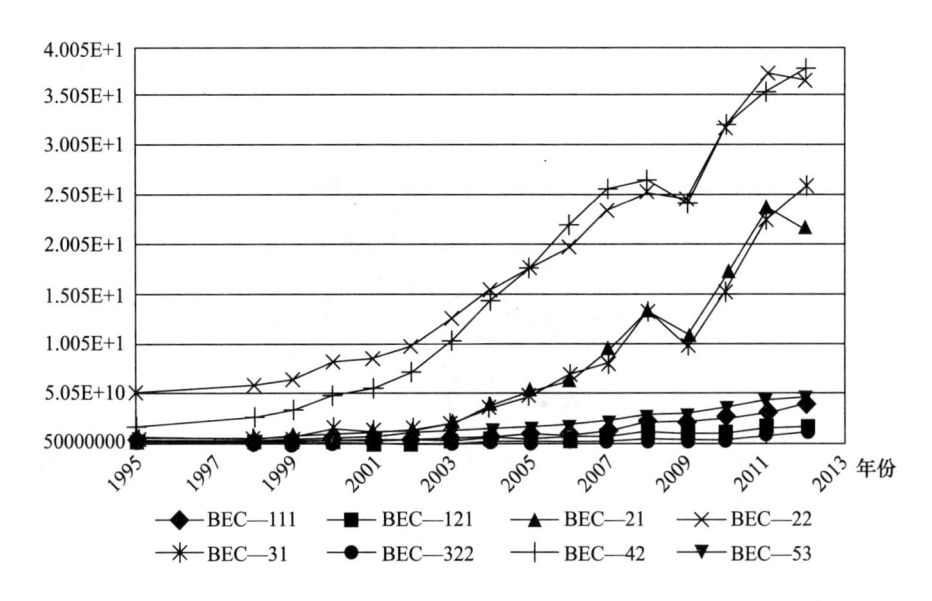

图 3-6　1995—2012 年中国各类中间产品的进口增长（美元）

资料来源：根据 Comtrade 数据库数据整理获得。

资源大国的中间产品进口份额明显增加。2012年，排名前十的国家分别为韩国、日本、美国、澳大利亚、沙特、巴西、马来西亚、德国、俄罗斯、安哥拉，其中，中国从沙特、巴西、马来西亚、俄罗斯、安哥拉等发展中国家进口了大量的中间产品，这五国的份额总计为16.78%。(3) 中国从不同类型国家进口的中间产品种类存在很大差异（见表3-8），总体上看，中国从发展中国家进口的中间产品以初级产品为主，从发达国家则以进口工业制成中间产品为主。2012年，中国从安哥拉进口的中间产品99.4%为初级燃料和润滑剂（BEC-31）；从俄罗斯进口的 BEC-31 占63.02%；从巴西进口的主要为用于工业的初级食品和饮料（BEC-111）及初级工业用品（BEC-21），分别占28.4%和49.3%；从沙特进口中间产品也是以 BEC-31 为主，其份额达80.83%。此外，中国从澳大利亚进口的主要为金属矿等初级工业用品（BEC-21），占74.3%。同年，中国从德国、日本、韩国、马来西亚的进口明显以 BEC-22、BEC42、BEC53 等已加工的工业用品、零配件为主；从美国进口的中间产品种类则较多，BEC-111、BEC-21、BEC-22、BEC-42都占有不小的份额。

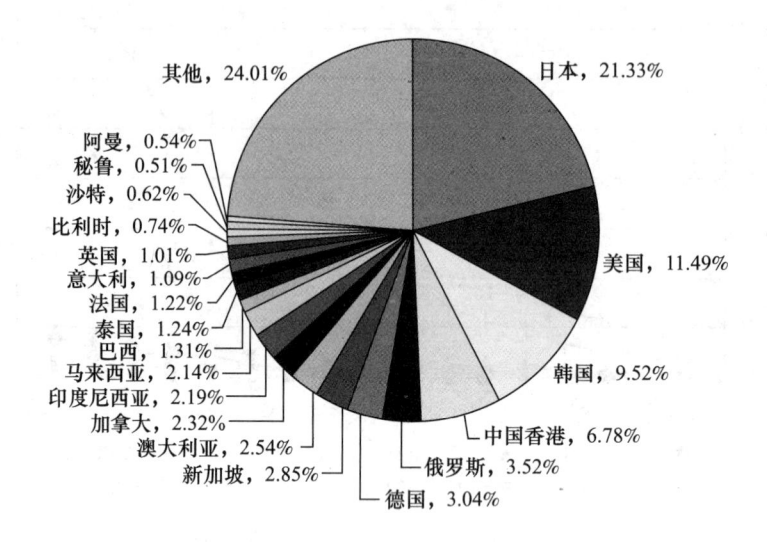

图 3-7　1995 年中国进口中间产品的来源结构

其他，24.01%
日本，21.33%
阿曼，0.54%
秘鲁，0.51%
沙特，0.62%
比利时，0.74%
英国，1.01%
意大利，1.09%
法国，1.22%
泰国，1.24%
巴西，1.31%
马来西亚，2.14%
印度尼西亚，2.19%
加拿大，2.32%
澳大利亚，2.54%
新加坡，2.85%
德国，3.04%
俄罗斯，3.52%
中国香港，6.78%
韩国，9.52%
美国，11.49%

资料来源：根据 Comtrade 数据库数据整理获得。

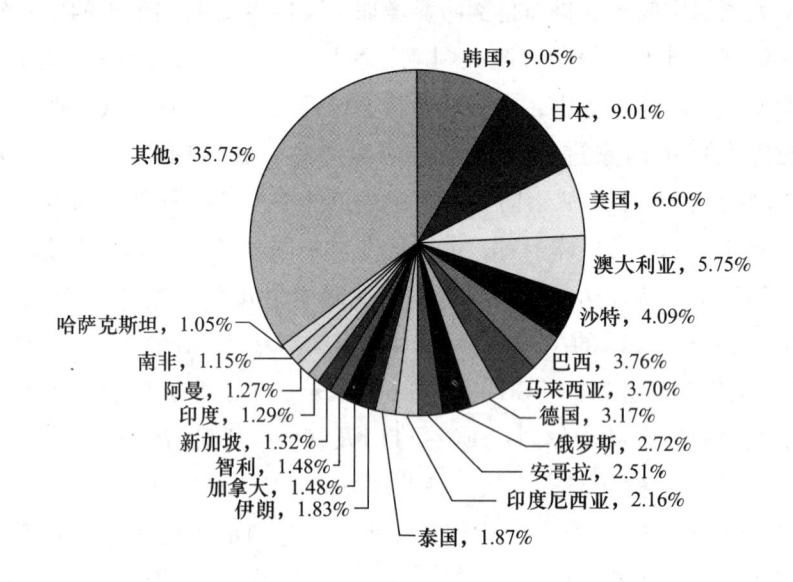

图 3-8　2012 年中国进口中间产品的来源结构

其他，35.75%
韩国，9.05%
日本，9.01%
美国，6.60%
澳大利亚，5.75%
沙特，4.09%
巴西，3.76%
马来西亚，3.70%
德国，3.17%
俄罗斯，2.72%
安哥拉，2.51%
印度尼西亚，2.16%
泰国，1.87%
伊朗，1.83%
加拿大，1.48%
智利，1.48%
新加坡，1.32%
印度，1.29%
阿曼，1.27%
南非，1.15%
哈萨克斯坦，1.05%

资料来源：根据 Comtrade 数据库数据整理获得。

表3-8 2012年中国从主要国家进口的中间产品构成 单位:%

类别	韩国	日本	美国	澳大利亚	沙特	巴西	马来西亚	德国	俄罗斯	安哥拉
BEC-111	0.01	0.00	17.82	1.98	0.00	28.42	0.00	0.01	0.10	0.00
BEC-121	0.01	0.00	0.91	0.37	0.00	4.55	8.01	0.32	0.01	0.00
BEC-21	0.78	4.64	21.91	74.31	1.01	49.27	6.50	5.85	11.98	0.39
BEC-22	40.00	45.85	34.64	7.30	17.17	7.93	15.04	34.57	23.34	0.00
BEC-31	0.00	0.00	1.38	14.33	80.83	9.27	2.06	0.00	63.02	99.44
BEC-322	0.22	0.43	0.30	1.14	0.98	0.01	1.77	0.65	1.30	0.17
BEC-42	53.49	38.81	18.00	0.31	0.01	0.38	66.25	32.84	0.19	0.00
BEC-53	5.48	10.26	5.05	0.26	0.01	0.17	0.38	25.74	0.06	0.00

资料来源：根据Comtrade数据库数据整理获得。

最后，考察中国对三大区域及主要国家的中间产品进口依存度。表3-9数据显示，中国对东亚经济圈的依存度最高，虽然该依存度持续下滑，但2012年仍有0.288，明显高于对欧盟、北美的依存度。中国对欧盟的依存度呈窄幅波动趋势，基本处于0.080左右。中国对北美的依存度明显减弱，从1995年的0.140下降为2012年的0.086，仅略高于对欧盟的依存度。此外，中国对三大中间产品进口来源国日本、韩国、美国的依存度也逐步下降，特别是对日本和美国，依存度指数下跌近一半。这进一步说明当前中国的中间投入品来源日趋分散。

表3-9 1995—2012年中国对三大区域及主要国家的中间产品进口依存度

年份	对东亚其他国家的依存度	对欧盟的依存度	对北美的依存度	对日本的依存度	对韩国的依存度	对美国的依存度
1995	0.463	0.084	0.140	0.213	0.095	0.115
1998	0.460	0.096	0.126	0.201	0.120	0.107
1999	0.459	0.116	0.116	0.208	0.117	0.100
2000	0.427	0.115	0.102	0.179	0.109	0.080
2001	0.415	0.117	0.106	0.175	0.102	0.086

续表

年份	对东亚其他国家的依存度	对欧盟的依存度	对北美的依存度	对日本的依存度	对韩国的依存度	对美国的依存度
2002	0.420	0.101	0.093	0.176	0.096	0.076
2003	0.414	0.098	0.090	0.170	0.099	0.073
2004	0.394	0.092	0.096	0.158	0.104	0.075
2005	0.386	0.083	0.086	0.144	0.113	0.068
2006	0.375	0.083	0.083	0.139	0.111	0.068
2007	0.362	0.085	0.083	0.132	0.104	0.066
2008	0.320	0.085	0.083	0.121	0.092	0.067
2009	0.324	0.090	0.088	0.123	0.097	0.071
2010	0.320	0.082	0.086	0.113	0.095	0.069
2011	0.301	0.079	0.084	0.100	0.087	0.064
2012	0.288	0.075	0.086	0.090	0.091	0.066

资料来源：根据 Comtrade 数据库数据整理获得。

二 中国工业部门的国际产品内分工水平

（一）相关数据说明

本书使用修订后的垂直专业化指标即基于 BEC 法的垂直专业化指数来衡量中国工业部门各行业参与国际产品内分工的程度，测算方法参见本章第一节有关内容。

1. 投入产出表数据

中国投入产出表每逢末位为 2 和 7 的年份编制，每逢末位为 0 和 5 的年份编制投入产出延长表。由于投入产出延长表以及 1997 年以前的投入产出表编制差异较大，如部门分类存在较大差异，故本书主要采用 1997 年（124 部门）、2002 年（122 部门）和 2007 年（135 部门）三张投入产出表。《国民经济行业分类》国家标准于 1984 年首次发布，分别于 1994 年、2002 年、2011 年进行了修订，其中，2002 年修订版本是至今各类统计年鉴使用最多的版本。因此，本书采用 2002 年修订的行业分类（GB/T4754—2002）标准。三张投入产出表的部门分类与各类统计年鉴使用的两位数行业分类并不完全相吻合，需要根据中国投入产出表的部门定义把投入产出表的数据按 2002 年的国民经济行业分类标准进行合并。再按照平新乔等（2006）的方法假定相近年份的中间投入流量保持不变，因此，1996—1999 年的垂直专业化指数测算采用 1997 年投入产出表，2000—2004 年的垂直专业化指数测算采用 2002 年投入产出表，2005—2011 年的垂直专业化指数测算采用 2007 年投入产出表。此外，计算过程中，还采用唐玲（2009）的方法，用工业的国内生产总值增长率对缺省年度各行业的总中间投入进行了调整。

2. 各行业的进、出口额及中间投入品进口额

计算所需要的所有贸易数据均来自联合国 Comtrade 数据库，但问题是需要将按商品分类的贸易数据整理集结成两位数行业分类。目前，对应、整合方法主要有三种：方法一，盛斌（2002）提供了 SITC（Rev. 3）三分位贸易数据、HS（1996）四分位贸易数据与两位数国民经济行业分类相对应的方法。方法二，欧盟委员会（European Commission）的官方网站①提供了 SITC 五分位及 HS 六分位到国际标准行业分类（ISIC）三分位或四分位行业分类的对照表，因此，也可以先将高分位的贸易数据与国际标准行业分类对应，然后再根据国际标准工业分类与中国国民经济标准行业分类的对应关系，间接地将高分位贸易数据与我国的两位数民经济行业分类对应。方法三，2007 年的《中国投入产出表》提供了海关统计商品分类与投入产出部门分类对照表（HS—I/O concordance table），该对照表将 HS 八分位编码贸易商品与 2007 年投入产出表中的 135 部门相对应。本书认为，方法一的贸易数据过于加总，方法二以国际标准行业分类为中介将两者间接地实现对应，可能会存在相对较多的统计偏差，为此，参考唐东波（2012b），采用了方法三，以 HS—I/O 对应表为基础将 HS 六分位贸易数据与两位数国民经济行业分类进行对应、集结。进口中间产品的识别则利用 HS 六分位贸易数据与 BEC 分类的对应关系进行筛选。整个匹配过程如图 3-9 所示。另外，原始贸易数据以美元计价，因

---

① http://ec.europa.eu/eurostat/ramon/.

此，用《中国统计年鉴（2012）》提供的历年汇率换算为人民币计价。

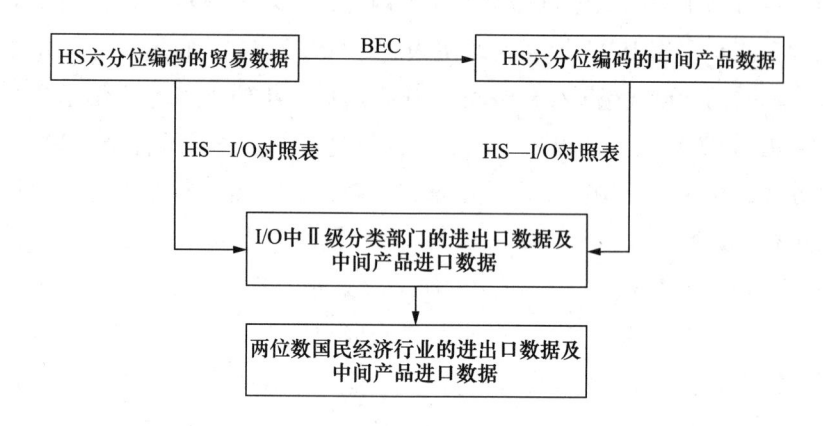

```
┌─────────────────────────┐  BEC  ┌─────────────────────────┐
│ HS六分位编码的贸易数据  │──────▶│ HS六分位编码的中间产品数据│
└───────────┬─────────────┘       └───────────┬─────────────┘
        HS—I/O对照表                      HS—I/O对照表
            │                                 │
            ▼                                 ▼
      ┌─────────────────────────────────────────┐
      │  I/O中Ⅱ级分类部门的进出口数据及          │
      │  中间产品进口数据                        │
      └───────────────────┬─────────────────────┘
                          ▼
             ┌──────────────────────────┐
             │ 两位数国民经济行业的进出口数据及│
             │ 中间产品进口数据          │
             └──────────────────────────┘
```

图 3-9　进口中间产品识别及 HS 数据向国民经济行业的匹配过程

资料来源：笔者参考唐东波（2012b）进一步整理获得。

3. 行业分类

本书结合盛斌和马涛（2008）及 OECD 分类的分类方法，把 33 个中国工业行业分为不同组群（见表 3-10）：采用五分法时，分为初级产品部门（P）、低技术部门（L）、中低技术部门（M—L）、中高技术部门（M—H）和高技术部门（H）五大类；采用二分法时，则仅划分为低技术部门（L）和高技术部门（H）两大类。

表 3-10　中国工业行业的分类

行业代码	行业名称	盛斌和马涛（2008）的行业分类法	OECD对制造业的分类法	五分法	二分法
NI-06	煤炭开采和洗选业	初级产品部门	—	P	L
NI-07	石油和天然气开采业	初级产品部门	—	P	L
NI-08	黑色金属矿采选业	初级产品部门	—	P	L
NI-09	有色金属矿采选业	初级产品部门	—	P	L

续表

行业代码	行业名称	盛斌和马涛（2008）的行业分类法	OECD对制造业的分类法	五分法	二分法
NI-10	非金属矿采选业	初级产品部门	—	P	L
NI-13	农副食品加工业	初级产品部门	低技术	L	L
NI-14	食品制造业	初级产品部门	低技术	L	L
NI-15	饮料制造业	—	低技术	L	L
NI-16	烟草制品业	—	低技术	L	L
NI-17	纺织业	劳动和资源密集制造部门	低技术	L	L
NI-18	纺织服装、鞋、帽制造业	—	低技术	L	L
NI-19	皮革、毛皮、羽毛（绒）及其制品业	劳动和资源密集制造部门	低技术	L	L
NI-20	木材加工及木、竹、藤、棕、草制品业	劳动和资源密集制造部门	低技术	L	L
NI-21	家具制造业	劳动和资源密集制造部门	低技术	L	L
NI-22	造纸及纸制品业	劳动和资源密集制造部门	低技术	L	L
NI-23	印刷业和记录媒介的复制	未分类	低技术	L	L
NI-24	文教体育用品制造业	未分类	低技术	L	L
NI-25	石油加工、炼焦及核燃料加工业	劳动和资源密集制造部门	中低技术	M—L	H
NI-26	化学原料及化学制品制造业	高技术制造部门	中高技术	M—H	H
NI-27	医药制造业	高技术制造部门	高技术	H	H
NI-28	化学纤维制造业	初级产品部门	中高技术	M—H	H
NI-29	橡胶制品业	中等技术制造部门	中低技术	M—L	H
NI-30	塑料制品业	高技术制造部门	中低技术	M—L	H
NI-31	非金属矿物制品业	劳动和资源密集制造部门	中低技术	M—L	H
NI-32	黑色金属冶炼及压延加工业	低技术制造部门	中低技术	M—L	H
NI-33	有色金属冶炼及压延加工业	初级产品部门	中低技术	M—L	H
NI-34	金属制品业	低技术制造部门	中低技术	M—L	H

续表

行业代码	行业名称	盛斌和马涛（2008）的行业分类法	OECD对制造业的分类法	五分法	二分法
NI-35	通用设备制造业	中等技术制造部门	中高技术	M—H	H
NI-36	专用设备制造业	中等技术制造部门	中高技术	M—H	H
NI-37	交通运输设备制造业	中等技术制造部门	中高技术	M—H	H
NI-39	电气机械及器材制造业	中等技术制造部门	中高技术	M—H	H
NI-40	通信设备、计算机及其他电子设备制造业	高技术制造部门	高技术	H	H
NI-41	仪器仪表及文化、办公用机械制造业	高技术制造部门	高技术	H	H

4. 考察时期

多数国家包括中国主要从20世纪90年代中期开始逐步深化融入国际产品内分工，另外，2013年《中国统计年鉴》对工业部门的行业分类有所调整，因此，本节的考察时期为1996—2011年。

（二）中国工业部门参与国际产品内分工的总体水平

从总量层面考察中国工业部门1996—2011年参与国际产品内分工的发展。图3-10显示，中国工业部门的垂直专业化发展经历了三个阶段：

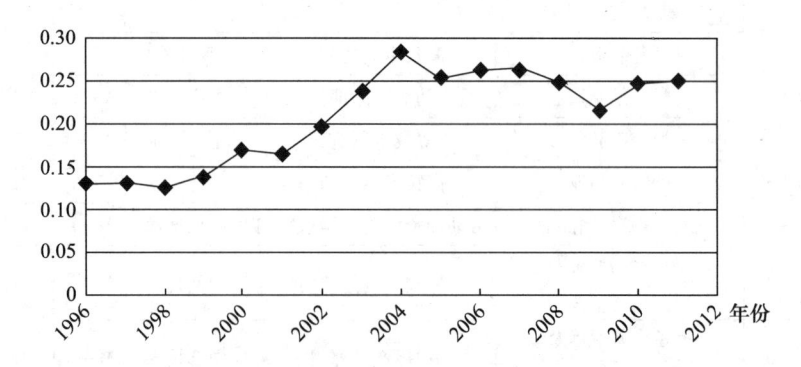

图3-10 1996—2011年中国工业部门的总垂直专业化指数

资料来源：根据Comtrade数据库数据及中国投入产出数据整理获得。

第一，1996—2000 年为稳步发展阶段，1996 年 VSS 为 0.130，2000 年上升为 0.169，提高了 3.9 个百分点。1992 年年初，以邓小平南方谈话为标志，我国的改革开放进入了一个崭新阶段，越来越多的外资开始涌入中国，推动中国逐步融入国际产品内分工体系。

第二，2001—2004 年为快速增长阶段，至 2004 年 VSS 达到 0.284，比 1996 年提高了一倍多，表明工业部门的中间投入中有近 30% 来自进口中间投入的贡献。2001 年 12 月 1 日中国正式加入世界贸易组织后，中国经济贸易政策法律环境日趋透明和稳定，并加快与世界规范制度的接轨，越来越多的跨国公司特别是欧美跨国公司加大和加快了在中国的投资，使中国成为"世界工厂"，也使中国深深卷入了国际产品内分工体系中。

第三，2005 年至今为调整阶段，除 2009 年外，基本处于 0.25 左右，但略呈下降态势。经过一段时期的高速发展，一方面中国的生产能力逐步提高，因此，对进口投入品的依赖程度有一定的下降；另一方面中国国内劳动力成本上升、能源供给短缺等因素也使中国的传统比较优势弱化，同时又尚未形成新的竞争优势，因此，使中国参与国际产品内分工的步伐有所放慢。

（三）中国工业各行业参与国际产品内分工的程度比较

分析中国各行业的垂直专业化程度。[①] 表 3-11 的数据显示，中国各行业参与国际产品内分工的程度及变化存在明显差异：(1) 根据 2011 年各行业的 VSS 值排序，当前参与国际产品内分工程度最高的属于石油加工、炼焦及核燃料加工业（NI-25），其生产过程中所需的中间投入有 41.44% 来自进口；其次为通信设备、计算机及其他电子设备制造业（NI-40），VSS 值达 0.395；之后分别为仪器仪表及文化、办公用机械制造业（NI-41）和黑色金属冶炼及压延加工业（NI-32），VSS 值均也在 0.3 以上。(2) 参与产品内分工最低的三个

[①] 因烟草制品业较为特殊，其中间产品进口额、出口额非常低，为此，同盛斌、马涛（2008）一样，在第三章和第四章测算中国工业部门的国际产品内分工水平时及第六章的实证分析中并未将其纳入。

表3-11　32个工业行业参与国际产品内分工的程度及变化

行业代码	2011年VSS值	行业代码	1996—2011年VSS平均值	行业代码	1996—2011年VSS增长率（%）
NI-25	0.414	NI-40	0.367	NI-25	230.04
NI-40	0.395	NI-25	0.259	NI-07	151.48
NI-41	0.306	NI-41	0.255	NI-41	143.15
NI-32	0.300	NI-28	0.232	NI-32	126.45
NI-28	0.281	NI-30	0.207	NI-10	101.36
NI-33	0.257	NI-39	0.205	NI-35	101.11
NI-39	0.253	NI-33	0.198	NI-09	100.05
NI-30	0.247	NI-32	0.189	NI-26	96.95
NI-26	0.242	NI-26	0.182	NI-31	95.40
NI-08	0.217	NI-24	0.167	NI-08	95.20
NI-35	0.213	NI-36	0.164	NI-33	93.29
NI-34	0.207	NI-35	0.161	NI-06	80.95
NI-36	0.204	NI-34	0.159	NI-40	75.02
NI-37	0.203	NI-37	0.159	NI-29	73.91
NI-29	0.201	NI-29	0.142	NI-13	73.90
NI-24	0.197	NI-19	0.139	NI-22	71.15
NI-22	0.171	NI-22	0.137	NI-15	69.79
NI-23	0.158	NI-08	0.135	NI-39	68.96
NI-09	0.154	NI-18	0.133	NI-37	68.93
NI-31	0.148	NI-23	0.128	NI-34	67.25
NI-10	0.131	NI-17	0.128	NI-36	60.39
NI-21	0.128	NI-21	0.112	NI-23	52.22
NI-19	0.119	NI-09	0.112	NI-14	49.63
NI-17	0.118	NI-31	0.107	NI-30	49.40
NI-18	0.113	NI-10	0.093	NI-24	48.16
NI-20	0.111	NI-20	0.092	NI-20	48.01
NI-06	0.097	NI-27	0.070	NI-28	47.94

续表

行业代码	2011年VSS值	行业代码	1996—2011年VSS平均值	行业代码	1996—2011年VSS增长率（%）
NI-07	0.096	NI-06	0.067	NI-27	35.81
NI-27	0.081	NI-07	0.062	NI-21	16.33
NI-15	0.062	NI-14	0.050	NI-17	-10.46
NI-14	0.059	NI-15	0.050	NI-19	-16.37
NI-13	0.027	NI-13	0.021	NI-18	-21.49

资料来源：根据Comtrade数据库数据及中国投入产出数据整理获得。

行业则是农副食品加工业（NI-13）、食品制造业（NI-14）和饮料制造业（NI-15），VSS值分别为0.027、0.059和0.062，说明这三个行业对进口投入品的依赖性很低，主要由国内提供所需的各种中间投入。(3) 多数行业1996—2011年VSS的自然平均值排序与其2011年的VSS排序地位非常相似，仅少许行业按2011年VSS值的排序与其按平均值的排序相差较大，如黑色金属矿采选业（NI-08），皮革、毛皮、羽毛（绒）及其制品业（NI-19），纺织服装、鞋、帽制造业（NI-18）等。(4) 1996—2011年各行业的VSS值增长率显示只有纺织业（NI-17），纺织服装、鞋、帽制造业（NI-18），皮革、毛皮、羽毛（绒）及其制品业（NI-19）三个行业参与产品内分工的程度出现下降，其余行业均有一定幅度的上升。(5) 在增长率超过80%的12个行业中，除仪器仪表及文化、办公用机械制造业（NI-41），通用设备制造业（NI-35），化学原料及化学制品制造业（NI-26）这三个高技术及中高技术制造业外，其余均为与石油、金属等一些自然资源相关的工业行业，如增长率最高的石油加工、炼焦及核燃料加工业（NI-25），石油和天然气开采业（NI-07），黑色金属冶炼及压延加工业（NI-32）等，说明这些行业对国外中间投入品的依赖性日益增强，这也与中国进口中间产品构成中BEC-21、BEC-31进口快速递增现象相吻合。

一般而言，技术水平较高的行业，生产过程比较复杂，所需要的零部件和半成品较多，工艺技术适合分离，因此，国际产品内分工水平相对较高。① 而低技术制造业一般都是劳动密集型行业，生产技术比较简单，生产环节也较少，中间投入基本都可由国内满足，相应地，这些行业的国际产品内分工水平就会较低。中国工业各行业的垂直专业化指数分布也基本符合这一特征。

根据各行业的技术密集度特征，把以上32个工业行业进行分组，并计算各组的垂直专业化指数自然平均值。图3-11显示，当把32个工业行业分高、低技术部分两大组时，高技术部门大类参与国际产品内分工的程度明显高于低技术部门大类，并且两者间的差距呈扩大趋势。1996年，高技术部门的垂直专业化指数为0.131，2000年为0.160；之后，高技术部门参与国际产品内分工的水平快速提高，至2004年达第一轮峰值即0.245；从2006年开始增速有所放慢，2009年因受国际金融危机影响出现下跌缺口，其余年份则呈现为稳步上升，2011年上升为0.247。低技术部门的垂直专业化程度提升缓慢，1996年，其VSS值为0.086，2012年为0.122。1996年，高技术部门的国际产品内分工水平是低技术部门的1.53倍，2012年为2.02倍。

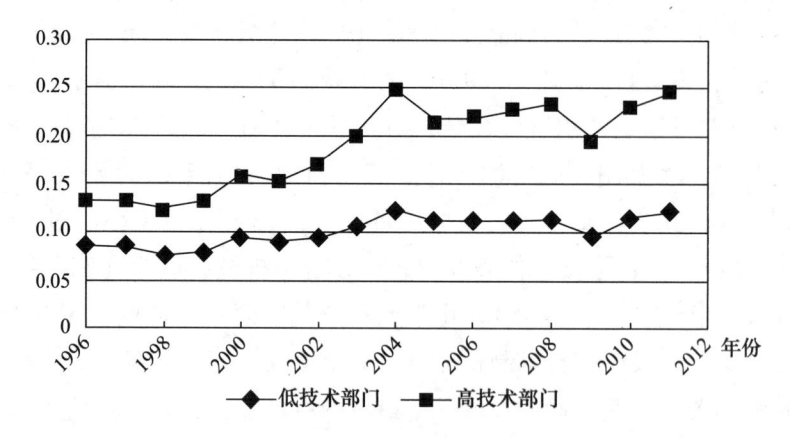

图3-11 1996—2011年中国两大类行业的垂直专业化指数

资料来源：根据Comtrade数据库数据及中国投入产出数据整理获得。

---

① 制药业由于其生产的可分割性程度较低，因此，其虽为高技术行业，但产品内分工水平并不高。此外，许多国家的石油加工炼焦及核燃料加工业因其生产过程中增加值较低，因此，如果采用IIGO指标进行测度，则其国际产品内分工水平将偏高（Foster-McGregor et al., 2013）。

进一步把32个工业行业分为五大组进行观察（见图3-12）。当前，高技术部门的国际产品内分工水平最高，其次分别为中低技术部门和中高技术部门，低技术部门和初级产品部门的国际产品内分工水平明显弱，与高、中低、中高技术部门的参与水平存在显著差距。从变化趋势来看，又有一些新的特征，2004年以后，高技术部门大类参与产品内分工的上升趋势主要由中高技术部门、中低技术部门推动，而且中低技术部门的提升速度快于中高技术部门。1996—2004年，高技术部门的垂直专业化指数从0.137上升为0.302，增加了0.165，同期，中高技术部门、中低技术部门仅分别上升了0.095、0.109；2004—2011年，高技术部门的国际产品内分工水平出现了反转，其垂直专业化指数下跌了0.041，而同期中高技术部门、中低技术部门的国际产品内分工水平虽有较大波动，但仍略有上升。此外，初级产品部门参与国际产品内分工的程度小幅稳步提高，其VSS曲线于2006年反超了低技术部门的VSS曲线。

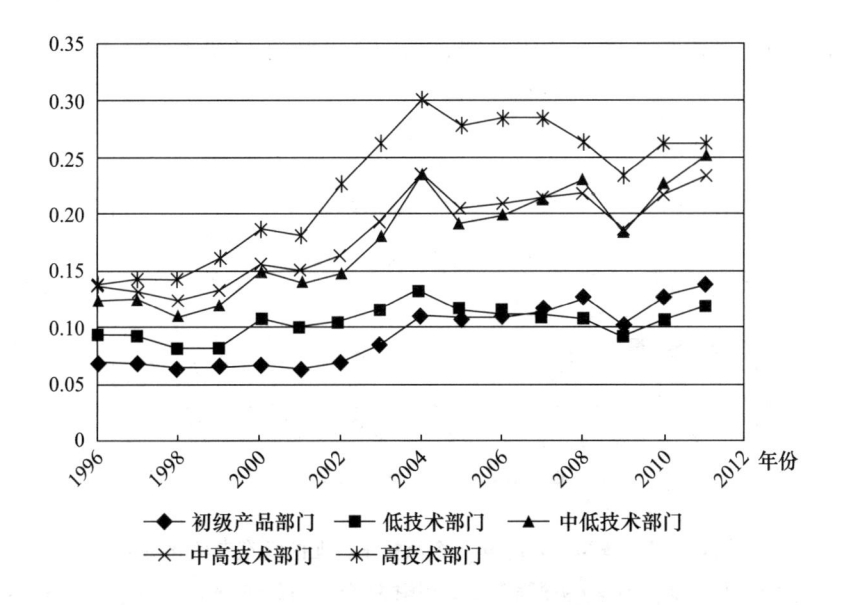

图3-12 1996—2011年中国五大类行业的垂直专业化指数

资料来源：根据Comtrade数据库数据及中国投入产出数据整理获得。

再分别观察各行业 1996—2011 年的 VSS 变化轨迹，发现并非一直持续上升，其中，有 15 个行业的 VSS 值分别在 2004 年（包括 13 个行业）、2000 年、2006 年达到峰值，意味着当前这些行业参与国际产品内分工的程度略有反转下降态势。其中，通信设备、计算机及其他电子设备制造业（NI-40），仪器仪表及文化、办公用机械制造业（NI-41）的国际产品内分工水平从 2004 年以后开始明显下滑（见图 3-13），究其原因，可能在于这两个行业长期采用大量进口关键零部件或半成品、加工组装后再大量出口最终产品的模式参与国际产品内分工，如计算机、手机等行业。这种模式虽然使中国快速融入了高技术行业的全球价值链分工体系，但由于面临着核心技术、关键零部件的普遍制约，因此，长期处于技术含量较低的加工组装环节。随着中国劳动力成本的逐步上升，这些行业的利润愈加微薄，随之参与国际产品内分工的程度出现了下降。同样，劳动力成本上升也对纺织业（NI-17），纺织服装、鞋、帽制造业（NI-18），皮革、毛皮、羽毛（绒）及其制品业（NI-19）的加工生产产生了显著的不利影响，使这些行业参与产品内分工的程度出现明显的下降趋势（见图 3-14）。

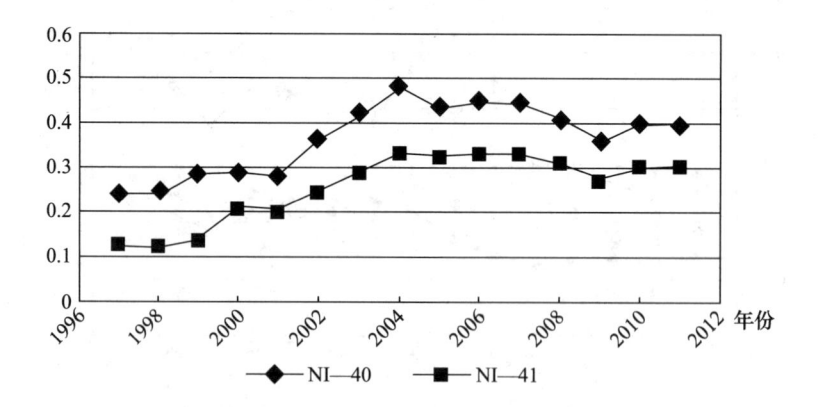

图 3-13　1996—2011 年 2 个高技术行业的垂直专业化指数

资料来源：根据 Comtrade 数据库数据及中国投入产出数据整理获得。

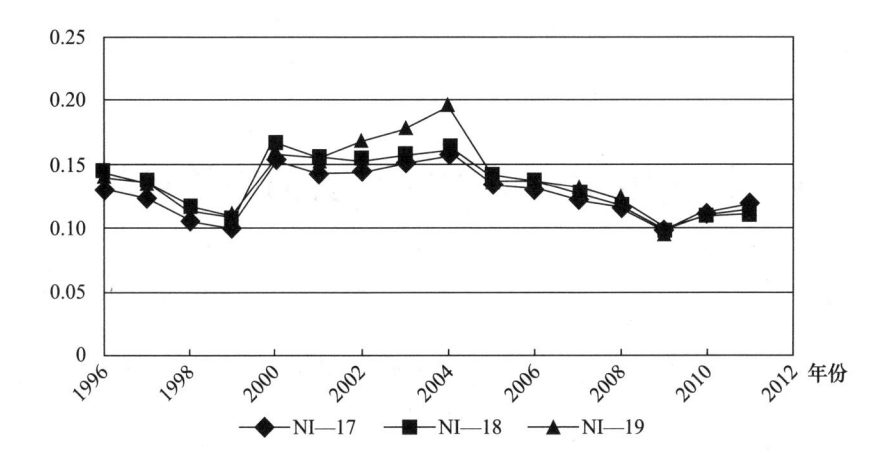

图 3-14　1996—2011 年 3 个低技术行业的垂直专业化指数

资料来源：根据 Comtrade 数据库数据及中国投入产出数据整理获得。

第四章 国际产品内分工模式的分类和测度

20世纪90年代以来，国内外学者对国际产品内分工的要素收入分配效应展开了大量研究，但是，这些研究尤其是理论研究的结论相差颇大，其中的重要原因之一是各文献对研究对象的国际产品内分工模式存在不同的假设。基于研究侧重点的不同，各学者对国际产品内分工模式有不同的分类方法，如格罗斯曼和赫尔普曼（2002，2003，2005）根据企业生产组织模式的不同，将国际产品内分工分为国际外包型和FDI内部化型；王燕梅和简泽（2013）根据企业参与国际分工主导权的不同，认为中国制造业参与国际产品内分工存在被动吸纳型和主动参与型两种模式。考虑到生产工序的技术含量、要素相对密集度与技能需求、要素收入分配紧密相关，受F—H模型启发，本书依据一国（或行业）所负责生产工序技术含量的不同，将国际产品内分工分为低端型国际产品内分工和高端型国际产品内分工。

第一节 高、低端型国际产品内分工模式分类

一 已有研究对生产及产品内分工模式设定

分析产品内分工对要素相对需求、相对价格影响的理论分析框架一般由两个国家（一个发达的北方国家和一个发展中的南方国家）、两种主要投入要素（资本与劳动力，或熟练劳动力与非熟练劳动力）、一个或多个产品部门同时进行产品内分工等要素构成，根据涉及国家、产品部门和离岸工序要素密集度的不同，可以存在多种生产及产

品内分工模式的组合，现有文献的理论分析框架中，对一国生产及产品内分工模式的设定大致分以下四类：

第一类：假设一国参与国际产品内分工的行业唯一、确定，同时该国离岸（承接）生产工序的要素相对密集度也确定。如菲恩斯特拉和汉森（1996a）的分析框架中，经济紧密联系的发达国家和发展中国家，只涉及一个由连续中间投入品组装而成的制成品行业，设定两国分别负责生产不同技术密集度的中间产品（工序），当发达国家把更多的低技术工序离岸至发展中国家时，两国生产活动的平均技术密集度都将提高，从而会增加对熟练劳动力的相对需求，扩大两国内的工薪差距。阿恩特（1997）构建了一个 $2\times2\times2$ 分析框架，假定两国同时生产资本密集型产品 Y 与劳动密集型产品 X，国际产品内分工模式为仅 X 部门发生产品内分工，而且是发达国家把 X 产品生产过程中劳动投入相对密集的环节离岸至发展中国家，研究发现，分散化生产将使两国劳动密集型行业获益并扩张生产规模，结果使各国对劳动的相对需求增加，工资提高。

第二类：假设一国离岸（承接）生产工序的相对要素密集度确定，但该国参与国际产品内分工行业的要素相对密集度不确定。如 Jones 和 Kierzkowski（2001a，2001b）指出，分散化生产对劳动工资的影响类似于部门偏向型技术进步作用，如果分散化生产发生于资本相对密集型行业，则相当于资本密集型行业进行技术改造，劳动工资必将下降；反之，如果分散化生产发生于劳动相对密集型行业，则劳动工资将相对提高，而无论是哪个要素相对密集的工序被离岸。但行业的要素相对密集性却取决于该国的要素禀赋比例：当一国资本相对富裕时，进行分散化生产的产品部门属劳动密集型行业；反之，当一国劳动相对富裕时，则进行分散化生产的产品部门属资本密集型行业。因此，即使都设定发达国家将劳动密集型工序进行离岸，但一国要素禀赋的不同使参与国际产品内分工的行业要素相对密集度有差异，最终使相对工资发生了不同的变化。李瑞琴（2010）发现，发展中国家承接劳动密集型工序后劳动工资的变化也存在类似规律。

第三类：假设一国参与国际产品内分工行业的要素相对密集度确

定,但认为由于该国参与国际产品内分工后其所承担生产工序的要素相对密集度不确定,因此,各要素相对需求、相对价格的变化也不确定(Deardorff,2001a;王中华和梁俊伟,2008;Khalifa 和 Mengova,2010b)。如迪尔多夫(2001a)发现,国际分散化生产后,北方国家(资本相对富裕)要素报酬的变动取决于其所承担工序的资本密集度及其参与分散化前的行业平均资本密集度,如果前者大于后者,则资本相对劳动报酬增加;反之则劳动相对报酬提高。分散化生产后,南方国家(劳动相对富裕)要素报酬的变动取决于其所承担工序的资本密集度、参与国际分散化生产前的行业平均资本密集度及该国独立生产该产品时的资本密集度,三者之间不同的关系将影响要素的相对报酬变化情况。Khalifa 和 Mengova(2010b)指出,当南方国家的高技术工人较富裕时,北方国家企业将离岸高技术工序至南方国家,从而使南方国家的工薪差距扩大;反之,如果南方国家的高技术工人相对较少,北方国家企业则将离岸低技术工序到南方国家,致使南方国家的工薪差距缩小。

第四类:对一国进行国际产品内分工的模式进行一般化扩展,考虑多个行业同时发生低技术、高技术生产工序离岸,指出产品内分工对要素相对需求、相对价格的影响存在多种可能(Egger,2002;Kohler,2003,2008;Grossman and Rossi – Hansberg,2006,2008;Baldwin and Robert – Nicoud,2014)。

对比上述理论分析框架可发现,不同生产及国际产品内分工模式组合的收入分配效应存在明显差异,具体取决于一国参与国际产品内分工的行业相对要素密集度和其外包(承接)生产工序的相对要素密集度。拉尔等(2004)指出,不同生产工序的要素密集度差异是导致不同行业参与国际产品内分工程度差异的重要因素,只有当低要素价格节省的生产成本足以抵消运输费用和协调费用时,国际产品内分工才有利可图。因此,充分了解一国(行业)所负责生产工序的要素相对密集度,区分产品内分工的不同模式对剖析国际产品内分工对要素收入分配的影响及作用机制十分重要。

二 高、低端型国际产品内分工模式分类

F—H 模型中两国（一个发达国家和一个发展中国家）仅生产一种制成品，投入要素分别为熟练劳动力、非熟练劳动力和资本。该制成品由连续性中间产品无成本组装而成，中间产品表示为 $z \in [0, 1]$，每单位中间产品 z 的产出分别需要投入 $a_L(z)$ 单位非熟练劳动力和 $a_H(z)$ 单位熟练劳动力及一定的资本。对这些中间产品根据熟练劳动力投入的密集度进行排序，使 $a_H(z)/a_L(z)$ 随 z 单调上升。图 4-1 中，CC 为发达国家生产一单位中间产品的最小成本线，C^*C^* 为发展中国家的最小成本线。随着现代运输和通信技术的发展及贸易自由化的推进，两国将根据要素禀赋差异和比较优势进行产品内分工，发达国家(本国)将专业化生产技术密集度高的中间产品，发展中国家(外国)则专业化生产技术密集度低的中间产品。当两国生产某一中间产品 z^* 的成本相同时，z^* 成为分工临界点，$[z^*, 1]$ 中间产品的生产保留在发达国家，而 $[0, z^*]$ 中间产品的生产离岸至发展中国家。

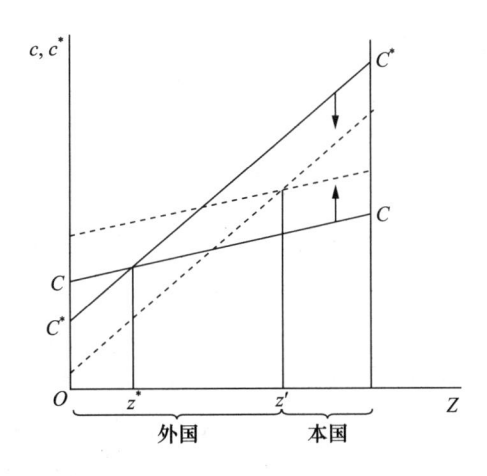

图 4-1　发达国家与发展中国家中间投入品最小成本线

资源来源：罗伯特·C. 菲恩斯特拉：《高级国际贸易理论与实证》，唐宜红主译，中国人民大学出版社 2013 年版，第 85 页。

假设由于 FDI 等活动资本从发达国家流向发展中国家，使发展中

国家的资本存量相对增加，或发展中国家发生中性技术进步，使发展中国家的生产成本下降（C^*C^*线向下平移），发达国家的生产成本上升（CC线向上平移），则两国间的分工发生变化，形成新分工临界点z'，且$z'>z^*$，$[z^*, z']$这部分中间产品的生产将从原来的发达国家转移到发展中国家进行（见图4-1）。值得注意的是，$[z^*, z']$这部分中间产品生产活动在发达国家属技术密集度最低区段，但在发展中国家却属技术密集度最高区段。因此，新分工模式下，发达国家的生产区间从$[z^*, 1]$压缩为$[z', 1]$，发展中国家的生产区间从$[0, z^*]$扩涨为$[0, z']$，两国生产活动的平均技术密集度都出现一定程度的提升，因此，两国都将增加对熟练劳动力的相对需求，使两国内的工薪差距扩大。

受该模型启发，笔者认为，假如一国负责高技术工序的生产，如图4-1所示，发达国家负责$[z', 1]$区段中间产品的生产，国内生产活动的平均技术密集度应高于离岸工序的平均技术密集度，而发达国家为了最终无成本地组装完成制成品，需要从发展中国家进口离岸工序所对应的那部分中间产品，因此，表现为进口中间投入品的技术含量相对较低（相对于本国生产活动的平均技术密集度），对此笔者将其定义为从事高端型产品内分工。反之，如果一国负责低技术工序的生产，如图4-1中发展中国家负责$[0, z']$区段中间产品的生产，则国内生产活动的平均技术密集度应该低于承接工序的平均技术密集度，进而表现为进口大量高技术中间投入品，对此笔者将其定义为从事低端型产品内分工。

据此，本书提出将产品内分工分为低端型国际产品内分工与高端型国际产品内分工两种模式：前者表现为该国（行业）负责低技术工序的生产，为此，需要进口高技术中间投入品（如完成高技术零部件的加工、组装环节）；后者表现为该国（行业）负责高技术工序的生产，常常需要进口大量低技术中间投入品（因为把低技术工序外包给发展中国家，之后进口的中间产品技术含量会较低）。由于这两种产品内分工模式下会分别进口不同技术含量的中间投入品，因此，可以通过对进口中间投入品进行区分，来实现对两种不同产品内分工模式的识别与测度,可以分别用低技术中间产品进口、高技术中间产品进口来衡量一国参与高端型国际产品内分工、低端型国际产品内分工的程度。

三 进口中间投入品的动态分类

在多元化的国际产品内分工体系中,一国会与多个伙伴国进行多种产品的产品内分工,往往存在多个行业同时发生低技术、高技术生产环节离岸的情形,即该国多个行业将同时参与高端型国际产品内分工和低端型国际产品内分工,相应地,进口的中间投入品既有低技术中间投入品,又有高技术中间投入品,因此,要测算一国的低端型国际产品内分工水平和高端型国际产品内分工水平,首先要根据进口中间产品的相对技术含量对其进行分类。

对产品进行技术分类的方法颇多。OECD(1994)根据各行业的研发强度将制造业分为高技术行业、中高技术行业、中低技术行业和低技术行业,相应地,把制造业产品分为了高技术制成品、中高技术制成品、中低技术制成品和低技术制成品四大类;拉尔(2000)综合帕蒂克特(1984)和OECD(1994)的方法,将SITC(2.0)的三分位贸易品分为初级产品(PP)、资源型产品(RB)、低技术产品(LT)、中技术产品(MT)和高技术产品(HT)五大类;拉尔等(2006)测算了SITC(2.0)三分位、四分位贸易产品的出口"复杂度"指数,然后对各类商品进行技术分类。

罗迪克(2006)、豪斯曼等(2007)提出用技术复杂度指数(Technological Sophistication Index,TSI)来衡量每一类贸易产品的技术含量水平。根据比较优势理论,如果某类产品更多地由高收入国家出口,则其技术含量较高,通常处于国际分工链的上端;反之,如果更多地由低收入国家出口,则其技术含量较低,往往处于国际分工链的下端。因此,罗迪克认为,一个产品的技术含量水平可以用该产品所有出口国家人均GDP的加权平均数来衡量,权重为出口国的该商品占世界总出口额的比重。由于通过技术复杂度指数可以给不同分解层次的产品在任何一个时间段一个独一无二的值,使出口品技术含量、劳动生产率和出口品质的动态研究成为可能(陈晓华,2011),

为此，有大量研究围绕出口技术复杂度展开。如姚洋和张晔（2008）将产品复杂度界定为产品的技术含量，其通过拓展和完善豪斯曼等（2007）的测度方法，测算出中国出口产品的国内技术含量；黄先海和陈晓华（2010）指出，行业出口复杂度是一个行业在各种技术层次产品出口上的一个组合，值越高，说明该行业高技术水平产品的出口比例较大；同时，复杂度也是一经济体特定行业生产率和生产能力的直接体现，一般而言，行业出口复杂度较高的经济体具有更强的高端生产能力。

参考上述文献，不同于林文凤（2013）、陈仲常和马红旗（2010）[①]，本书注意到产品的技术含量高低具有相对性和动态变化性：同一产品相对某一个中等收入国家属低技术产品，但是，相对另一个低收入国家则可能为高技术产品；随着各国经济发展水平的变化，一国进口的某一中间产品以前属高技术产品，现在可能就属低技术产品了。因此，本书以 HS（1996）六分位贸易数据为基础，通过比较各类进口中间产品技术复杂度与各国各年度的总出口复杂度，将各国进口的中间投入品动态地区分为低技术中间产品与高技术中间产品，并以此衡量各国的高端型国际产品内分工水平和低端型国际产品内分工水平。具体分类过程如下：

第一步，参考罗迪克（2006）、豪斯曼等（2007）的方法，计算出 j 类产品的技术复杂度[②]：

$$PRODY_{jt} = \sum_{c=1}^{C} \frac{X_{cjt} \Big/ \sum_{j=1}^{J} X_{cjt}}{\sum_{c=1}^{C} \left(X_{cjt} \Big/ \sum_{j=1}^{J} X_{cjt} \right)} \cdot Y_{ct} \qquad (4-1)$$

---

① 林文凤（2013）、陈仲常和马红旗（2010）根据 OECD 把制成品分为低技术、中低技术、中高技术和高技术的分类方法，把能源和原材料业、低技术、中低技术统称为低技术品，把中高技术和高技术产品统称为高技术品。通过如此产品分类方法，测算了我国制造业总体外包水平、低技术外包水平和高技术外包水平。

② 虽然一些学者认为豪斯曼等（2007）的技术复杂度测度方法在用于研究类似于中国这样的国家时可能会出现一定的偏差，为此，需要进行修正（Xu, 2010），但目前其仍然是最广为学术界采用的方法。

式中，X_{cjt} 为 c 国 j 类产品在 t 期的出口额；Y_{ct} 为 c 国经购买力平价后的人均 GDP（以 2005 年不变价格计），以美元为单位，数据来源于世界银行 WDI（World Development Indicators）数据库；C、J 分别为国家集与产品集。为避免同一产品的技术复杂度不断变动，采用豪斯曼等（2007）的处理手法，本书先根据联合国 Comtrade 数据库中约 120 个国家 2009 年、2010 年、2011 年的贸易数据及人均 GDP，算出 HS（1996）六位码 5000 多种产品这三个年度的技术复杂度，然后取平均值作为各六位码产品的最终技术复杂度 $PRODY_j$。$PRODY_j$ 值越大说明 j 类商品的技术复杂度即技术含量越高。表 4-1 为 PRODY 的统计描述。

表 4-1　　　　　　　　　PRODY 的统计描述　　　　　　　　单位：美元

变量	样本数	中值	均值	标准差	最小值	最大值
2009—2011 年 PRODY 平均值	5045	17573.11	17592.17	8260.91	785.62	69797.94

资料来源：根据 Comtrade 数据库数据及世界银行数据整理获得。

表 4-2 显示了 HS（1996）六分位贸易商品中技术复杂度最大和最小的五类产品。显然，技术复杂度最低的五类产品基本上是一些未加工或简单加工的初级产品，往往由收入水平很低的国家出口，如津巴布韦是未加工或简单加工的工业用钻石（H1-710221）的主要出口国，但 2011 年其人均 GDP 仅 1315.6 美元，在有数据的 218 个国家中位居第 205 位。相反，技术复杂度最高的五类产品均为资本技术密集型产品，一般由收入水平较高的发达国家出口。如双面镀铝铁制卷板（H1-721069）主要由韩国和卢森堡出口，卢森堡 2011 年的人均 GDP 达 88848.2 美元，位居世界前三，韩国的人均 GDP 也有 29034.7 美元，同属高收入国家。

值得注意的是，有时一些 PRODY 值很高的产品并非"高"技术产品，尤其当其是资源性产品时，这主要是由于该指标是以各国出口为权重对各国人均 GDP 进行加权平均获得。当某类产品（如资源性产品或手工艺产品）仅产自高收入国家时，该类产品的 PRODY 值必

表4-2　　　　　　　技术复杂度最大与最小的五类产品　　　　　　单位：美元

	HS 代码	产品说明	2009—2011年 PRODY 平均值
最小值	H1-710221	未加工或简单加工的工业用钻石	785.62
	H1-530490	剑麻等（经简单处理）	887.22
	H1-440349	原木、热带木材等	1153.24
	H1-531090	黄麻等韧皮纤维机织物	1171.17
	H1-630510	麻包袋	1198.52
最大值	H1-721069	双面镀铝铁制卷板	58947.36
	H1-721633	热轧H型钢	59364.19
	H1-730110	钢铁板桩	64341.91
	H1-590290	粘胶纤维高强力纱制帘子布	64572.48
	H1-282734	氯化钴	69797.94

资料来源：根据 Comtrade 数据库数据及世界银行数据整理获得。

然会高。对此，拉尔等（2006）、豪斯曼等（2007）指出，技术复杂度指数中的"技术"不仅包括科技，也包含自然资源和人力资本等。不过，通过对该指标进行可信度验证，发现其与人均 GDP 的相关性达到80%左右，因此，该指标虽然不完美但仍然是一个有效的指标（Xu，2010）。

第二步，在获得各类商品的 PRODY 后，进一步测算 c 国 t 期的总出口技术复杂度：

$$TSI_{ct} = \sum_{j=1}^{J} \frac{X_{cjt}}{\sum_{j=1}^{J} X_{cjt}} PRODY_j \tag{4-2}$$

同样，TSI 值越高说明该国出口产品的技术复杂度即技术含量越高。

图4-2、图4-3分别为代表性发达国家、新兴工业化国家及新兴七国（发展中国家）1996—2012年的出口技术复杂度变化趋势。不难发现，各国的出口复杂度有较大差异，因此，同一中间产品相对于不同国家其技术水平也不相同，可能发生技术要素密集性变换。此外，各国的出口复杂度均出现了较大的波动，虽然多数国家的 TSI 值

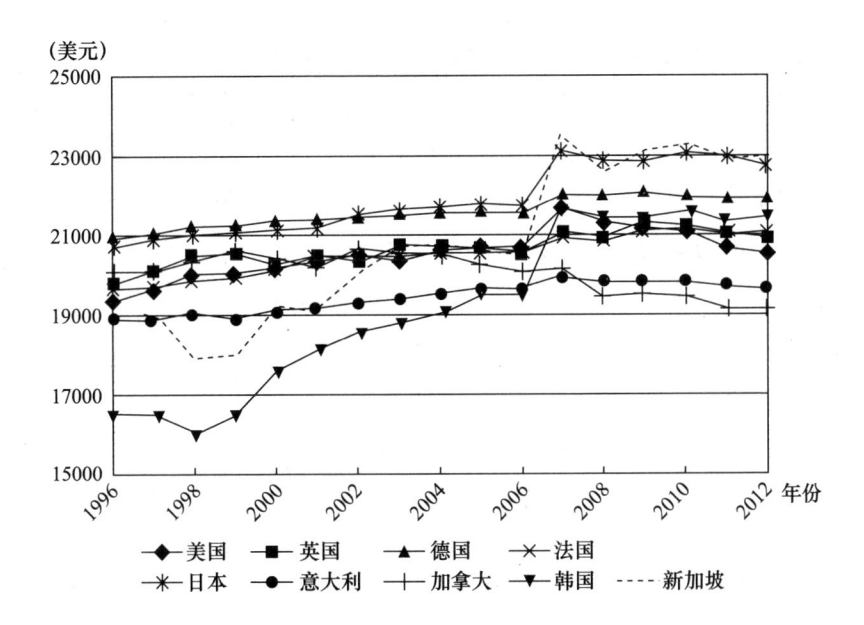

图 4-2　1996—2012 年部分发达国家和新兴工业化国的总出口技术复杂度

资料来源：根据 Comtrade 数据库数据及世界银行数据整理获得。

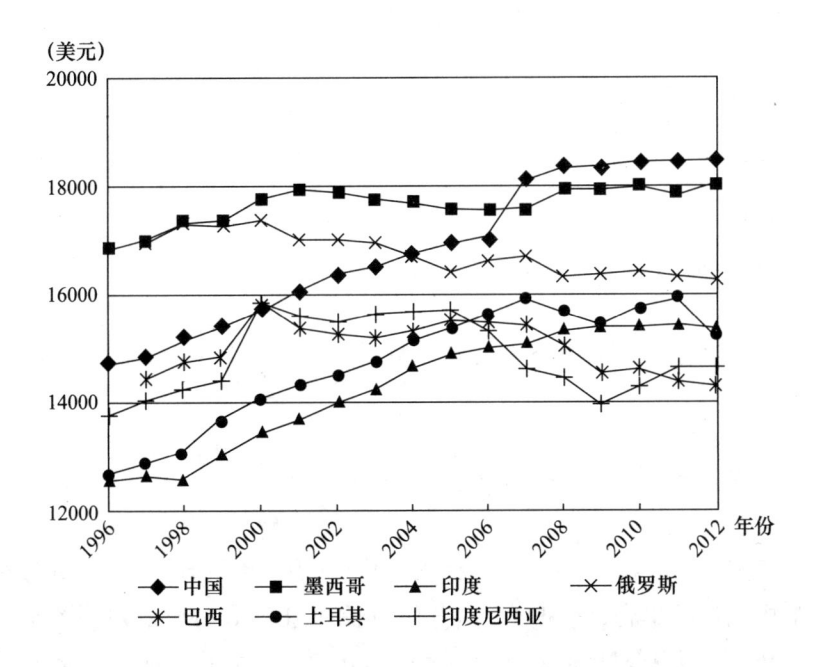

图 4-3　1996—2012 年新兴七国的总出口技术复杂度

资料来源：根据 Comtrade 数据库数据及世界银行数据整理获得。

实现了不同幅度的提升，但也有国家出现了下滑，如加拿大、巴西、俄罗斯，而韩国、新加坡、中国的总出口技术复杂度则有大幅度的提升。这意味着不同时期各国的生产技术能力存在差异，国内生产活动的平均技术密集度会发生变化，因此，同一中间产品的技术含量相对于同一国家的不同时期也会动态地变化。

第三步，以 TSI_{ct} 代表 c 国 t 期的生产技术水平，当进口的 j 类中间产品技术复杂度大于 t 期 c 国的 TSI 时，该类商品相对于 c 国在 t 期可视为高技术中间投入品；反之，则归为低技术中间投入品。由于 c 国的总出口复杂度逐年变化。因此，该国各年度的高技术、低技术中间产品集合会相应改变，从而实现了对进口中间投入品有国别差异地、动态地分类。

四 高、低端型国际产品内分工水平测度

在区分了各国各年度进口的高技术中间投入品和低技术中间投入品之后，就可以按照第三章第一小节中提及的国际产品内分工测度方法，测算各国宏观层面的高、低端型国际产品内分工水平，以及测算中国工业各行业的高、低端型国际产品内分工水平。

在国别宏观层面，用一国进口的高技术中间产品占该国总进口的比重衡量其低端型国际产品内分工水平，用一国进口的低技术中间产品占该国总进口的比重衡量其高端型国际产品内分工水平。指标的测算公式分别为：

$$\text{低端型国际产品内分工水平}(HM1)_{ct} = \frac{\sum_{j \in B \text{且} j \in H} m_{cjt}}{\sum_{j \in J} m_{cjt}} \quad (4-3)$$

$$\text{高端型国际产品内分工水平}(LM1_{ct}) = \frac{\sum_{j \in B \text{且} j \in L} m_{cjt}}{\sum_{j \in J} m_{cjt}} \quad (4-4)$$

式中，m_{cjt} 代表 c 国 t 期 j 类商品的进口额；B 系 HS 六分位贸易商品的中间产品集合，根据 HS 六分位与联合国 BEC 分类的对应关系获得；H 系高技术贸易商品集合，满足 $PRODY_j > TSI_{ct}$，即要求该类商品的技术复杂度大于 c 国 t 期的总出口技术复杂度；L 系低技术贸易

商品集合，满足 $\text{PRODY}_j < \text{TSI}_{ct}$，即要求该类商品的技术复杂度小于 c 国 t 期的总出口技术复杂度；J 为 HS 六位码贸易商品总集合。

在中国工业行业层面，在对中国进口的中间投入品按技术复杂度进行动态分类后，即可用基于 BEC 法的垂直专业化指数测度中国工业部门各行业参与高端型国际产品内分工（VSSH）和低端型国际产品内分工（VSSL）的程度。VSSH、VSSL 的测算公式分别为：

$$VSSH = \frac{1}{X}\mu A^{LM}(I-A^D)^{-1}X^V \qquad (4-5)$$

$$VSSL = \frac{1}{X}\mu A^{HM}(I-A^D)^{-1}X^V \qquad (4-6)$$

式中，A^{LM} 为低技术中间产品进口消耗系数矩阵，通过对直接消耗系数矩阵 A 进行处理获得，测算过程所需的 λ_j 等于 j 行业的"低技术中间产品进口额/总中间投入"；A^{HM} 为高技术中间产品进口消耗系数矩阵，同样，通过对直接消耗系数矩阵 A 进行处理获得，此时测算过程所需的 λ_j 等于 j 行业的"高技术中间产品进口额/总中间投入"。其余测算步骤及数据处理方法则与第三章第一节和第三章第三节相同。

需要特别说明的是，各行业的技术密集度及生产技术水平存在较大差异，而用中国的总出口技术复杂度 TSI 来分类各行业的进口中间产品，笼统地当进口的 j 类中间产品技术复杂度大于 t 期中国的 TSI 时，把该类商品在 t 期归为高技术中间投入品；反之则归为低技术中间投入品，这样的处理方法可能会存在一定的偏差。但是，由于本书测算的是各行业的完全消耗垂直专业化指数，即不仅考虑对进口中间投入品的直接消耗还考虑其间接消耗。如钢的生产过程中除了对进口品有直接消耗，还要消耗国产的生铁、焦炭等中间投入品，而在国产的生铁、焦炭生产过程中，也会对相应的进口投入品有直接消耗，以此类推，对进口中间投入品存在多次消耗（Lau et al.，2007）。因此，如果用各行业各自的生产技术水平（如行业的出口技术复杂度）与各类进口中间产品的技术复杂度进行比较来分类，则同一种进口投入品可能在直接消耗时为低技术投入品，但在多次间接消耗时或为高技术投入品或为低技术投入品,这种不确定性和多变性可能也会使分类低效。因此,权衡偏差轻重,而且考虑到与前文的统一,本书仍选择用中国的总出口技术复杂度 TSI 作为各行业进口中间产品的技术分类标准。

第二节 主要国家参与国际产品内分工模式测度

本书选取近些年中间产品进口较多、HS(1996)六分位贸易数据较齐全的 45 个国家(地区)为考察样本,2012 年,这些考察对象的中间产品进口占世界中间产品总进口的 92.8%,表明国际产品内分工的主体基本上纳入样本之中。具体包括阿根廷(ARG)、澳大利亚(AUS)、奥地利(AUT)、比利时(BEL)、巴西(BRA)、加拿大(CAN)、瑞士(CHE)、智利(CHL)、中国(CHN)、捷克(CZE)、德国(DEU)、丹麦(DNK)、西班牙(ESP)、芬兰(FIN)、法国(FRA)、英国(GBR)、希腊(GRC)、中国香港(HKG)、匈牙利(HUN)、印度尼西亚(IDN)、印度(IND)、爱尔兰(IRL)、以色列(ISR)、意大利(ITA)、日本(JPN)、哈萨克斯坦(KAZ)、韩国(KOR)、墨西哥(MEX)、马来西亚(MYS)、荷兰(NLD)、挪威(NOR)、秘鲁(PER)、菲律宾(PHL)、波兰(POL)、葡萄牙(PRT)、俄罗斯(RUS)、新加坡(SGP)、瑞典(SWE)、泰国(THA)、土耳其(TUR)、乌克兰(UKR)、美国(USA)、委内瑞拉(VEN)、越南(VNM)、南非(ZAF)等。根据各国(地区)2012 年的人类发展指数(HDI),本书将这 45 个国家(地区)划分为 29 个发达国家(HDI≥0.8)和 16 个发展中国家(HDI<0.8)。由于多数国家从 20 世纪 90 年代中期后逐步加深融入国际产品内分工,因此,本书的考察期设为 1996—2012 年,所用原始贸易数据均来自 Comtrade 数据库。

一 发达国家

观察 29 个发达国家(地区)1996—2012 年 HM1、LM1 指标的发

展变化,发现大致可划分为以下三个梯队:

第一梯队国家包括意大利、芬兰、奥地利、比利时、以色列、丹麦、韩国、日本、瑞士、瑞典、德国、美国12个国家(见图4-4)。这些国家的LM1指标趋势线一直位于HM1指标趋势线之上,表明其主要进行高端型国际产品内分工,但程度及变化趋势存在差异。2012年,根据LM1指标值,这些国家的高端型国际产品内分工水平从高到低依次为韩国(0.459)、日本(0.418)、芬兰(0.417)、以色列(0.405)、意大利(0.390)、德国(0.374)、奥地利(0.347)、比利时(0.346)、瑞典(0.332)、美国(0.309)、瑞士(0.304)、丹麦(0.253)。韩国和日本的高端型国际产品内分工水平分别占据第一位、第二位,可能与它们位于东亚经济圈相关。本书第三章第二节的分析已指出,东亚、欧盟、北美三大区域中东亚的产品内分工参与度最高、规模最大,而且内部依存度较高。而在东亚区域内,相比其他国家,韩国、日本往往能在国际产品内分工体系中占据高端位置,因此,它们的高端型国际产品内分工程度相对较高。

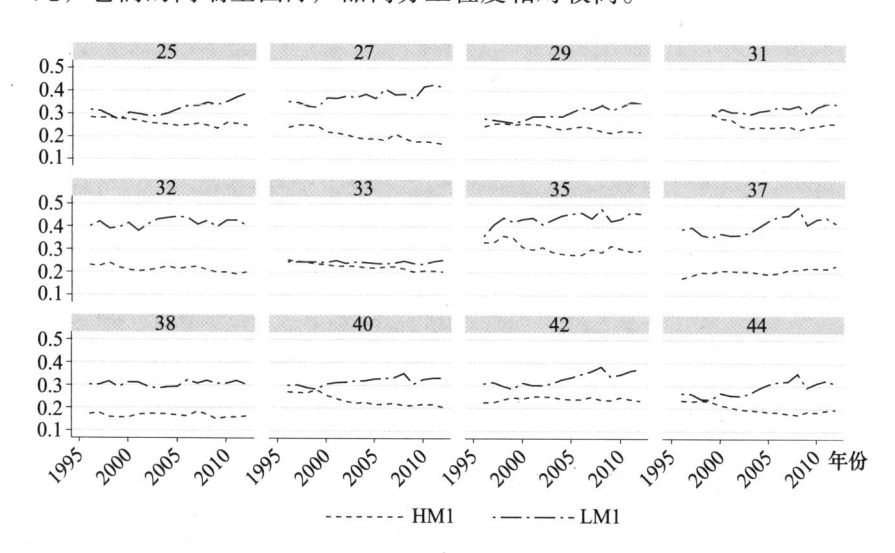

图4-4 第一梯队国家的高、低端型国际产品内分工水平

编号说明:25为意大利,27为芬兰,29为奥地利,31为比利时,32为以色列,33为丹麦,35为韩国,37为日本,38为瑞士,40为瑞典,42为德国,44为美国。

资料来源:根据Comtrade数据库数据整理并用Stata12.0软件制作获得。

进一步观察变化趋势可发现，意大利、芬兰、奥地利、瑞典、德国、美国等国家的高端型产品内分工水平与低端型产品内分工水平间的差距出现持续扩大趋势。这表明这部分国家越来越偏向高端型国际产品内分工，在国际产品内分工体系中，表现出持续、强劲的竞争优势。总之，这个梯队的国家的人类发展指数均较高，其强大的科技实力和充裕的资本要素使其在技术和资本要素密集的核心生产环节具有明显的比较优势，因此，在国际产品内分工体系中占有绝对主导的地位。

第二梯队国家包括希腊、捷克、英国、西班牙、法国、爱尔兰、荷兰7个国家（见图4-5）。这些国家早期进口的高技术中间产品多于低技术中间产品，但之后，低技术中间产品的进口份额逐步提高，并最终使其LM1指标趋势线反超了HM1指标趋势线。如英国，1996年，其HM1值为0.289，LM1值为0.254，之后HM1逐年下跌；2000年，LM1开始大于HM1，至2012年，HM1、LM1的值分别为0.219、0.285。法国、荷兰于2000年实现了高端型国际产品内分工对低端型国际产品内分工的赶超。希腊、爱尔兰也表现出了类似的演

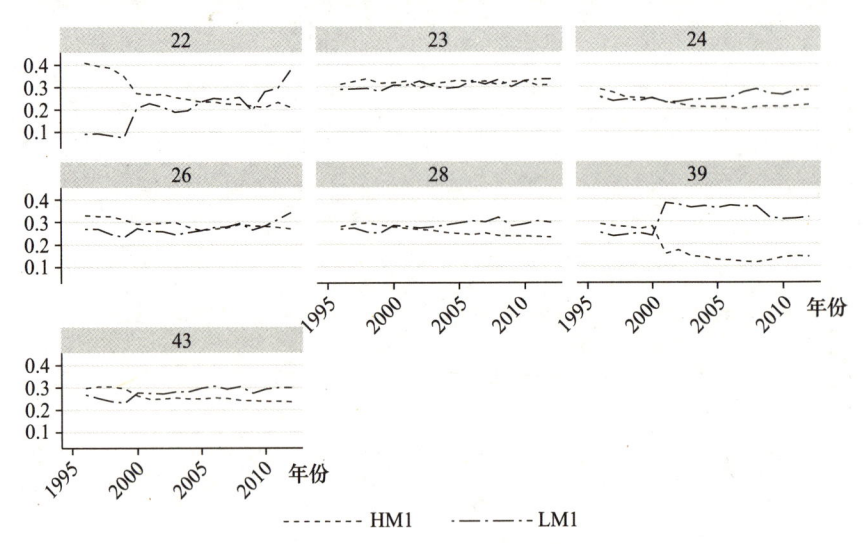

图4-5 第二梯队国家的高、低端型国际产品内分工水平

编号说明：22为希腊，23为捷克，24为英国，26为西班牙，28为法国，39为爱尔兰，43为荷兰。

资料来源：根据Comtrade数据库数据整理并用Stata12.0软件制作获得。

变轨迹。2012年,这些国家的高端型国际产品内分工水平从高到低依次为希腊(0.374)、西班牙(0.342)、捷克(0.333)、爱尔兰(0.318)、荷兰(0.300)、法国(0.296)、英国(0.285)。

这个梯队的国家的HM1、LM1变化轨迹说明,这些国家在国际产品内分工体系中的地位发生了变化,在一定程度上可以说其产品内分工模式实现了升级,从以低端型产品内分工为主转变成了以高端型产品内分工为主。这或许是因为这些国家的生产能力相对有了很大的提高,也可能是因为这些国家的国际产品内分工伙伴发生了变化,从而实现了产品内分工地位的提升和分工模式的升级。

第三梯队国家(地区)包括阿根廷、葡萄牙、智利、波兰、匈牙利、新加坡、中国香港、加拿大、澳大利亚、挪威10个国家(地区)。图4-6显示,这个梯队的国家的低端型产品内分工水平(HM1指标趋势线)高于其高端型产品内分工水平(LM1指标趋势线),不过发展变化各有不同。阿根廷、智利进口的高技术中间产品远多于低技术中间产品,阿根廷2012年的HM1为0.508,LM1仅为0.071;智利2012年的HM1、LM1分别为0.377与0.058;而加拿大、新加坡两国各自的HM1与LM1长期较为接近,多数年份两者间的差距不超过5个百分点。此外,葡萄牙、波兰、匈牙利、新加坡、澳大利亚、挪威6个国家的HM1趋势线与LM1趋势线呈明显的收敛趋势,LM1相对于HM1的差距日益缩小,如波兰1996年HM1比LM1多0.153,而到2012年仅多了0.032。

这个梯队的国家(地区)进口的高技术中间产品多于低技术中间产品,意味着这些国家(地区)参与国际产品内分工时更倚重低端型产品内分工,而非高端型产品内分工。基于比较优势,在发达国家与发展中国家共同构成的国际产品内分工体系中,由于发达国家资本、技术和熟练劳动力等要素相对富裕,将主要承担高技术生产阶段的分工任务;而发展中国家依靠自然资源、廉价劳动力等要素优势参与国际分工,将主要承担低技术生产阶段的分工任务。因此,发达国家一般以进行高端型产品内分工为主,发展中国家则以进行低端型产品内分工为主。但上述国家显然不符合这一理论预测,究其原因,与国际产品内分工的其他经济决定因素有关。

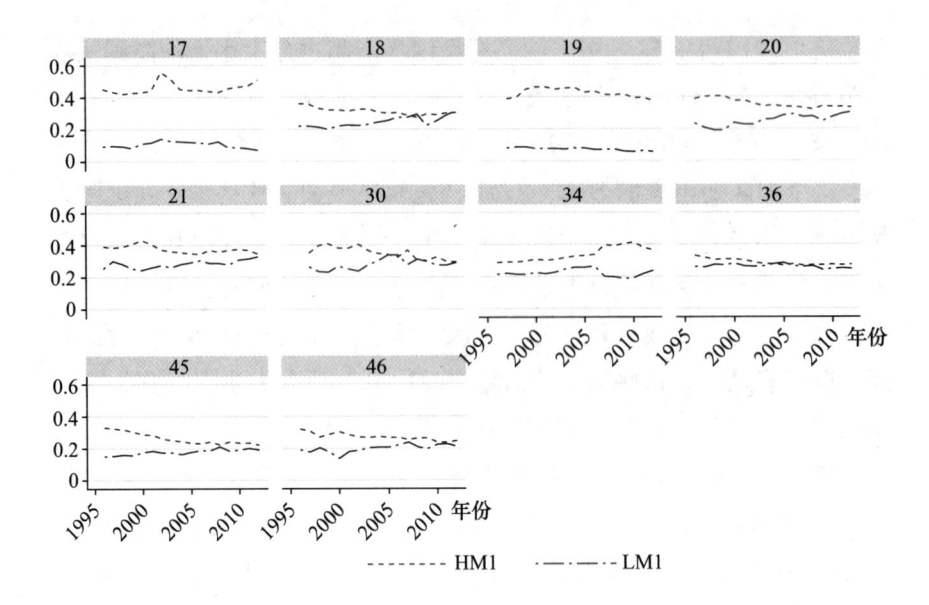

图 4-6 第三梯队国家（地区）的高、低端型国际产品内分工水平

编号说明：17 为阿根廷，18 为葡萄牙，19 为智利，20 为波兰，21 为匈牙利，30 为新加坡，34 为中国香港，36 为加拿大，45 为澳大利亚，46 为挪威。

资料来源：根据 Comtrade 数据库数据整理并用 Stata12.0 软件制作获得。

  本书第三章第二节提出，国际产品内分工的产生基础及决定因素，包括比较优势、规模经济、交易成本、运输与通信等科学技术进步、贸易与 FDI 自由化政策等。在这些因素中，虽然国际产品内分工总体上仍遵循基于技术差异和要素禀赋差异的比较优势以及基于规模经济的成本优势，但是，由于国际产品内分工涉及各个生产工序之间的衔接配合以及零部件等中间产品（以及服务）的交换，因此，交易成本也显得非常重要（蒲华林，2011）。徐康宁和王剑（2006）指出，要素禀赋和地理因素共同决定着国际产品内分工的格局，跨国公司在选择区位时往往需要兼顾考虑基于要素禀赋的生产成本和基于地理因素的交易成本。实际上，国际产品内分工涉及各要素、货物、服务在国家间的多次转移，世界各国在空间距离、内陆临海等地理区位条件上的差异使这种国际转移产生了相当高的运输成本，因而地理因素在很大程度上影响着产品内分工的空间布局。有时候，为满足及时供货的需求，生产者将一些生产工序仅离岸至生产成本稍低的周边国家和地区，以达到接近市场和降低成本两个目标之间的平衡。尽管相比其他国家（地区），这些区位并不具备要素禀赋上的最大比较优势，但是，由于及时供货所获得的收益足以抵消要素成本的额外支出，此时，地理距离相对于比较优势对区位的选择便产生了更重要的影响。美国的厂商往往偏向将大部分生产活动外包至邻近的墨西哥和加拿大，而日本和韩国的国际生产分工网络绝对以东亚经济圈为核心，德国对捷克、波兰的生产分工也有类似的安排。本书第三章第二节的分析也指出，国际产品内分工具有很强的区域集聚性，三大区域内部（东亚、欧盟、北美）的产品内分工依存度明显高于区域间的依存度，其中欧盟尤为显著。

另外，外包区位的选择除了考虑"成本节约"，也需考虑产品"质量保障"，多数厂商对"成本节约""质量保障"同等重视，甚至可能更偏向后者（Lurong Chen，2008）。有时生产工序的水平分工只有在那些资本技术要素禀赋相近的国家间才可能协作完成，要素特别是劳动力要素差异过于悬殊反而不能满足生产制造的技术要求和产品质量要求，这也使部分国际产品内分工仅扩展到要素价格略低但要素质量相近的国家（地区）。如美国的时装企业可能把其产品的设计外包到意大利，而把成衣的批量加工环节外包给中国。

上述因素使第三梯队的国家（地区）的国际产品内分工伙伴可能更多的是一些经济发展水平更高的其他发达国家，如加拿大与美国，葡萄牙、波兰、匈牙利与其他欧盟国家。相比之下，这些国家的生产技术能力仍相对落后，因此，在国际产品内分工体系中，也主要进行低端型国际产品内分工，相应地，其进口的高技术中间产品份额就较高。

二 发展中国家

发展中国家进口的高、低技术中间产品比重分布则与多数发达国家特别是第一梯队发达国家的分布完全相反，16 个样本国中，除印度外，进口的高技术中间产品明显多于低技术中间产品，HM1 指标趋势线基本位于 LM1 指标趋势线之上（见图 4－7），说明发展中国家参与国际产品内分工以从事低端型产品内分工为主。在国际产品内分工体系中，多数发展中国家只是根据发达国家的需要，专业化于零部件的生产加工和装配，或进行初级中间产品的简单加工生产，因此，在国际分工中处于从属地位，通常位于国际分工链的中下游端。

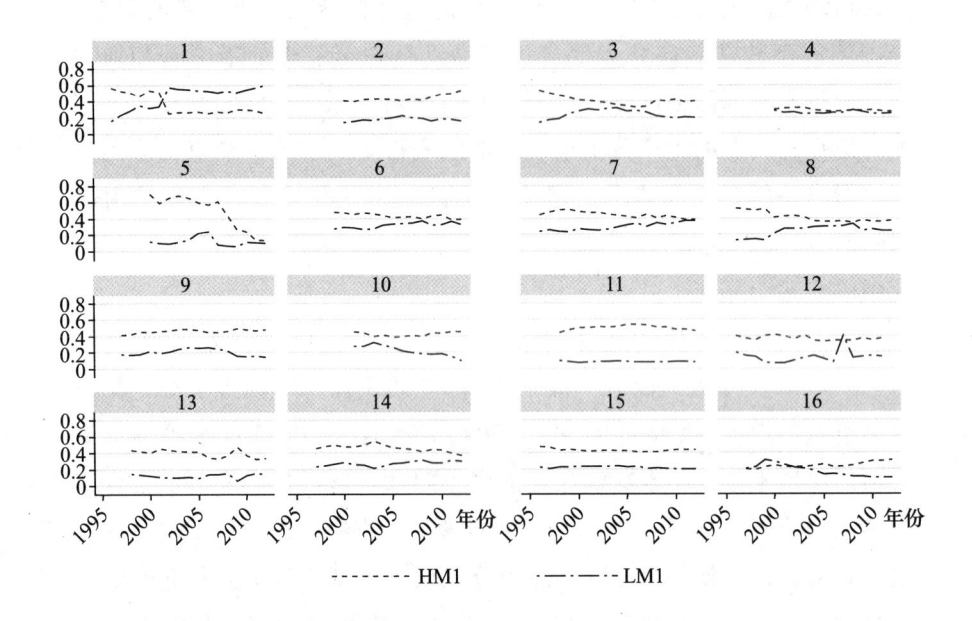

图4-7 发展中国家的高、低端型国际产品内分工水平

编号说明：1为印度，2为越南，3为印度尼西亚，4为南非，5为菲律宾，6为泰国，7为中国，8为土耳其，9为巴西，10为乌克兰，11为秘鲁，12为委内瑞拉，13为哈萨克斯坦，14为马来西亚，15为墨西哥，16为俄罗斯。

资料来源：根据Comtrade数据库数据整理并用Stata12.0软件制作获得。

图4-7显示，各发展中样本国的HM1、LM1曲线变化轨迹也存在较大差异，其中，菲律宾、泰国、中国、土耳其四国进口的低技术中间产品日益增多，HM1与LM1间的差距明显缩小。印度的HM1值、LM1值则在2002年出现了大逆转，之后完全转变为以进口低技术中间产品为主。俄罗斯恰好相反，其在2001年（包括2001年）以前进口的低技术中间产品多于高技术中间产品，但之后HM1趋势线反超LM1趋势线且两者间的差距逐渐扩大，意味着俄罗斯的国际产品

内分工模式从以高端型为主逆转为以低端型为主，而且低端型国际产品内分工加速深化，占有明显的主导地位。

1996—2012 年，中国进口的高技术中间产品在总量上明显多于低技术中间产品，但在变化趋势上，高技术中间产品占总进口的份额逐年下滑；相反，低技术中间产品的进口份额却迅速提升，使中国的 HM1 指标趋势线与 LM1 指标趋势线明显收敛。进口中间产品的这一结构演变与中国经济发展息息相关。裴长洪（2013）指出，"转型升级的经济体将由技术含量高、资源消耗少的中间产品进口逐步转向技术含量低、资源消耗多的中间产品进口"。近十余年，中国经济增长的总体小幅加速，使中国进口的高技术中间产品占比连续下降，而低技术中间产品进口份额持续攀升。同时，高、低技术中间产品的进口份额格局说明当前总体上中国参与国际产品内分工仍以低端型分工为主，但随着中国经济的快速增长，生产能力的提高，中国进行高端型产品内分工的程度正在逐步加深。

表 4-3 数据显示，中国进口的高技术中间产品主要为已加工的工业用品（BEC-22）和资本货物零配件（BEC-42），但变化趋势刚好相反。BEC-22 的占比逐年递减，从 1996 年的 60.31% 下降为 2012 年的 34.17%，而 BEC-42 的占比则明显增加，其份额从 1996 年的 27.15% 上升为 2012 年的 52.35%。中国进口的低技术中间产品构成也有一定变化：1996 年中国进口的低技术中间产品也以 BEC-22 为主，占 59.9%，但是，到 2012 年则变为以初级燃料和润滑剂（BEC-31，占 36.72%）和初级工业用品（BEC-21，占 30.63%）为主。这进一步表明，当前中国对国外的高技术中间产品和资源型初级中间产品依赖性较强。

表 4-3　　　中国高、低技术中间产品进口的产品构成　　　单位：%

类别	高技术中间产品				低技术中间产品			
	1996 年	2001 年	2006 年	2012 年	1996 年	2001 年	2006 年	2012 年
BEC-111	1.67	0.08	0.02	0.00	4.78	5.73	3.18	6.16
BEC-121	0.13	0.11	0.11	0.22	5.43	1.47	1.57	2.00

续表

类别	高技术中间产品				低技术中间产品			
	1996年	2001年	2006年	2012年	1996年	2001年	2006年	2012年
BEC-21	4.22	4.80	8.77	2.53	13.82	13.57	13.83	30.63
BEC-22	60.31	49.90	43.58	34.17	59.99	43.19	21.38	20.70
BEC-31	0.15	0.07	0.27	2.66	10.38	18.18	25.01	36.72
BEC-322	1.39	1.35	1.12	1.92	0.01	0.15	0.11	0.07
BEC-42	27.15	38.31	39.62	52.35	5.37	17.48	34.70	3.22
BEC-53	4.97	5.38	6.51	6.15	0.21	0.23	0.22	0.50

资料来源：根据 Comtrade 数据库数据整理获得。

此外，可发现中国从日本、韩国和美国进口了大量的高技术中间产品（见表4-4）。1996年，45.93%的高技术中间产品来自日本、韩国、美国，至2012年，该比重虽有所下降，但仍占36.14%。2012年，中国也从马来西亚、泰国分别进口了部分高技术中间产品，占比分别为5.52%、2.32%，这可能与中国在东亚生产网络中的相对分工地位相关。相比1996年，2012年中国的低技术中间产品进口国别的构成发生了较大变化，澳大利亚、巴西、沙特成了中国进口低技术中间产品最多的前三位国家，占比分别为9.85%、7.49%、6.79%；2012年，中国还分别从安哥拉、伊朗、智利进口部分低技术中间产品，所占份额分别位列第五位、第九位和第十位。低技术中间产品进口国别构成的这一变化，与中国进口的初级燃料和润滑剂（BEC-31）以及初级工业用品（BEC-21）日益增多密切相关。

表4-4　中国高、低技术中间产品进口的国别和地区构成　　单位：%

1996年低技术中间产品进口的国别和地区构成		1996年高技术中间产品进口的国别和地区构成		2012年低技术中间产品进口的国别和地区构成		2012年高技术中间产品进口的国别和地区构成	
美国	10.89	日本	25.19	澳大利亚	9.85	韩国	15.26
韩国	10.05	韩国	10.53	巴西	7.49	日本	13.54

续表

1996年低技术中间产品进口的国别和地区构成		1996年高技术中间产品进口的国别和地区构成		2012年低技术中间产品进口的国别和地区构成		2012年高技术中间产品进口的国别和地区构成	
日本	9.49	美国	10.21	沙特	6.79	美国	7.34
印度尼西亚	5.48	中国香港	6.31	美国	5.96	马来西亚	5.52
俄罗斯	4.67	俄罗斯	4.12	安哥拉	5.13	德国	5.14
澳大利亚	4.62	德国	4.08	俄罗斯	4.54	新加坡	2.56
中国香港	4.31	澳大利亚	2.89	日本	3.92	泰国	2.32
马来西亚	4.14	加拿大	2.86	印度尼西亚	3.37	澳大利亚	1.82
巴西	3.22	新加坡	2.13	伊朗	3.14	加拿大	1.60
泰国	2.79	沙特	1.22	智利	2.86	沙特	1.51
小计	59.67	小计	69.55	小计	53.06	小计	56.60

说明：1996年中国与新加坡，2011年、2012年中国与中国香港、南非、瑞士的贸易数据因为统计损耗严重，所以，比重可能有偏差；另因为缺少2012年中国与泰国HS（1996）六分位贸易数据，所以，用2011年数据替代。

资料来源：根据Comtrade数据库数据整理获得。

第三节 中国工业部门参与国际产品内分工模式测度

一 总体层面

中国工业部门总体参与低端型国际产品内分工（VSSL）、高端型国际产品内分工（VSSH）的水平如图4-8所示。

从构成看，1996—2011年，VSSL水平明显高于VSSH水平，说明中国工业部门参与国际产品内分工主要以低端型产品内分工为主。从动态发展过程看，VSSH、VSSL与VSS的波动基本相似，同样，在经历了稳步发展、快速增长之后，从2005年开始进入了调整发展阶段。不同于中国低技术中间产品进口份额的稳步提高，中国工业部门的VSSH与VSSL间的差距却表现出较大的不确定性：1996—2001年，

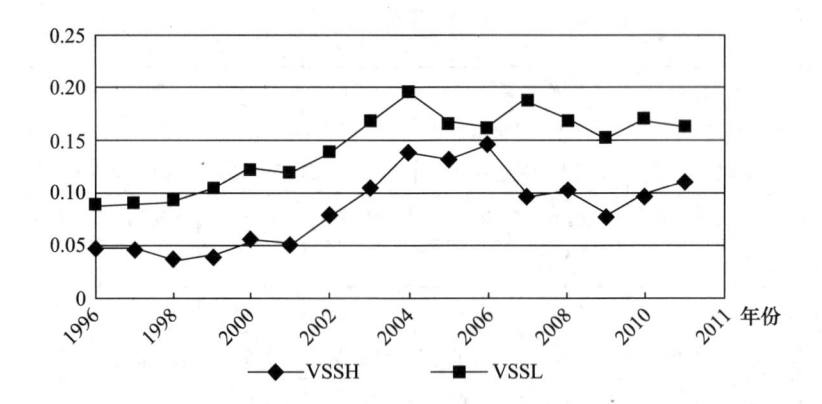

图 4-8 1996—2011 年中国工业部门总体的高、
低端型国际产品内分工水平

资料来源：根据 Comtrade 数据库数据及中国投入产出数据整理获得。

VSSH 的提升速度慢于 VSSL，使两者间的差距从 1996 年的 0.044 扩大到了 2001 年 0.069；之后五年，VSSH 获得了相对快速的提升，至 2006 年两者的差距缩小到了 0.017；2007 年 VSSH 大幅度下滑，随之其与 VSSL 的差距进一步扩大，直至 2009 年之后才开始略有缩小。VSSL 与 VSSH 的变动趋势预示着总体上中国工业部门参与国际产品内分工的程度在不断加深，低端型产品内分工水平与高端型产品内分工水平同时获得了一定的提升。

以各行业的出口占比为权重（而非取自然平均值），测算部门分类加总后的垂直专业化指数，其计算公式为：

$$VSSH_{H(L)} = \sum_{i \in H(L)} VSSH_i \cdot \frac{X_i}{\sum_{i \in H(L)} X_i} \tag{4-7}$$

$$VSSL_{H(L)} = \sum_{i \in H(L)} VSSL_i \cdot \frac{X_i}{\sum_{i \in H(L)} X_i} \tag{4-8}$$

式中，$VSSH_i$、$VSSL_i$ 分别为 i 部门的高、低端型垂直专业化指数，$VSSH_{H(L)}$、$VSSL_{H(L)}$ 分别代表高技术部门或低技术部门的高、低端型国际产品内分工水平，X_i 为 i 部门的出口额。

图 4-9 和图 4-10 分别描述了两大类部门参与高、低端型国际

产品内分工的水平及发展，总体上说，当前中国参与国际产品内分工的模式以高技术部门、负责低技术工序的生产即低端型产品内分工为主。

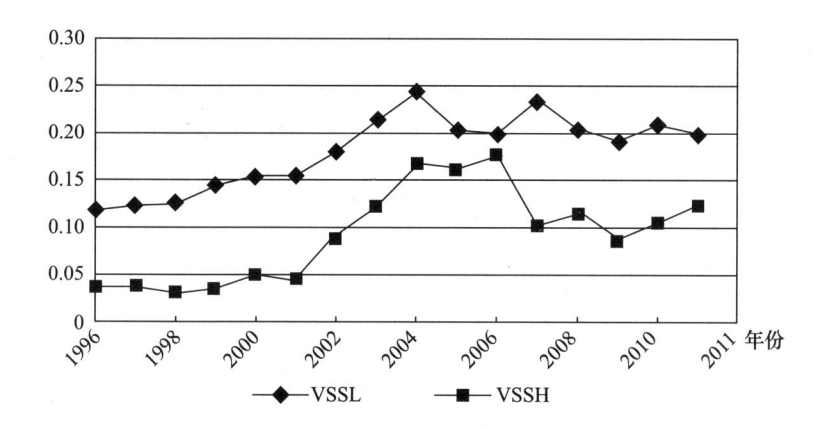

图 4-9　1996—2011 年中国工业高技术部门的高、低端型国际产品内分工水平

资料来源：根据 Comtrade 数据库数据及中国投入产出数据整理获得。

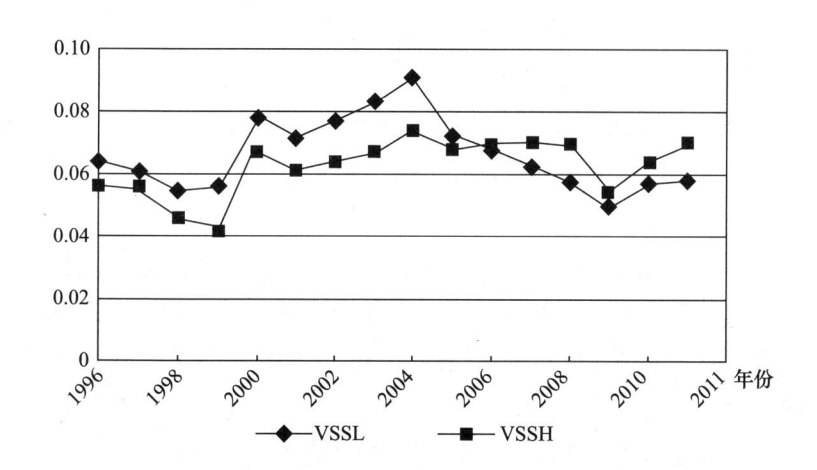

图 4-10　1996—2011 年中国工业低技术部门的高、低端型国际产品内分工水平

资料来源：根据 Comtrade 数据库数据及中国投入产出数据整理获得。

（1）高技术部门的 VSSL 水平显著高于 VSSH 水平，且两者之间的差距呈不断变动趋势。1996 年，高技术部门的低端型国际产品内分工（VSSL）水平、高端型国际产品内分工（VSSH）水平分别为 0.118、0.037；2001 年的 VSSL、VSSH 水平分别为 0.155、0.044；2006 年分别为 0.200、0.176；2011 年分别为 0.198、0.122。可发现高技术部门的 VSSH 水平一直低于 VSSL 水平，两者间的差距变化为"扩大—缩小—扩大—略缩小"。这些指数表明，中国工业的高技术部门以参与低端型国际产品内分工为主，且高技术部门参与国际产品内分工的模式能否升级尚不明确。

（2）相比高技术部门，低技术部门参与国际产品内分工的程度较低，而且早期低技术部门以从事低端型国际产品内分工为主，2006 年以后则升级为进行高端型产品内分工为主。根据图 4 - 10，可发现低技术部门的 VSSL 与 VSSH 程度较低，且颇为相近。1996 年低技术部门的 VSSL、VSSH 水平分别为 0.064、0.056；2004 年两者差距最大，分别为 0.091、0.074；2011 年则分别为 0.058、0.070。从变化趋势看，2004 年之前，低技术部门的 VSSL、VSSH 几乎同步波动；2004 年之后，低技术部门的 VSSL 水平开始持续下降，因此，VSSH 与 VSSL 间的差距不断缩小；到 2006 年，低技术部门的 VSSH 曲线反超了 VSSL 曲线，之后低技术部门的 VSSH 水平一直高于其 VSSL 水平，表明低技术部门已逐步从低端型国际产品内分工为主转变成了以高端型国际产品内分工为主。

（3）与工业部门总体的 VSSL、VSSH 变化趋势相比（见图 4 - 8），可发现高技术部门的 VSSL、VSSH 变化趋势与工业部门的总体变化非常相似，但是，低技术部门的 VSSL、VSSH 指标发展变化有很大不同。低技术部门的 VSSL 和 VSSH 在 2001 年之前并没有获得稳步发展，而是表现为持续下跌，2001 年之后才转变为快速提升。

（4）对两大类部门的高、低型国际产品内分工水平进行跨部门比较，发现当前高技术部门的 VSSL、VSSH 水平均高于低技术部门。首先，高技术部门参与低端型国际产品内分工的程度远大于低技术部门：1996 年，高、低技术部门的 VSSL 水平分别为 0.118、0.064，约为1.86倍;2011年,高技术部门的VSSL为0.198,而低技术部门的VSSL仅0.058,差距扩大为3.42倍。其次,高技术部门参与高端型国际产品内分工的深化速度相对更快。2002年以前,高技术部门参与高端型国际产品内分工的程度低于低技术部门的,如1996年,高、低技术部门的VSSH水平分别为0.037、0.056。但高技术部门的VSSH水平相对快速提高,于2002年超过了低技术部门的VSSH。2011年高、低技术部门的VSSH水平分别为0.122、0.700,约为1.75倍。总之,无论是高端型产品内分工抑或低端型产品内分工,高技术部门不仅在以前而且在未来均是中国参与国际产品内分工的核心主体。

二 分行业层面

进一步考察各个行业1996—2011年VSSL、VSSH指标的发展变化,发现各行业参与低、高端型国际产品内分工的程度及变化存在很大差异(见图4-11和图4-12),具体表现为:

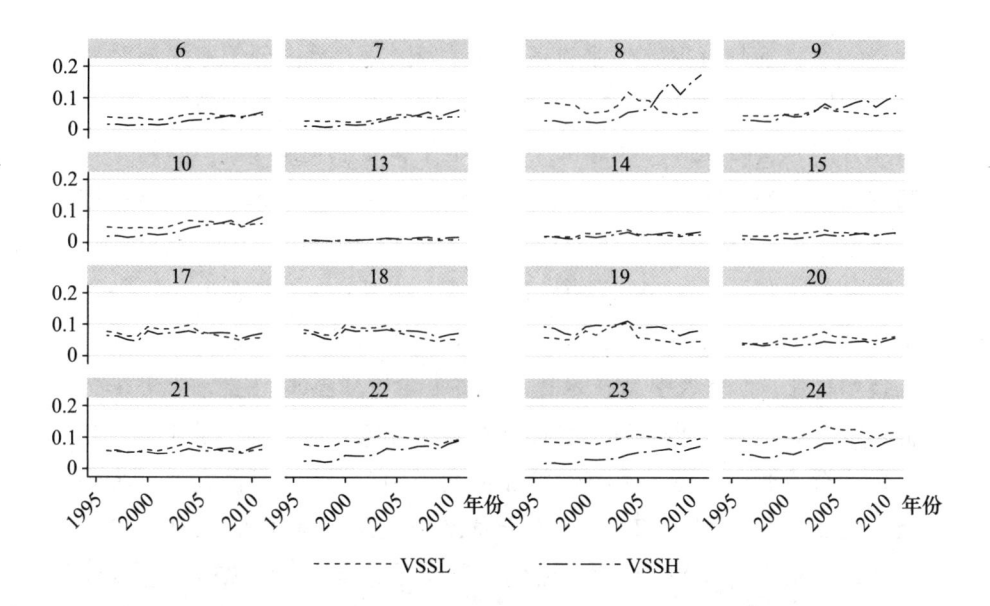

图4-11 1996—2011年中国各低技术行业的高、低端型国际产品内分工水平

资料来源:根据Comtrade数据库数据、中国投入产出数据整理并用Stata12.0软件制作获得。

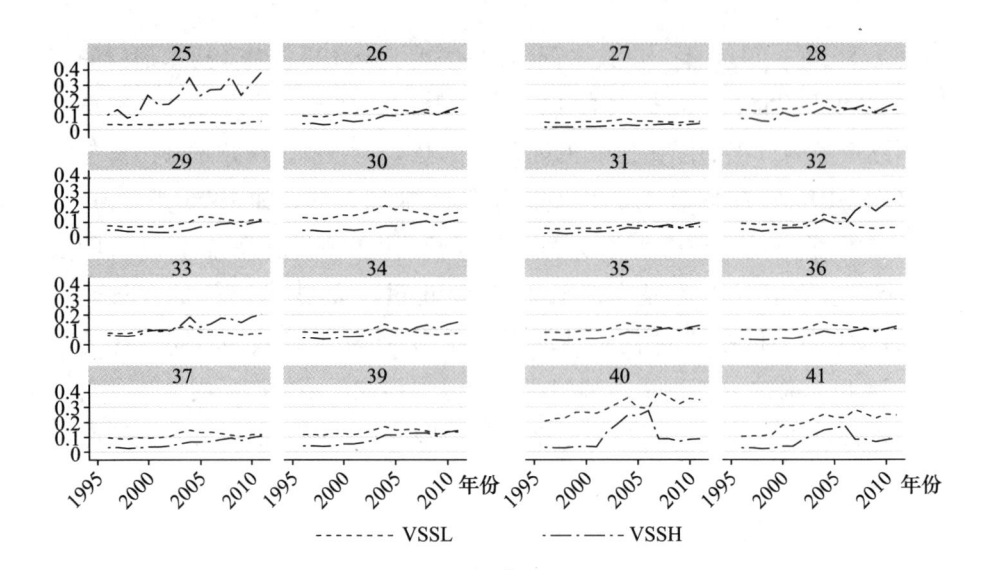

图 4-12　1996—2011 年中国各高技术行业的高、低端型国际产品内分工水平

资料来源：根据 Comtrade 数据库数据、中国投入产出数据整理并用 Stata12.0 软件制作获得。

（1）当前只有少数行业的高、低端型国际产品内分工水平同时较高。2011 年，32 个行业中低端型国际产品内分工水平较高的前十大行业分别为通信设备、计算机及其他电子设备制造业（NI-40），塑料制品业（NI-30），电气机械及器材制造业（NI-39），化学纤维制造业（NI-28），文教体育用品制造业（NI-24），化学原料及化学制品制造业（NI-26），橡胶制品业（NI-29），交通运输设备制造业（NI-37），通用设备制造业（NI-35）。这些行业中有 2 个为高技术行业、5 个为中高技术行业、2 个为中低技术行业，仅 1 个为低技术行业。2011 年，高端型国际产品内分工水平较高的前十大行业分别为石油加工、炼焦及核燃料加工业（NI-25），黑色金属、冶炼及压延加工业（NI-32），有色金属冶炼及压延加工业（NI-33），化学纤维制造业（NI-28），黑色金属矿采选业（NI-08），金属制品业（NI-34），化学原料及化学制品制造业（NI-26），电气机械及器材制造业（NI-39），通用设备制造业（NI-35），专用设备制造业（NI-36）。这些行业中有 5 个为中高技术行业、4 个为中低技术行业、1个为低技术行业。VSSL 和 VSSH 同时位列前十的重合行业仅4个，分别为 NI-39、NI-28、NI-26、NI-35，这4个行业的高、低端型产品内分工水平都比较高，表明这些行业融入国际产品内分工的模式比较灵活，行业内企业可根据自身技术水平和生产能力与各层次的国际产品内分工合作伙伴展开多种分工方式。

（2）各低技术行业的国际产品内分工水平明显偏低。1996—2011年，有5个低技术行业的 VSS 值一直未超过 0.1，分别为煤炭开采和洗选业（NI-06）、石油和天然气开采业（NI-07）、农副食品加工业（NI-13）、食品制造业（NI-14）和饮料制造业（NI-15）。相应地，仅1个高技术行业即医药制造业（NI-27）的 VSS 值未超过 0.1。把 VSS 分拆成 VSSL 和 VSSH 后，则有11个低技术行业、3个高技术行业（石油加工、炼焦及核燃料加工业，NI-25；医药制造业，NI-27；非金属矿物制品业，NI-31）的 VSSL 未超过 0.1，有13个低技术行业、2个高技术行业（医药制造业，NI-27；非金属矿物制品业，NI-31）的 VSSH 未超过 0.1。意味着这些行业的低端型产品内分工水平或高端型产品内分工水平都很低，再次表明，这些行业可能是生产技术不可拆分等原因，不适合采用国际产品内分工的方式。

（3）皮革、毛皮、羽毛（绒）及其制品业（NI-19），石油加工、炼焦及核燃料加工业（NI-25）的 VSSH 趋势线一直位于 VSSL 趋势线之上，即这两个行业完全以高端型国际产品内分工为主。特别是行业 NI-25 的 VSSL 值很低，而 VSSH 稳步波动上升，说明该行业持续以高端型产品内分工为主导。

（4）12个行业的 VSSH 趋势线在不同年度（主要在2005年以后）反超其 VSSH 趋势线，表明其产品内分工模式已转变为以高端型产品内分工为主。分别为黑色金属矿采选业（NI-08），有色金属矿采选业（NI-09），非金属矿及其他矿采选业（NI-10），纺织业（NI-17），纺织服装、鞋、帽制造业（NI-18），家具制造业（NI-21），化学原料及化学制品制造业（NI-26），化学纤维制造业（NI-28），黑色金属、冶炼及压延加工业（NI-32），有色金属冶炼及压延加工业（NI-33），金属制品业（NI-34），通用设备制造业

（NI-35）。不过，根据行业技术分类的五分法，这些行业多数属于低技术或中低技术行业。如纺织业（NI-17），纺织服装、鞋、帽制造业（NI-18），金属制品业（NI-34）分别在2006年、2005年、2007年实现了国际产品内分工模式的转变，从以低端型产品内分工为主升级为以高端型产品内分工为主。

（5）9个行业的VSSL趋势线与VSSH趋势线的差距逐步缩小，表现出一定的收敛态势，说明这些行业的产品内分工模式可能从低端型升级为高端型。具体包括木材加工及木、竹、藤、棕、草制品业（NI-20），造纸及纸制品业（NI-22），印刷业和记录媒介的复制业（NI-23），文教体育用品制造业（NI-24），橡胶制品业（NI-29），塑料制品业（NI-30），专用设备制造业（NI-36），交通运输设备制造业（NI-37），电气机械及器材制造业（NI-39）等。这些行业中有部分为中高技术行业，如交通运输设备制造业（NI-37）、电气机械及器材制造业（NI-39）的VSSL/VSSH比值已分别从最高的3.63倍（1998年）和3.15倍（1998年）分别下降为2011年的1.07倍和0.95倍。

（6）两个高技术行业通信设备、计算机及其他电子设备制造业（NI-40），仪器仪表及文化、办公用机械制造业（NI-41）的VSSL与VSSH差距非常大，而且差距略有扩大趋势，说明这两个行业绝对以低端型产品内分工为主，同时无升级迹象。由于这两个行业参与国际产品内分工的程度很高，其出口权重又高，因此，使高技术部门的总VSSL、VSSH变化受这两个部门的影响较大。

总之，当前中国参与国际产品内分工的模式为在高技术部门进行低端型产品内分工为主，且呈逐渐深化趋势。其中，一些低技术部门已逐步从以低端型国际产品内分工为主升级为以高端型国际产品内分工为主，部分中高技术部门的国际产品内分工模式可能从低端型升级为高端型国际产品内分工模式，但高技术部门（特别是NI-40和NI-41）参与产品内分工的模式尚无明显升级迹象。引起中国工业部门产品内分工模式表现出这一变化特征的原因可能有以下三个方面：

（1）经过30多年的改革开放，中国的经济水平和生产技术能力都得到了显著提高,这为各行业产品内分工模式的升级奠定了一定的物质基础和技术准备。中国的出口技术复杂度获得了快速提升,增长速度不仅远快于美国、英国、德国等发达国家,也快于墨西哥、印度、土耳其等发展中国家。即使扣除进口中间产品的附加值,基于国内增加值的出口净技术复杂度也有较大提升(丁小义和胡双丹,2013)。本书以中国总出口技术复杂度为标准对进口中间投入品进行分类,因此,随着出口技术复杂度的提升,进口的低技术中间产品日益增多,相应地表现为中国的高端型产品内分工水平逐步提高。

(2)传统要素比较优势的减弱,形成"倒逼型"分工升级推力,迫使部分有条件的行业加快产品内分工模式升级。作为发展中国家,凭借低要素(包括劳动力、土地、资源和政策等)成本优势特别是廉价劳动力优势,中国企业以代工的方式迅速融入了全球生产网络,并得以深化和扩大。但进入"十一五"时期后,随着我国工业化的加速推进和工业经济规模的迅速扩张,多种生产要素的供需形势发生了变化,如2005年前后,中国的劳动力市场出现了很大变化,人口老龄化问题凸显,劳动力成本日益攀高。受人民币升值、出口退税下调、土地资源紧缺、劳动力成本上升和资源环境约束趋紧等因素的影响,原先依靠低要素成本、仅承担简单加工组装工序进行低端型国际产品内分工的这一模式已难以为继。一些中、低技术行业包括部分中高技术行业开始向深加工发展,通过不断将主业产品的整个制造产业链做强,将技术、工艺、质量和售后服务做精,来获得新的竞争优势。因此,中、低技术行业在2005年之后产品内分工模式升级不断涌现,越来越多的行业从以低端型国际产品内分工为主转变为以高端型国际产品内分工为主或逐步趋向高端型产品内分工。

(3)受制于内、外两方面的约束,中国高技术行业向高端型国际产品内分工迈进显得困难重重。一方面,虽然中国高技术行业发展迅速,目前已是世界上最大的高技术产品出口国,但国内高技术的发展并不与高技术行业的发展同步。高技术企业对进口零部件、核心元器件的依附性很强,对外来技术存在较大依赖,明显缺乏自主技术的支持。另一方面,中国高技术行业的发展还面临着跨国公司的严厉压制，通过市场控制和技术限制，跨国公司牢牢占据着价值链中的高附加值环节，对我国高技术行业向高端发展形成阻碍（金碚等，2011），使高技术部门参与国际产品内分工的模式是否能实现升级充满不确定性。

第五章 国际产品内分工影响不同技能劳动力收入分配的理论分析

众多分析国际产品内分工收入分配效应的理论分析框架已表明，对一国生产模式和产品内分工模式的设定不同，会使国际产品内分工影响要素相对需求、相对价格的作用机制和效应不同。如菲恩斯特拉和汉森（1996a）、迪尔多夫（2001a）重点考察国际产品内分工前后两国产品部门要素密集度的变化，指出因为发达国家、发展中国家生产活动的平均要素密集度发生改变，因此，使两国各要素的相对需求及价格变化；阿恩特（1997）、Jones 和 Kierzkowski（2001a，2001b）、Jones（2005）突出分析了国际产品内分工后不同行业相对产出的调整与变化，强调生产扩张所引起的要素相对需求及相对价格变动；Egger 和 Falkinger（2003）认为，跨国外包对母国要素相对价格的净影响需要综合考虑行业相对要素密集度及生产模式的各种变化情况；Markusen（2006）在分析离岸母国生产活动要素密集度变化的同时兼顾产出调整对贸易条件的冲击；科勒的系列研究在考察外包的要素密集度效应基础上再结合了资本的特定性；Grossman 和 Rossi – Hansberg（2006，2008）认为，离岸的工资效应由生产率效应、劳动力供给效应及相对价格效应共同决定。

本书综合各理论研究中的作用机制和效应，并参考 Grossman 和 Rossi – Hansberg（2008）的理论分析框架，认为国际产品内分工对熟练劳动力、非熟练劳动力相对需求、相对工资的影响包括直接作用与间接作用，其中，直接作用主要通过要素需求创造效应和要素替代效应发生，间接作用则包括产品价格效应和国际产品内分工引致的有偏型技术进步效应。

第一节　国际产品内分工的直接作用机制

一　要素需求创造效应

要素需求创造效应是指当一国某一产品部门参与国际产品内分工后，把部分生产工序离岸至要素成本更低的国家去生产，因成本节约获得额外收益，高收益又促使该产品部门的生产规模扩张，从而使该部门密集使用要素相对需求增加及相对价格上升这一作用机制。要素需求创造效应对不同要素（如熟练劳动力与非熟练劳动力）的作用方向及影响程度决定于不同产品部门的离岸相对收益及相对生产扩张程度。本书以下参考 Grossman、Rossi‐Hansberg（2008）、Khalifa 和 Mengova（2010a）的理论模型，对这一作用机制展开考察。

（一）假设

在多边国际产品内分工体系中，一国与多个国家进行国际产品内分工，因此，该国的多个行业可能同时发生低端型国际产品内分工与高端型国际产品内分工。但是，为了分析方便，本书设定：

（1）一国用熟练劳动力（H）和非熟练劳动力（L）生产熟练劳动力密集型产品（X）和非熟练劳动力密集型产品（Y），且生产规模报酬不变，产品市场完全竞争市场。

（2）该国非熟练劳动力总量为 L，其工资水平为 w_L；熟练劳动力总量为 H，工资水平为 w_H，劳动力市场也为完全竞争市场。

（3）每个产品的生产过程由一系列低技术任务和高技术任务构成[①]，其中，低技术任务由非熟练劳动力完成，高技术任务由熟练劳动力完成，为不失一般性，对每个产品部门的每类任务进行标准化计量，即 X 产品生产过程中的低技术任务、高技术任务小计各为 1，Y

---

① Grossman 和 Rossi‐Hansberg（2008）将产品生产过程分解为由一个个任务构成，为此，本小节也使用 Grossman 和 Rossi‐Hansberg（2008）的提法，采用"任务"这一术语，但本书其他地方更多地采用工序或环节这样的称呼。

产品生产过程中的低技术任务、高技术任务小计也各为1。

（4）同类的各项任务之间不存在替代性，在每一单位产品生产过程中，每项低技术任务（高技术任务）严格互补，都会以一定的比例被使用。在 X 产品部门，一个企业需要投入 a_{LX} 单位非熟练劳动力来执行各项低技术任务一次，需要投入 a_{HX} 单位熟练劳动力来执行各项高技术任务一次，由于低技术任务、高技术任务总量标准化为1，因此，a_{LX}、a_{HX} 也为无国际产品内分工时单位 X 产品产出所需要的非熟练劳动力和熟练劳动力投入量。同理，a_{LY}、a_{HY} 分别为 Y 产品部门各项低技术任务、高技术任务的单次执行成本，也是单位 Y 产品产出所需的非熟练劳动力和熟练劳动力投入量。由于设 X 产品为相对熟练劳动力密集型产品，因此，不等式 $a_{HX}/a_{LX} > a_{HY}/a_{LY}$ 成立。

（5）每个任务的离岸难易度不同，设 $t_{fj}(i)$ 为 j 产品部门 f 型任务中第 i 个任务的离岸成本，其中，$fj \in (LX, HX, LY, HY)$。将每个任务的离岸成本从低到高排序，使 $t_f(\cdot)$ 连续可微，且非递减 $t'_{fj}(i) \geq 0$。假设母国企业国内、国外执行各项任务的能力不变，即国内、国外的 $a_{fj}(i)$ 相同，则母国企业在国外完成 j 产品部门 f 型任务中第 i 个任务时需要的要素投入成本为 $a_{fj}\beta_{fj}t_{fj}(i)$ 单位外国劳动力，且 $\beta_{fj}t_{fj}(i) \geq 1$。其中，$\beta$ 代表通用离岸成本，依赖于现代通信及运输技术的先进程度，每一次技术变革将使 β 下降；$t_{fj}(i)$ 代表不同任务的个性离岸成本。

（二）临界任务、分工模式与收益

该国企业在多边国际产品内分工体系中，发现存在 $w_L > \beta_{LX}t_{LX}(0)w_L^*$，$w_L > \beta_{LY}t_{LY}(0)w_L^*$，$w_H > \beta_{HX}t_{HX}(0)w_H^*$，$w_H > \beta_{HY}t_{HY}(0)w_H^*$，其中，$w_L^*$、$w_H^*$ 分别为外国（并不局限于某一个国家）的非熟练劳动力、熟练劳动力工资水平。因此，为降低成本，企业将把部分低技术任务、高技术任务离岸至这些国家。

当某一任务在国外生产的成本与其在国内生产的成本相同时，该任务成为临界任务（I_{fj}），并决定两个产品部门对两类任务的分工情况。临界任务的决定方程为：

$$w_L = \beta_{LX}t_{LX}(I_{LX})w_L^* \tag{5-1}$$

$$w_L = \beta_{LY} t_{LY}(I_{LY}) w_L^* \tag{5-2}$$

$$w_H = \beta_{HX} t_{HX}(I_{HX}) w_H^* \tag{5-3}$$

$$w_H = \beta_{HY} t_{HY}(I_{HY}) w_H^* \tag{5-4}$$

此时，该国两个产品部门进行国际产品内分工的模式为：X 产品部门本国负责（$1-I_{LX}$）部分低技术任务、（$1-I_{HX}$）部分高技术任务的生产；Y 产品部门负责（$1-I_{LY}$）低技术任务、（$1-I_{HY}$）部分高技术任务的生产（见图 5-1 和图 5-2）。

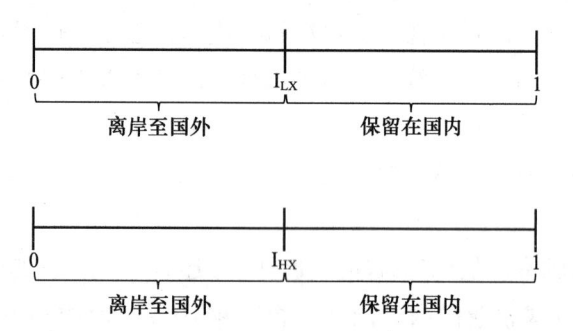

图 5-1 X 产品部门的临界任务及国际产品内分工模式

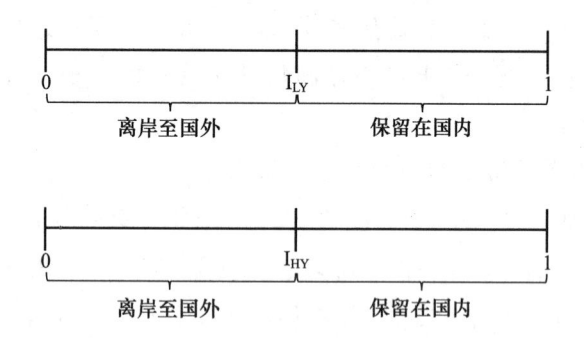

图 5-2 Y 产品部门的临界任务及国际产品内分工模式

根据零利润条件，产品价格等于单位产品的生产成本，因此，设产品 X 的价格为 P_X，产品 Y 的价格为 P_Y，有：

$$P_X = w_L a_{LX}(1 - I_{LX}) + w_L^* a_{LX} \int_0^{I_{LX}} \beta_{LX} t_{LX}(i) \mathrm{d}i + w_H a_{HX}(1 - I_{HX}) +$$

$$w_H^* a_{HX} \int_0^{I_{HX}} \beta_{HX} t_{HX}(i) \, di \tag{5-5}$$

$$P_Y = w_L a_{LY}(1 - I_{LY}) + w_L^* a_{LY} \int_0^{I_{LY}} \beta_{LY} t_{LY}(i) \, di + w_H a_{HY}(1 - I_{HY}) +$$

$$w_H^* a_{HY} \int_0^{I_{HY}} \beta_{HY} t_{HY}(i) \, di \tag{5-6}$$

上述两式右边第一项为在国内完成的低技术任务所需要的非熟练劳动力投入成本,第二项为在国外完成的低技术任务所需要的非熟练劳动力投入成本,第三项为国内完成的高技术任务所需要的熟练劳动力投入成本,第四项为在国外完成的高技术任务所需要的熟练劳动力投入成本。

根据式 (5-1) 和式 (5-3),有 $w_L^* = \dfrac{w_L}{\beta_{LX} t_{LX}(I_{LX})}$ 及 $w_H^* = \dfrac{w_H}{\beta_{HX} t_{HX}(I_{HX})}$,将 w_L^*、w_H^* 代入式 (5-5),并令 $\Omega_{LX} = 1 - I_{LX} + \dfrac{\int_0^{I_{LX}} t_{LX}(i) \, di}{t_{LX}(I_{LX})}$,$\Omega_{HX} = 1 - I_{HX} + \dfrac{\int_0^{I_{HX}} t_{HX}(i) \, di}{t_{HX}(I_{HX})}$,则式 (5-5) 简化为:

$$P_X = w_L a_{LX} \Omega_{LX} + w_H a_{HX} \Omega_{HX} \tag{5-7}$$

同样,将根据式 (5-2)、式 (5-4) 解得的 w_L^*、w_H^*,代入式 (5-6),并令 $\Omega_{LY} = 1 - I_{LY} + \dfrac{\int_0^{I_{LY}} t_{LY}(i) \, di}{t_{LY}(I_{LY})}$,$\Omega_{HY} = 1 - I_{HY} + \dfrac{\int_0^{I_{HY}} t_{HY}(i) \, di}{t_{HY}(I_{HY})}$,则式 (5-6) 简化为:

$$P_Y = w_L a_{LY} \Omega_{LY} + w_H a_{HY} \Omega_{HY} \tag{5-8}$$

当两个产品部门没有参与国际产品内分工、没有把部分任务外包时,$I_{fj} = 0$,$\Omega_{fj} = 1$。在部分任务外包后,由于设定 $t'_{fj}(i) \geq 0$,因此,当 $I_{fj} > 0$ 时,$\Omega_{fj}(I_{fj}) < 1$,由式 (5-7) 和式 (5-8) 可知,这意味着当有任务外包到熟练劳动力、非熟练劳动力工资更低的其他国家时,两个产品部门的成本支出下降。进一步地,当通信运输技术进步使离岸成本下降即 $d\beta_{fj} < 0$ 时,将使离岸任务增多即 $\dfrac{dI_{fj}}{d\beta_{fj}} < 0$。因为 Ω_{fj}

$$= 1 - I_{fj} + \frac{\int_0^{I_{fj}} t_{fj}(i) \, di}{t_{fj}(I_{fj})}, \quad \frac{d\Omega_{fj}}{dI_{fj}} = -\frac{\int_0^{I_{fj}} t_{fj}(i) \, di}{[t_{fj}(I_{fj})]^2} [t_{fj}(i)]' < 0, \quad \text{故} \frac{d\Omega_{fj}}{d\beta_{fj}}$$

$$= \left(\frac{d\Omega_{fj}}{dI_{fj}}\right)\left(\frac{dI_{fj}}{d\beta_{fj}}\right) > 0,$$ 即当离岸成本下降时，各部门获得的额外收益会增加。这主要源于两类成本节约效应：一类是母国企业会进一步把原本在国内完成的任务离岸到国外，使图 5-1、图 5-2 的 I_{fj} 右移；另一类是母国企业能够从已发生离岸的那些任务 $[0, I_{fj}]$ 中获得更多收益。而且即使 β_{fj} 下降使 I_{fj} 右移幅度很小，即第一类成本节约效应很少，但第二类收益仍较可观。因此，当 β_{fj} 下降时，两个产品部门均将获得不同程度的收益。对此，Grossman 和 Rossi-Hansberg (2008) 称为生产率效应。

对于劳动力市场，根据劳动力市场出清条件，有：

$$a_{LX}(1 - I_{LX})X + a_{LY}(1 - I_{LY})Y = L \tag{5-9}$$

$$a_{HX}(1 - I_{HX})X + a_{HY}(1 - I_{HY})Y = H \tag{5-10}$$

（三）非熟练劳动力工资 w_L 的变动方程

设熟练劳动力密集型产品 X 为计价产品，令 $P_X = 1$，Y 产品的相对价格为 P，则式 (5-7)、式 (5-8) 变为：

$$1 - w_L a_{LX}\Omega_{LX} - w_H a_{HX}\Omega_{HX} = 0 \tag{5-11}$$

$$P - w_L a_{LY}\Omega_{LY} - w_H a_{HY}\Omega_{HY} = 0 \tag{5-12}$$

根据式 (5-11) 求得：$w_H = \dfrac{1 - w_L a_{LX}\Omega_{LX}}{a_{HX}\Omega_{HX}}$，然后代入式 (5-12)，有：

$$P - w_L a_{LY}\Omega_{LY} - \frac{1 - w_L a_{LX}\Omega_{LX}}{a_{HX}\Omega_{HX}} \cdot a_{HY}\Omega_{HY} = 0 \Rightarrow$$

$$P - w_L a_{LY}\Omega_{LY} - \frac{a_{HY}\Omega_{HY}}{a_{HX}\Omega_{HX}} + \frac{w_L a_{LX}\Omega_{LX} a_{HY}\Omega_{HY}}{a_{HX}\Omega_{HX}} = 0 \Rightarrow$$

$$w_L a_{LY}\Omega_{LY} - \frac{w_L a_{LX}\Omega_{LX} a_{HY}\Omega_{HY}}{a_{HX}\Omega_{HX}} = P - \frac{a_{HY}\Omega_{HY}}{a_{HX}\Omega_{HX}} \tag{5-13}$$

对式 (5-13) 求全微分并整理得：

$$(a_{LY}\Omega_{LY})dw_L + (w_L a_{LY})d\Omega_{LY} - \left(\frac{a_{LX}\Omega_{LX} a_{HY}\Omega_{HY}}{a_{HX}\Omega_{HX}}\right)dw_L -$$

第五章 国际产品内分工影响不同技能劳动力收入分配的理论分析 | 133

$$\left(w_L \cdot \frac{a_{LX}a_{HY}\Omega_{HY}}{a_{HX}\Omega_{HX}}\right)\mathrm{d}\Omega_{LX} - \left(w_L \cdot \frac{a_{LX}\Omega_{LX}a_{HY}}{a_{HX}\Omega_{HX}}\right)\mathrm{d}\Omega_{HY} + \left(w_L \cdot \frac{a_{LX}\Omega_{LX}a_{HY}\Omega_{HY}}{a_{HX}\Omega_{HX}^2}\right)\mathrm{d}\Omega_{HX}$$

$$= -\left(\frac{a_{HY}}{a_{HX}\Omega_{HX}}\right)\mathrm{d}\Omega_{HY} + \left(\frac{a_{HY}\Omega_{HY}}{a_{HX}\Omega_{HX}^2}\right)\mathrm{d}\Omega_{HX} \Rightarrow \mathrm{d}w_L\left[a_{LY}\Omega_{LY} - \frac{a_{LX}\Omega_{LX}a_{HY}\Omega_{HY}}{a_{HX}\Omega_{HX}}\right]$$

$$= -(w_L a_{LY})\mathrm{d}\Omega_{LY} + w_L \cdot \frac{a_{LX}a_{HY}\Omega_{HY}}{a_{HX}\Omega_{HX}}\mathrm{d}\Omega_{LX} + \mathrm{d}\Omega_{HY}\left[w_L \cdot \frac{a_{LX}\Omega_{LX}a_{HY}}{a_{HX}\Omega_{HX}} - \right.$$

$$\left.\frac{a_{HY}}{a_{HX}\Omega_{HX}}\right] + \mathrm{d}\Omega_{HX}\left[\frac{a_{HY}\Omega_{HY}}{a_{HX}\Omega_{HX}^2} - w_L \cdot \frac{a_{LX}\Omega_{LX}a_{HY}\Omega_{HY}}{a_{HX}\Omega_{HX}^2}\right] \qquad (5-14)$$

设 $\theta_{fj} = a_{fj}\Omega_{fj}$，有：

$$\mathrm{d}w_L\left[\theta_{LY} - \frac{\theta_{LX}\theta_{HY}}{\theta_{HX}}\right] = -(w_L a_{LY})\mathrm{d}\Omega_{LY} + w_L \cdot \frac{a_{LX}\theta_{HY}}{\theta_{HX}}\mathrm{d}\Omega_{LX} + \mathrm{d}\Omega_{HY}$$

$$\left[w_L \cdot \frac{\theta_{LX}a_{HY}}{\theta_{HX}} - \frac{a_{HY}}{\theta_{HX}}\right] + \mathrm{d}\Omega_{HX}\left[\frac{a_{HY}\Omega_{HY}}{a_{HX}\Omega_{HX}} - w_L \cdot \frac{a_{LX}\Omega_{LX}a_{HY}\Omega_{HY}}{a_{HX}\Omega_{HX}}\right]\left(\frac{1}{\Omega_{HX}}\right) \Rightarrow$$

$$\mathrm{d}w_L\left[\theta_{LY} - \frac{\theta_{LX}\theta_{HY}}{\theta_{HX}}\right] = -(w_L a_{LY})\mathrm{d}\Omega_{LY} + w_L \cdot \frac{a_{LX}\theta_{HY}}{\theta_{HX}}\mathrm{d}\Omega_{LX} +$$

$$\mathrm{d}\Omega_{HY}\left[w_L \cdot \frac{\theta_{LX}a_{HY}}{\theta_{HX}} - \frac{a_{HY}}{\theta_{HX}}\right] + \mathrm{d}\Omega_{HX}\left[\frac{\theta_{HY}}{\theta_{HX}} - w_L \cdot \frac{\theta_{LX}\theta_{HY}}{\theta_{HX}}\right]\left(\frac{1}{\Omega_{HX}}\right) \qquad (5-15)$$

两边同除 w_L，得到：

$$\frac{\mathrm{d}w_L}{w_L}\left[\theta_{LY} - \frac{\theta_{LX}\theta_{HY}}{\theta_{HX}}\right] = -a_{LY}\mathrm{d}\Omega_{LY} + \frac{a_{LX}\theta_{HY}}{\theta_{HX}}\mathrm{d}\Omega_{LX} + \mathrm{d}\Omega_{HY}\left[\frac{\theta_{LX}a_{HY}}{\theta_{HX}} - \frac{a_{HY}}{w_L\theta_{HX}}\right] +$$

$$\mathrm{d}\Omega_{HX}\left[\frac{\theta_{HY}}{w_L\theta_{HX}} - \frac{\theta_{LX}\theta_{HY}}{\theta_{HX}}\right]\left(\frac{1}{\Omega_{HX}}\right) \Rightarrow \frac{\mathrm{d}w_L}{w_L}\left[\theta_{LY} - \frac{\theta_{LX}\theta_{HY}}{\theta_{HX}}\right] = -a_{LY} \cdot \frac{\Omega_{LY}}{\Omega_{LY}}$$

$$\mathrm{d}\Omega_{LY} + \frac{a_{LX}\theta_{HY}\Omega_{LX}}{\theta_{HX}} \cdot \frac{\mathrm{d}\Omega_{LX}}{\Omega_{LX}} + \mathrm{d}\Omega_{HY}\left[\frac{\theta_{LX}a_{HY}}{\theta_{HX}} - \frac{a_{HY}}{w_L\theta_{HX}}\right]\frac{\Omega_{HY}}{\Omega_{HY}} + \mathrm{d}\Omega_{HX}\left[\frac{\theta_{HY}}{w_L\theta_{HX}} - \right.$$

$$\left.\frac{\theta_{LX}\theta_{HY}}{\theta_{HX}}\right]\left(\frac{1}{\Omega_{HX}}\right) \Rightarrow \frac{\mathrm{d}w_L}{w_L}\left[\theta_{LY} - \frac{\theta_{LX}\theta_{HY}}{\theta_{HX}}\right] = -\theta_{LY} \cdot \frac{\mathrm{d}\Omega_{LY}}{\Omega_{LY}} + \frac{\theta_{LX}\theta_{HY}\mathrm{d}\Omega_{LX}}{\theta_{HX}} + \left[\frac{\theta_{LX}\theta_{HY}}{\theta_{HX}} - \right.$$

$$\left.\frac{\theta_{HY}}{w_L\theta_{HX}}\right]\frac{\mathrm{d}\Omega_{HY}}{\Omega_{HY}} + \left[\frac{\theta_{HY}}{w_L\theta_{HX}} - \frac{\theta_{LX}\theta_{HY}}{\theta_{HX}}\right]\left(\frac{\mathrm{d}\Omega_{HX}}{\Omega_{HX}}\right) \Rightarrow \frac{\mathrm{d}w_L}{w_L}\left[\frac{\theta_{LY}\theta_{HX} - \theta_{LX}\theta_{HY}}{\theta_{HX}}\right]$$

$$= -\theta_{LY} \cdot \frac{\mathrm{d}\Omega_{LY}}{\Omega_{LY}} + \frac{\theta_{LX}\theta_{HY}\mathrm{d}\Omega_{LX}}{\theta_{HX}} + \left[\frac{w_L\theta_{LX}\theta_{HY} - \theta_{HY}}{w_L\theta_{HX}}\right]\frac{\mathrm{d}\Omega_{HY}}{\Omega_{HY}} + \left[\frac{\theta_{HY} - w_L\theta_{LX}\theta_{HY}}{w_L\theta_{HX}}\right]$$

$$\frac{\mathrm{d}\Omega_{HX}}{\Omega_{HX}} \Rightarrow \frac{\mathrm{d}w_L}{w_L} = -\frac{\theta_{HX}\theta_{LY}}{\theta_{LY}\theta_{HX} - \theta_{LX}\theta_{HY}} \cdot \frac{\mathrm{d}\Omega_{LY}}{\Omega_{LY}} + \frac{\theta_{LX}\theta_{HY}}{\theta_{LY}\theta_{HX} - \theta_{LX}\theta_{HY}} \cdot \frac{\mathrm{d}\Omega_{LX}}{\Omega_{LX}} +$$

$$\left[\frac{w_L\theta_{LX}\theta_{HY}-\theta_{HY}}{\theta_{LY}\theta_{HX}-\theta_{LX}\theta_{HY}}\right]\cdot\frac{1}{w_L}\cdot\frac{\mathrm{d}\Omega_{HY}}{\Omega_{HY}}+\left[\frac{\theta_{HY}-w_L\theta_{LX}\theta_{HY}}{\theta_{LY}\theta_{HX}-\theta_{LX}\theta_{HY}}\right]\cdot\frac{1}{w_L}\cdot\frac{\mathrm{d}\Omega_{HX}}{\Omega_{HX}} \quad (5-16)$$

改写成导数形式:

$$\dot{w}_L=\frac{\theta_{HX}\theta_{LY}(-\dot{\Omega}_{LY})-\theta_{LX}\theta_{HY}(-\dot{\Omega}_{LX})}{\theta_{LY}\theta_{HX}-\theta_{LX}\theta_{HY}}+$$

$$\frac{(\theta_{HY}-w_L\theta_{LX}\theta_{HY})\left[(-\dot{\Omega}_{HY})-(-\dot{\Omega}_{HX})\right]}{w_L(\theta_{LY}\theta_{HX}-\theta_{LX}\theta_{HY})}\Rightarrow$$

$$\dot{w}_L=\frac{\dfrac{\theta_{HX}\theta_{LY}}{\theta_{LX}}(-\dot{\Omega}_{LY})-\theta_{HY}(-\dot{\Omega}_{LX})}{\dfrac{\theta_{LY}\theta_{HX}}{\theta_{LX}}-\theta_{HY}}+$$

$$\frac{(\theta_{HY}-w_L\theta_{LX}\theta_{HY})\left[(-\dot{\Omega}_{HY})-(-\dot{\Omega}_{HX})\right]}{w_L(\theta_{LY}\theta_{HX}-\theta_{LX}\theta_{HY})}\Rightarrow$$

$$\dot{w}_L=\frac{\dfrac{\theta_{HX}}{\theta_{LX}}(-\dot{\Omega}_{LY})-\dfrac{\theta_{HY}}{\theta_{LY}}(-\dot{\Omega}_{LX})}{\dfrac{\theta_{HX}}{\theta_{LX}}-\dfrac{\theta_{HY}}{\theta_{LY}}}+$$

$$\frac{(\theta_{HY}-w_L\theta_{LX}\theta_{HY})\left[(-\dot{\Omega}_{HY})-(-\dot{\Omega}_{HX})\right]}{w_L(\theta_{LY}\theta_{HX}-\theta_{LX}\theta_{HY})} \quad (5-17)$$

式(5-17)为非熟练劳动力的工资变化决定方程。因为假设 X 产品相对 Y 产品为熟练劳动力密集型部门,因此满足:$\left(\dfrac{\theta_{HX}}{\theta_{LX}}\right)>\left(\dfrac{\theta_{HY}}{\theta_{LY}}\right)$。又因为根据式(5-11),$w_L\theta_{LX}=1-w_H\theta_{HX}$,即 $w_L\theta_{LX}<1$,满足 $(\theta_{HY}-w_L\theta_{LX}\theta_{HY})>0$。因此,根据式(5-17),如果 $(-\dot{\Omega}_{LY})>(-\dot{\Omega}_{LX})$ 且 $(-\dot{\Omega}_{HY})>(-\dot{\Omega}_{HX})$,即非熟练劳动力密集型产品部门两大类任务外包所获收益均大于熟练劳动力密集型产品部门时,离岸成本的下降将使非熟练劳动力的工资上升。

(四)熟练劳动力工资 w_H 的变动方程

根据式(5-11),可得:

$$w_H a_{HX}\Omega_{HX}=1-w_L a_{LX}\Omega_{LX} \quad (5-18)$$

对式（5-18）求全微分：

$$a_{HX}\Omega_{HX}\mathrm{d}w_H + w_H a_{HX}\mathrm{d}\Omega_{HX} = -a_{LX}\Omega_{LX}\mathrm{d}w_L - w_L a_{LX}\mathrm{d}\Omega_{LX} \qquad (5-19)$$

同样，用 θ_{fj} 进行简化：

$$\theta_{HX}\mathrm{d}w_H + w_H a_{HX}\mathrm{d}\Omega_{HX} = -\theta_{LX}\mathrm{d}w_L - w_L a_{LX}\mathrm{d}\Omega_{LX} \qquad (5-20)$$

两边同乘 $\dfrac{1}{w_L w_H}$，得到：

$$\frac{\theta_{HX}\mathrm{d}w_H}{w_L w_H} = -\frac{\theta_{LX}\mathrm{d}w_L}{w_H w_L} - \frac{a_{HX}\Omega_{HX}}{w_L\Omega_{HX}}\mathrm{d}\Omega_{HX} - \frac{a_{LX}\Omega_{LX}}{w_H\Omega_{LX}}\mathrm{d}\Omega_{LX} \qquad (5-21)$$

写成导数形式：

$$\frac{\theta_{HX}}{w_L}\cdot \dot{w}_H = -\frac{\theta_{LX}}{w_H}\cdot \dot{w}_L - \frac{\theta_{HX}}{w_L}\cdot \dot{\Omega}_{HX} - \frac{\theta_{LX}}{w_H}\cdot \dot{\Omega}_{LX} \qquad (5-22)$$

最终可得：

$$\dot{w}_H = -\frac{w_L\theta_{LX}}{w_H\theta_{HX}}\cdot \dot{w}_L - \dot{\Omega}_{HX} - \frac{w_L\theta_{LX}}{w_H\theta_{HX}}\cdot \dot{\Omega}_{LX} \qquad (5-23)$$

（五）工资差距 w_H/w_L 的变动方程

熟练劳动力与非熟练劳动力的工资差距为 w_H/w_L，其变化为：

$$\frac{\dot{w}_H}{w_L} = \dot{w}_H - \dot{w}_L \qquad (5-24)$$

先把式（5-23）代入并整理得：

$$\frac{\dot{w}_H}{w_L} = -\dot{w}_L\left[\left(\frac{\theta_{LX}}{\theta_{HX}}\right)\left(\frac{w_L}{w_H}\right) + 1\right] - \dot{\Omega}_{HX} - \frac{w_L\theta_{LX}}{w_H\theta_{HX}}\cdot \dot{\Omega}_{LX} \qquad (5-25)$$

再把式（5-17）代入：

$$\frac{\dot{w}_H}{w_L} = -\left[\frac{\theta_{LX}}{\theta_{HX}}\cdot\frac{w_L}{w_H} + 1\right]\left\{\frac{\dfrac{\theta_{HX}}{\theta_{LX}}(-\dot{\Omega}_{LY}) - \dfrac{\theta_{HY}}{\theta_{LY}}(-\dot{\Omega}_{LX})}{\dfrac{\theta_{HX}}{\theta_{LX}} - \dfrac{\theta_{HY}}{\theta_{LY}}} + \right.$$
$$\left.\frac{(\theta_{HY} - w_L\theta_{LX}\theta_{HY})\left[-(\dot{\Omega}_{HY}) - (-\dot{\Omega}_{HX})\right]}{w_L(\theta_{LY}\theta_{HX} - \theta_{LX}\theta_{HY})}\right\} - \dot{\Omega}_{HX} - \frac{w_L\theta_{LX}}{w_H\theta_{HX}}\cdot \dot{\Omega}_{LX}$$

$$(5-26)$$

为讨论方便，考虑以下两种情况，对式（5-26）进行简化：

第一种，假设该国仅非熟练劳动力密集型部门参与国际产品内分工,此时,$-\dot{\Omega}_{LX}=0$,$-\dot{\Omega}_{HX}=0$;只有$-\dot{\Omega}_{LY}>0$,$-\dot{\Omega}_{HY}>0$,则式(5-26)简化为:

$$\frac{\dot{w}_H}{w_L} = -\left[\frac{\theta_{LX}}{\theta_{HX}} \cdot \frac{w_L}{w_H} + 1\right] \left[\frac{\frac{\theta_{HX}}{\theta_{LX}}(-\dot{\Omega}_{LY})}{\frac{\theta_{HX}}{\theta_{LX}} - \frac{\theta_{HY}}{\theta_{LY}}} + \frac{(\theta_{HY} - w_L \theta_{LX} \theta_{HY})(-\dot{\Omega}_{HY})}{w_L(\theta_{LY}\theta_{HX} - \theta_{LX}\theta_{HY})}\right] < 0$$

(5-27)

即离岸成本下降 $d\beta_{fj}<0$,离岸任务扩大 $dI_{fj}>0$,将使熟练劳动力与非熟练劳动力间的工资差距缩小。此时,无论是低技术任务离岸,还是高技术任务离岸,即无论是进行低端型产品内分工还是进行高端型产品内分工,如果仅非熟练劳动力密集型部门参与国际产品内分工,将使熟练劳动力与非熟练劳动力间的工资差距缩小。

第二种,假设该国仅熟练劳动力密集型部门进行国际产品内分工,此时:$-\dot{\Omega}_{LY}=0$,$-\dot{\Omega}_{HY}=0$;只有$-\dot{\Omega}_{LX}>0$,$-\dot{\Omega}_{HX}>0$,则式(5-26)简化为:

$$\frac{\dot{w}_H}{w_L} = -\left[\frac{\theta_{LX}}{\theta_{HX}} \cdot \frac{w_L}{w_H} + 1\right] \left\{\frac{-\frac{\theta_{HY}}{\theta_{LY}}(-\dot{\Omega}_{LX})}{\frac{\theta_{HX}}{\theta_{LX}} - \frac{\theta_{HY}}{\theta_{LY}}} + \right.$$

$$\left. \frac{(\theta_{HY} - w_L \theta_{LX} \theta_{HY})[-(-\dot{\Omega}_{HX})]}{w_L(\theta_{LY}\theta_{HX} - \theta_{LX}\theta_{HY})} \right\} - \dot{\Omega}_{HX} - \frac{w_L \theta_{LX}}{w_H \theta_{HX}} \cdot \dot{\Omega}_{LX} > 0$$

(5-28)

即离岸成本下降 $d\beta_{fj}<0$,离岸任务增加 $dI_{fj}>0$,将使熟练劳动力与非熟练劳动力间的工资差距扩大。此时,无论是低技术任务离岸还是高技术任务离岸,即无论是进行低端型产品内分工还是进行高端型产品内分工,如果仅熟练劳动力密集型部门参与国际产品内分工,进行离岸活动,则都将使熟练劳动力与非熟练劳动力间的工资差距扩大。

当然,更多的时候,X 产品部门和 Y 产品部门都将进行国际产品内分工,因此,熟练劳动力与非熟练劳动力相对工资 w_H/w_L 变化仍由式(5-26)决定。当运输、通信技术使离岸成本下降时,离岸任务增加对熟练劳动力与非熟练劳动力相对工资的影响,决定于各产品部门所能获得的额外收益(主要源自成本节约):如果非熟练劳动力密集型部门所获得收益相对较多,高收益促使该产品部门的生产规模相对扩张,因此,将增加对非熟练劳动力的相对需求,使熟练劳动力与非熟练劳动力的工资差距缩小。当 w_L 的相对上升幅度抵消了非熟练劳动力密集型部门所获得的超额收益时,新的均衡产生;反之,如果熟练劳动力密集型部门所获得收益相对较多,则对熟练劳动力的相对需求增加,工资差距扩大,直至 w_H 的相对上升幅度抵消了熟练劳动力密集型部门所获得的超额收益。

本书将国际产品内分工对两类劳动力的这一作用机制称为要素需求创造效应。无论是参与低端型产品内分工还是高端型产品内分工,如果国际产品内分工更多地发生在熟练劳动力密集型部门,使该部门获得的额外收益较多,则熟练劳动力的相对需求增加,工资差距上升,产生偏向熟练劳动力的收入分配效应;反之,如果国际产品内分工更多地发生在非熟练劳动力密集型技术部门,则非熟练劳动力的相对需求增加,工资差距缩小,产生偏向非熟练劳动力的收入分配效应。因此,国际产品内分工的要素需求创造效应类似于部门偏向型技术进步作用(Arndt,1997)。

此外,当国内外要素价格差、离岸成本、工序专业化生产收益、政策等因素影响各产品部门的收益时,这些因素也将通过上述作用机制影响国际产品内分工的收入分配效应。

二 要素替代效应

要素替代效应伴随着生产工序的转移而发生,当部分生产工序从母国离岸至东道国时,相当于东道国生产要素替代母国要素被投入生产,因此,一般会对母国生产要素产生负的替代效应而对东道国各要素产生正的替代效应。由于各行业及工序的相对要素密集度不同,因此两国不同要素受到的影响不一样,随之要素相对需求、相对价格及收入分配发生变化,为此,要素替代效应也被称为要素密集度效应(Egger and Kreickemeier,2008)。

多数情况下，发达国家把低技术密集型工序离岸到发展中国家，形成发达国家负责高技术密集型工序、发展中国家负责低技术密集型工序的国际产品内分工格局，因此，将使发达国家对非熟练劳动力、发展中国家对熟练劳动力的相对需求减少。但是，如果从发达国家转移来的低技术生产环节在发展中国家仍属高技术环节，则将如菲恩斯特拉和汉森（1996a）的分析，发展中国家也会增加对熟练劳动力的需求。因此，要素替代效应对一国熟练劳动力、非熟练劳动力相对需求、相对价格的影响主要决定于该国所负责工序的相对技术密集度。

（1）当一国企业进行高端型国际产品内分工时，主要负责高技术工序的生产，将对熟练劳动力产生正替代效应，对非熟练劳动力产生负替代效应，从而使工资差距扩大，使收入分配偏向熟练劳动力。一方面，企业从原来所有工序都生产调整为主要生产高技术工序，而高技术工序的熟练劳动力配置比例较高，因此，企业会增加对熟练劳动力的需求。另一方面，把低技术工序进行跨国外包，此时原本生产这一部分工序的各类劳动力（包括熟练劳动力和非熟练劳动力）面临失业而被迫在劳动力市场重新寻找工作，而低技术工序原本配置的非熟练劳动力相对较多，因此，劳动力市场上非熟练劳动力的供给相对增加。劳动力市场上熟练劳动力的需求相对提高，非熟练劳动力的供给相对增加，当市场重新出清时，熟练劳动力与非熟练劳动力间的工资差距扩大。

（2）当一国企业进行低端型国际产品内分工时，主要负责低技术工序的生产，将对非熟练劳动力产生正替代效应，对熟练劳动力产生负替代效应，从而使工资差距缩小，使收入分配偏向非熟练劳动力。此时，劳动力市场上熟练劳动力、非熟练劳动力的重新配置过程恰好与高端型产品内分工时相反，熟练劳动力的供给相对增加，但企业对非熟练劳动力的需求相对增加。因此，在低端型产品内分工模式下，当最终劳动力市场重新出清时，熟练劳动力与非熟练劳动力间的工资差距缩小。

可见，高、低端型国际产品内分工模式下，产生要素替代效应时的劳动力市场重新配置过程依赖于在岸工序和离岸工序的要素密集度，而与产品部门的要素密集度无关。无论是熟练劳动力密集型产品部门进行国际产品内分工，还是非熟练劳动力密集型部门进行产品内分工，高端型产品内分工的要素替代效应都将增加对熟练劳动力的相对需求，使熟练劳动力与非熟练劳动力间的工资差距扩大，使收入分配偏向熟练劳动力；相反，低端型产品内分工的要素替代效应将增加对非熟练劳动力的相对需求，使熟练劳动力与非熟练劳动力间的工资差距缩小，使收入分配偏向非熟练劳动力。

三 要素需求创造效应与要素替代效应的联合作用效应

接下来，综合考虑要素需求创造效应与要素替代效应的联合作用效应。为使分析简洁、清晰，先考察四种基本生产及国际产品内分工模式：

第一种模式，假设该国仅非熟练劳动力密集型部门参与低端型产品内分工。低端型产品内分工模式下，该国主要负责低技术工序的生产，将增加对非熟练劳动力的相对需求，对非熟练劳动力产生正替代效应；同时，非熟练劳动力密集型部门进行产品内分工将使该部门获得额外收益并扩张生产规模，将增加对非熟练劳动力的相对需求，对非熟练劳动力产生正的要素需求创造效应。该模式下，低端型产品内分工同时对非熟练劳动力产生正替代效应与正的需求创造效应，结果使产品内分工的收入分配效应偏向非熟练劳动力。

第二种模式，假设该国仅熟练劳动力密集型部门参与低端型产品内分工。首先，低端型产品内分工仍将对非熟练劳动力产生正的替代效应。其次，熟练劳动力密集型部门进行产品内分工促使其生产规模相对扩张，为此，需要更多的熟练劳动力，对熟练劳动力产生正需求创造效应。此时，低端型产品内分工对非熟练劳动力产生正替代效应，但对熟练劳动力产生正的需求创造效应，结果使产品内分工的收入分配效应不确定，可能偏向熟练劳动力也可能偏向非熟练劳动力。

据此，可得命题 5-1：在非熟练劳动力密集型部门，低端型国际产品内分工将增加对非熟练劳动力的相对需求，使收入分配偏向非熟练劳动力；在熟练劳动力密集型部门，低端型国际产品内分工对熟练劳动力与非熟练劳动力的收入分配影响不确定。

第三种模式，假设该国仅熟练劳动力密集型部门进行高端型产品内分工。高端型产品内分工模式下，本国主要负责高技术工序的生产，因此，将增加对熟练劳动力的相对需求，对熟练劳动力产生正替代效应。同时又仅熟练劳动力密集型部门参与产品内分工，因此其生产规模的相对扩张也将增加对熟练劳动力的相对需求，对熟练劳动力产生正需求创造效应。此种设定下，正替代效应与正需求创造效应叠加，使高端型国际产品内分工的收入分配效应偏向熟练劳动力。

第四种模式，假设该国仅非熟练劳动力密集型部门进行高端型产品内分工。此时，高端型产品内分工对熟练劳动力产生正替代效应，但对非熟练劳动力产生正需求创造效应，因此，高端型产品内分工对收入分配的影响也不确定。

据此，可得命题 5 – 2：在熟练劳动力密集型部门，高端型国际产品内分工将增加对熟练劳动力的相对需求，使收入分配偏向熟练劳动力；在非熟练劳动力密集型部门，高端型国际产品内分工对熟练劳动力与非熟练劳动力的收入分配影响不确定。

总之，低、高端型产品内分工模式在非熟练劳动力密集型部门、熟练劳动力密集型部门将分别产生不同的组合效应（见表 5 – 1）。同时，在多边国际产品内分工体系中，一国各行业会同时进行两种模式的产品内分工，因此，可能出现多种生产及分工情形，最终使国际产品内分工对不同技能劳动力的需求、工资及收入分配的净效应存在多

表 5 – 1　　　不同国际产品内分工模式对熟练劳动力与非熟练劳动力收入分配的作用效应

	非熟练劳动力密集型部门	熟练劳动力密集型部门
低端型国际产品内分工模式	要素替代效应：对非熟练劳动力产生正影响	要素替代效应：对非熟练劳动力产生正影响
	要素需求创造效应：对非熟练劳动力产生正影响	要素需求创造效应：对熟练劳动力产生正影响
	对收入分配的净效应：偏向非熟练劳动力	对收入分配的净效应：不确定

续表

	非熟练劳动力密集型部门	熟练劳动力密集型部门
高端型国际产品内分工模式	要素替代效应：对熟练劳动力产生正影响	要素替代效应：对熟练劳动力产生正影响
	要素需求创造效应：对非熟练劳动力产生正影响	要素需求创造效应：对熟练劳动力产生正影响
	对收入分配的净效应：不确定	对收入分配的净效应：偏向熟练劳动力

种可能。众多经验研究也证实了国际产品内分工对就业结构、工资差距、收入分配的影响随不同的国际产品内分工测度指标、不同国家、不同行业和不同产品内分工伙伴而有所不同。

第二节　国际产品内分工的间接作用机制

一　价格效应——基于 SS 定理

首先考察产品价格变化将使要素价格发生何种变化。[①] 根据一个国家、两种要素（熟练劳动力 H 与非熟练劳动力 L）、两类产品（熟练劳动力密集型部门 X 与非熟练劳动力密集型部门 Y）的传统赫克歇尔—俄林模型（Heckscher – Ohlin 模型，简称 H—O 模型），i 部门的零利润条件为：

$$p_i = c_i = w_L a_{Li} + w_H a_{Hi} \Rightarrow$$
$$\mathrm{d}p_i = a_{Li} \mathrm{d}w_L + a_{Hi} \mathrm{d}w_H \Rightarrow$$
$$\frac{\mathrm{d}p_i}{p_i} = \frac{w_L a_{Li}}{c_i} \cdot \frac{\mathrm{d}w_L}{w_L} + \frac{w_H a_{Hi}}{c_i} \cdot \frac{\mathrm{d}w_H}{w_H} \tag{5-29}$$

式中，$i \in (X, Y)$；p_i 为 i 部门产品价格；c_i 为单位 i 产品的生产成本；a_{Hi}、a_{Li} 分别为单位 i 产品产出所需的熟练劳动力、非熟练劳动

[①] 模型的设定及推导参考了罗伯特·C. 菲恩斯特拉（2013）第 10—11 页部分内容。

力投入;w_L、w_H分别为非熟练劳动力工资、熟练劳动力工资。

设$\theta_{Li} = w_L a_{Li}/c_i$,代表 i 部门非熟练劳动力的成本支出占比;$\theta_{Hi} = w_H a_{Hi}/c_i$,代表 i 部门熟练劳动力的成本支出占比,且$\theta_{Li} + \theta_{Hi} = 1$,则式(5-29)转换为:

$$\dot{p}_i = \theta_{Li}\dot{w}_L + \theta_{Hi}\dot{w}_H \tag{5-30}$$

式(5-30)写成矩阵形式为:

$$\begin{Bmatrix} \dot{p}_Y \\ \dot{p}_X \end{Bmatrix} = \begin{bmatrix} \theta_{LY} & \theta_{HY} \\ \theta_{LX} & \theta_{HX} \end{bmatrix} \begin{Bmatrix} \dot{w}_L \\ \dot{w}_H \end{Bmatrix} \tag{5-31}$$

因此可解得:

$$\begin{Bmatrix} \dot{w}_L \\ \dot{w}_H \end{Bmatrix} = \frac{1}{|\theta|} \begin{bmatrix} \theta_{HX} & -\theta_{HY} \\ -\theta_{LX} & \theta_{LY} \end{bmatrix} \begin{Bmatrix} \dot{p}_Y \\ \dot{p}_X \end{Bmatrix} \tag{5-32}$$

式中,$|\theta| = \theta_{LY}\theta_{HX} - \theta_{HY}\theta_{LX} = \theta_{LY}(1-\theta_{LX}) - (1-\theta_{LY})\theta_{LX} = \theta_{LY} - \theta_{LX} = \theta_{HX} - \theta_{HY}$,进一步可得:

$$\dot{w}_L = \frac{\theta_{HX}\dot{p}_Y - \theta_{HY}\dot{p}_X}{|\theta|} = \frac{(\theta_{HX} - \theta_{HY})\dot{p}_Y + \theta_{HY}(\dot{p}_Y - \dot{p}_X)}{\theta_{HX} - \theta_{HY}} \tag{5-33}$$

$$\dot{w}_H = \frac{\theta_{LY}\dot{p}_X - \theta_{LX}\dot{p}_Y}{|\theta|} = \frac{(\theta_{LY} - \theta_{LX})\dot{p}_X - \theta_{LX}(\dot{p}_Y - \dot{p}_X)}{\theta_{LY} - \theta_{LX}} \tag{5-34}$$

由于 Y 为非熟练劳动密集型部门、X 为熟练劳动密集型部门,因此,$\theta_{LY} > \theta_{LX}$,$\theta_{HX} > \theta_{HY}$。当$\dot{p}_Y > \dot{p}_X$时,可发现$\dot{w}_L > \dot{p}_Y > \dot{p}_X > \dot{w}_H$,即要素价格的变动幅度大于产品价格的变动幅度,此为"放大效应"(Jones,1965)。在此基础上,还可进一步推得 Stolper-Samuelson 定理即 SS 定理:产品相对价格的上升将使该产品相对密集使用要素实际收益上升,而使另一要素的实际收益下降。

式(5-7)、式(5-8)表明,一国参与国际产品内分工后,各产品部门均可能获得因成本节约所带来的额外收益,因此,可能使各类产品的产出规模及出口规模发生变化,进而影响各类产品的相对价格。而式(5-33)、式(5-34)表明,产品价格又会以"放大效应"反作用于熟练劳动力、非熟练劳动力的工资水平。可见,国际产品内分工也可能通过改变产品价格,间接地作用于各类劳动力的相对工资，从而影响收入分配。国际产品内分工对收入分配的这一间接作用，依赖于各产品部门产出规模及出口规模的相对变化，因此，其对各类劳动力相对价格的影响有些类似于要素需求创造效应，决定于进行国际产品内分工的产品部门的要素偏向性。但是，因各国在世界各类产品市场中的份额、市场势力不同，所以，该间接效应具有较大不确定性。

二 技术进步效应——国际产品内分工引致的有偏型技术进步

（一）偏向型技术进步与劳动力相对需求、工资差距

技术进步可以降低产品的单位生产成本，提高产量，也可开发新产品，而不同产品的要素配置比例存在不同，因此，技术进步会对各要素的相对需求、相对价格产生影响。不过，不同学者对开放经济下技术进步的作用机制提出了不同的观点，其中代表性的观点有 Leamer（1998）的部门偏向型技术进步论和克鲁格曼（2000）的要素偏向型技术进步论，以下主要根据许赋（2008）的整理加以简述。

利默（1998）使用开放的小国模型，假设两种产品的价格外生，不受技术进步影响。该国生产两类产品：熟练劳动力密集型产品 X 和非熟练劳动力密集型产品 Y，分别用图 5-3 中的 X_0X_0 线和 Y_0Y_0 线表示（曲线斜率为该产品部门非熟练劳动力与熟练劳动力的投入数量之比，因此 X_0X_0 线比 Y_0Y_0 线平坦一些），均衡时，两条曲线的交点即为熟练劳动力和非熟练劳动力的工资水平，w_H/w_L 为工资差距。

当发生技术进步使产品的单位成本降低时，如果发生在 X 产品部门，则 X_0X_0 线将向外移动，如 X_1X_1 线。显然如果技术进步为熟练劳动力偏向型的，则 X_1X_1 线将比 X_0X_0 线更平坦，如图 5-3 所示；如果技术进步是非熟练劳动力偏向型的，则 X_1X_1 线将比 X_0X_0 线更陡峭；如果技术进步是希克斯中性的（Hicks - Neutral），则 X_1X_1 线是 X_0X_0 线的向外平移。但是，只要技术进步发生在 X 产品部门，都将使均衡点沿 Y_0Y_0 线向左上角方向移动，即意味着熟练劳动力与非熟练劳动力的工资差距扩大了。反之，如果技术进步发生在 Y 产品部门，则 Y_0Y_0 线的右移总会使工资差距缩小。

为此，利默（1998）认为，技术进步对熟练劳动力与非熟练劳动

力工资差距的影响取决于它的部门偏向,如果技术进步更多地发生在高技术(熟练劳动力密集型)行业,它就会使工资差距上升;反之,如果技术进步更多地发生在低技术(非熟练劳动力密集型)行业,它就会缩小工资差距。

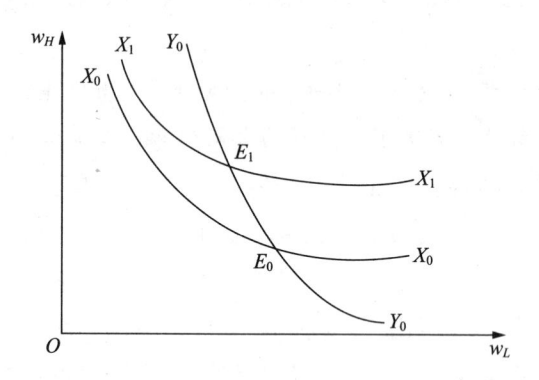

图5-3 技术进步对熟练劳动力与非熟练劳动力相对工资的作用

资料来源:许斌:《国际贸易与工薪差距》,载邱东晓、许斌、郁志豪《国际贸易与投资前沿》,格致出版社、上海人民出版社2008年版,第12页。

克鲁格曼(2000)质疑了利默(1998)的观点,他用大国模型证明工资差距只取决于技术进步的要素偏向而不是部门偏向。大国模型下,当产出发生变化时,两种产品的相对价格将发生改变,而价格的变化又会通过SS渠道影响要素价格。因此,在克鲁格曼(2000)的大国模型中,技术进步对工资差距的影响存在两种效应:一种是通过成本曲线的直接效应,如利默(1998)小国模型中的作用;另一种是通过商品价格变化所产生的间接效应。其净效应取决于这两个效应之和。以熟练劳动力密集型产品部门发生技术进步为例,如果技术进步为希克斯中性,则直接效应和间接效应互为抵消,技术进步对工资差距没有影响;如果技术进步为熟练劳动力偏向型,则直接效应大于间接效应,技术进步将使工资差距上升;如果技术进步为非熟练劳动力偏向型,则直接效应小于间接效应,技术进步会缩小工资差距。总之,克鲁格曼(2000)认为,技术进步对工资差距的影响只和它的要素偏向有关，而和它的部门偏向无关，只有当技术进步是偏向熟练劳动力时，它才会使工资差距扩大。

虽然克鲁格曼和利默的结论相差很大，但这和他们使用不同的模型假设有关。利默（1998）模型是价格外生的小国经济，而克鲁格曼（2000）分析的是价格内生的大国经济。为此，Xu（2001）将利默（1998）和克鲁格曼（2000）纳入一般化的国际贸易模型中，识别了技术进步部门偏向和技术进步要素偏向发生作用的各种条件，指出这两种作用都存在，而它们的综合作用效应依赖于技术进步是否全球性或区域性以及生产和需求中产品和要素替代性等多种因素。

总之，虽然之后有许多研究指出，技术进步是技能偏向型的，即偏向熟练劳动力，扩大了各国内的工资差距，但从理论上讲，技术进步既可能是熟练劳动力偏向的，也可能是非熟练劳动力偏向的，或希克斯中性的，其对工资收入差距的影响存在多种可能性。

（二）国际产品内分工的有偏型技术进步效应

利默（1998）和克鲁格曼（2000）的理论分析框架都假定开放经济下技术进步是外生的，但事实上经济全球化也会推动技术进步，使技术进步成为内生的，即产生贸易开放引致型的技术进步（Wood，1994；Acemoglu，1998，2003）。显然，国际产品内分工也会对技术进步产生重要影响。以生产率作为技术进步的衡量指标为例，众多国内外学者发现，国际产品内分工促进了劳动生产率及全要素生产率的提高，不过，国际产品内分工对生产率的影响也受时间因素及行业、企业自身特征的影响（Egger 等，2001；Head 和 Ries，2002；Amiti 和 Wei，2006b；Egger 和 Egger，2006；盛斌和牛蕊，2009；刘庆林等，2010）。其中，Amiti 和 Wei（2006b）认为，国际产品内分工至少可以通过四种途径作用于生产率，分别为静态收益效应、重组效应、多样化效应及学习的外部性。

具体而言，国际产品内分工推动技术进步的作用机制包括两个方面：

一方面，国际产品内分工特别是高端型国际产品内分工会促使企业进行更多的技术创新活动。根据"防御性技术创新"理念①，贸易开放度的提高所引起的激烈竞争会促使企业更多地创新技术来应对。同理，国际产品内分工体系下，各国企业纷纷融入全球生产网络，为了在全球价值链中占据高收益的增值环节，即从事高端型国际产品内分工，各企业必须掌握价值链中的核心技术，凭借技术垄断优势巩固分工地位，这在生产者推动型价值链中尤为重要。为此，企业必须扩大技术创新范围、加快技术创新频率。同时，通过国际产品内分工，高收益将反哺企业开展技术创新活动，使企业更有能力和动力去进行技术创新。如 Glass 和 Saggi（2001）通过构建南—北产品生命周期模型发现，到低收入国家的外包会降低产品的边际成本，增加产品的利润率，从而给企业技术创新带来更大的空间和动力。而国际产品内分工的这一作用与发达国家的产品所得税提高、发展中国家的技术补贴及生产补贴等政策效应类似。

另一方面，国际产品内分工会促进技术扩散和技术溢出，尤其是低端型国际产品内分工模式下，大量高技术中间产品的进口往往会对发展中国家产生显著的技术溢出效应。国际产品内分工是一个复杂的生产网络体系，在这一体系中发达国家、发展中国家的众多企业为完成某一特定产品而共同努力、相互配合，这就为国际产品内分工的技术溢出提供了现实途径。具体而言，扩散和溢出渠道包括示范效应、前后向联系效应和人力资本效应等。首先，国际产品内分工使发展中国家有机会"接触"先进技术，通过"看中学"和"干中学"，提高了发展中国家的生产率和技术先进性，此为示范效应。其次，不同企业和行业部门之间存在各种经济联系，无论是前向关联还是后向关联，只要其中某一部门的技术发生了变化，都会影响到与其相联系的前后向部门，迫使它们进行适应性的技术改造，从而推动行业内与行业间的技术进步，此为前后向联系效应。当然，该效应受当地采购率、采购产品的技术含量、生产体系中进入的本土企业数量等因素影

---

① 伍德（1994）提出了"防御性技术创新"的概念，Thoenig 和 Verdier（2003）则对"防御性技术创新"建立了理论模型。

响。最后，通过发包企业对承包企业的技术与管理人员培训，以及技术与管理人员从跨国公司向本土企业的流动，国际产品内分工提高了发展中国家的人力资本储备，从而有利于加快发展中国家的技术进步，此为人力资本效应。

通过上述两个作用机制，国际产品内分工将推动技术进步，而技术进步又会对各要素的相对需求、相对价格产生影响，因此，国际产品内分工也可能以技术进步为媒介，对不同技能劳动力收入分配产生影响。同时，国际产品内分工引致的技术进步往往也是有偏向的，以偏向技能劳动力为主。进行高端型国际产品内分工时，企业为确保其技术领先地位，会不断加大研发强度，而且自主研发比重相对较高，因此，其一般会偏向高技能劳动力。低端型国际产品内分工主要通过技术溢出促进技术进步，由于资本与劳动力技能的互补性及知识学习效应的技能偏向性（Acemoglu，2003；潘士远，2007；喻美辞和熊启泉，2012），使低端型产品内分工引致的技术进步也往往偏向高技能劳动力。不过，技术溢出这一过程中受发展中国家对先进技术的适应性、消化吸收能力及技术差距等影响，此时并非劳动力的技能越高，越能相对获益。

最后，需要指出的是，国际产品内分工也可能对技术进步产生一些消极作用，如高收益可能使企业降低竞争意识和危机感，从而对技术创新有所松懈；在低端型国际产品内分工模式下，企业容易被"低端锁定"，反而不利于其技术进步和升级。故此，针对不同样本，国际产品内分工通过技术进步间接地对收入分配产生的影响往往具有较大的差异性。

第六章　国际产品内分工模式影响不同技能劳动力收入分配的实证分析：中国工业部门

根据比较优势理论，中国主要依靠富余的非熟练劳动力要素，通过承担生产过程中的低技术工序参与国际产品内分工，因此，国际产品内分工的扩大与深化应该有利于非熟练劳动力，使工资差距缩小，熟练劳动力的工资份额降低。但是，事实上好像与理论相去甚远，如中国工业部门熟练劳动力与非熟练劳动力的工资差距从20世纪90年代中期以后迅速扩大（Xu and Li，2008；喻美辞和熊启泉，2012），熟练劳动力的就业及工资份额也明显提升。那么，中国的这一收入分配现实是否与中国参与国际产品内分工有关？

虽然已有一些学者对国际产品内分工影响中国工业（制造业）就业结构、工资不平等、收入差距等问题展开研究，如盛斌和牛蕊（2009）、王中华等（2009）、臧旭恒和赵明亮（2011）、蔡宏波和陈昊（2012）、唐东波（2012a）、喻美辞和熊启泉（2012）等，但这些研究均未对中国参与国际产品内分工的模式进行剖析。① 本书第四章、第五章的分析已指出，在多边国际产品内分工体系中，我国同时参与了低端型国际产品内分工和高端型国际产品内分工，而参与行业及承接生产工序技术密集度的不同将使国际产品内分工产生不同的收入分配效应。但到目前为止，鲜有经验研究基于不同技术含量的进口中间产品、区分国际产品内分工的不同模式展开考察，结合中国工业部门

---

① 唐东波（2012a）在测算企业垂直专业化指数时区分了进口中间产品的不同来源地，陈仲常和马红旗（2010）、吕延方和王冬（2011）在探讨外包对就业的影响时，涉及外包的不同形式，但这些与本书提出的国际产品内分工模式概念并不一样。

的实证分析同样很少。为此，本书以中国工业 1996—2011 年 32 个行业的动态面板数据为样本，运用 SYS—GMM 方法，分总效应、行业效应、模式效应、直接效应与间接效应等多角度实证分析国际产品内分工对中国工业部门熟练劳动力与非熟练劳动力的收入分配影响。

第一节 中国工业部门技能溢价现状

所谓技能溢价，是指熟练劳动力相比非熟练劳动力所能获得的超额报酬，一般用熟练劳动力平均工资和非熟练劳动力平均工资之比来衡量（许赋，2008）。本书用熟练劳动力与非熟练劳动力的工资差距、熟练劳动力的工资收入份额及就业份额等指标来反映技能溢价。

一 熟练劳动力与非熟练劳动力工资差距变化

20 世纪 90 年代中开始，随着开放进程的加快及生产技术的进步，中国对熟练劳动力的相对需求开始增加，两类劳动力间的工资差距也逐步扩大。在中国工资差距问题上，较早的代表性研究为 Xu 和 Li（2008）。他们根据历年《中国劳动统计年鉴》从城市抽样调查中获得的各种学历工作人员的平均工资数据，估计出了 1995—2000 年中国工资差距的变化趋势，发现自 1997 年以来，中国的工资差距迅速扩大，熟练劳动力与非熟练劳动力的工资比率从 1997 年的 1.23 倍上升到了 2000 年的 1.64 倍；1997—2000 年，中国的工资不平等，平均每年上升了 11%。在度量方法上，Xu 和 Li（2008）用大学以上学历从业人员的平均工资代表熟练劳动力工资，用初中学历以下从业人员的平均工资代表非熟练劳动力工资。

受我国统计数据的制约，由于不能获得细分行业层面按受教育程度或职业技能划分的各类型劳动力从业数及工资数据，本书采用国内研究常用的替代方法[①]，用各行业科技活动人员代表熟练劳动力，其

[①] 包群和邵敏（2008）、臧旭恒和赵明亮（2011）、喻美辞和熊启泉（2012）、蔡宏波和陈昊（2012）等也采用了相同的替代方法。

余人员均视为非熟练劳动力,因此,各行业非熟练劳动力数为"全部从业人员年平均人数"减去"科技活动人员数"。本章重点分析工业部门的技能溢价,一方面是由于国际产品内分工主要渗透于我国工业部门;另一方面包群和邵敏(2008)利用《中国科技统计年鉴》的数据计算结果表明,在1997—2004年工业行业科技人员比重的均值为49.47%,而2012年规模以上工业企业的研究与试验发展(R&D)人员占66.09%,即一半左右的科技活动人员都集中在工业行业;因此,工业行业在研究国际产品内分工与科技人员工资收入时都具有较好的代表性。所选取的代表性细分工业行业样本共计33个①,其中,低技术行业17个,高技术行业16个。

在数据处理过程中,各行业科技活动人员的工资收入用《中国科技统计年鉴》里分行业"科技活动人员劳务费"替代②,各行业的从业人数为《中国统计年鉴》中按行业分规模以上工业企业的"全部从业人员年平均人数",平均工资取自《中国劳动统计年鉴》的分行业城镇单位就业人员"平均劳动报酬"。

根据图6-1,1996—2004年熟练劳动力与非熟练劳动力间的工资差距迅速提升,从1996年的0.996倍上升到了2004年的2.18倍,2004年以后,工资差距有所回落,但基本保持在1.5—2.0倍的高位水平。

进一步观察熟练劳动力的就业占比与工资份额(见图6-2)。发现在1996—2004年期间,熟练劳动力的就业和工资份额均呈不断上升态势,其占比分别从1996年的1.42%、1.41%上升到了2004年的2.86%、6.03%。2004年之后,这两个比重开始分别在3%、5%左右波动,受2008年国际金融危机的影响,2009年、2010年熟练劳动力的就业和工资份额下降显著,但之后又重新快速回升。③

---

① 这里包含烟草制品业。
② 《中国科技统计年鉴》所提供的分行业数据统计口径不同年份并不一致,考虑到其他数据均为规模以上工业企业数据,因此,本书所采集的科技类数据统计口径如下:2004年(来自2004年普查数据)、2008年、2009年及2011年为规模以上工业企业数据,其余年份均为大中型工业企业数据。
③ 图6-1和图6-2中个别年份数据也可能因统计口径不一致出现较大波动(如2004年和2010年)。

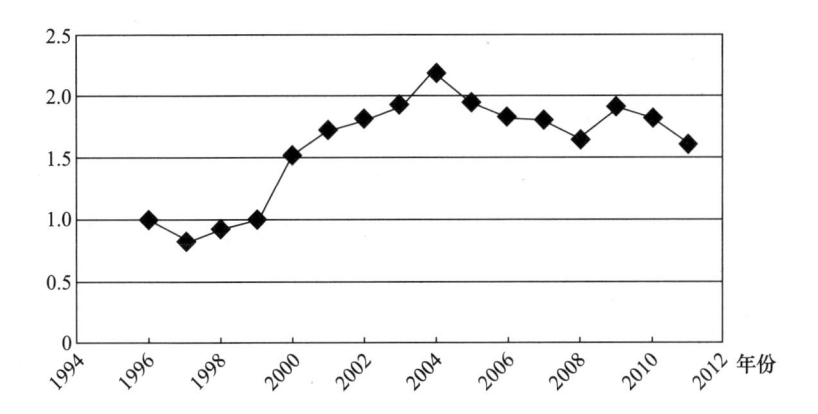

图 6-1　1996—2011 年中国工业部门熟练劳动力与非熟练劳动力的工资差距

资料来源：根据《中国统计年鉴》《中国科技统计年鉴》及《中国劳动统计年鉴》整理获得。

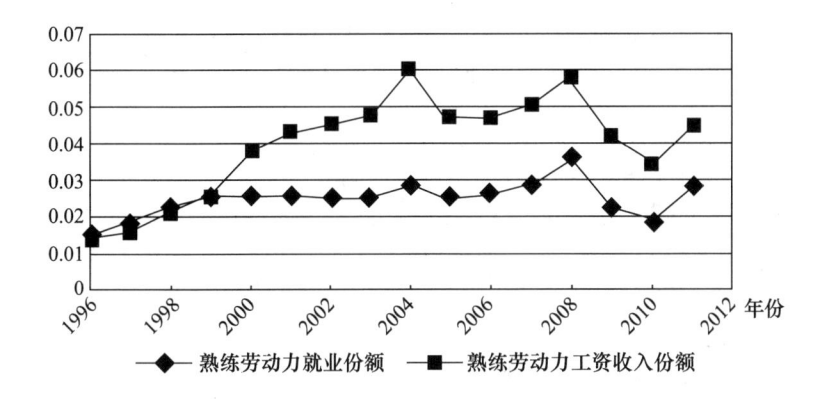

图 6-2　1996—2011 年中国工业部门熟练劳动力的就业份额及工资份额

资料来源：根据《中国统计年鉴》《中国科技统计年鉴》及《中国劳动统计年鉴》整理获得。

二　熟练劳动力工资收入份额变化分解

熟练劳动力与非熟练劳动力工资收入的变化主要源自各行业对不同技能劳动力的需求发生了改变，这种需求变动可分解为行业间的变化与行业内的变化。其中，行业间的变化一般与产品需求变化、行业产出调整有关，如当高技术部门生产规模扩大，而低技术部门的产出相对缩小时,就会造成对熟练劳动力相对需求增加,使其相对工资提高。行业内的变化则与行业内技术进步的偏向性有关,当单个行业内部发生劳动节约型技术进步或生产效率提高时,就会减少对非熟练劳动力的相对需求,使其相对工资收入降低。本书借鉴伯纳德和詹森(1997)的分解方法,通过测算熟练劳动力工资收入份额的行业间、行业内变化幅度及贡献率,考察中国工业部门对熟练劳动力、非熟练劳动力这两类劳动力的需求、工资及收入变动原因。

测算方程为:

$$\Delta P_H = \sum_i \Delta S_i \overline{P}_{Hi} + \sum_i \Delta P_{Hi} \overline{S}_i \qquad (6-1)$$

式中,i 代表行业。ΔP_H 为衡量样本期内工业行业熟练劳动力工资份额的变化,如果数值为正,表明该时期熟练劳动力的工资份额增加;如果数值为负,则表明收入分配格局向非熟练劳动力倾斜,提高了非熟练劳动力的工资份额。P_{Hi} 为 i 行业熟练劳动力工资收入占行业总工资支出的比重。S_i 为 i 行业工资支出占整个工业部门工资总额的比重。$\overline{P}_{Hi}$ 和 $\overline{S}_i$ 分别为样本期内 P_{Hi}、S_i 的均值。

式(6-1)右边第一项表示行业间效应,反映了行业结构的变动对整个工业部门熟练劳动力工资份额变动的贡献;右边第二项表示行业内效应,反映了 ΔP_H 在多大程度上由各行业内熟练劳动力工资份额的变化引致。

借鉴黄先海和徐圣(2009)的方法,可进一步测算行业间效应、行业内效应对熟练劳动力工资份额变动的相对贡献率,其计算公式为:

$$\text{sign}[COLUM(i)] \times \frac{|COLUM(i)|}{|COLUM(i)| + |COLUM(j)|} \qquad (6-2)$$

式中,sign[ ]是符号函数;$COLUM(i)$、$COLUM(j)$ 指的是第 i 列或第 j 列的数值,可分别代表行业间效应或行业内效应;贡献率中保留符号,是为了表明各效应对熟练劳动力工资收入份额的影响方向。

表 6-1 为根据式(6-1)对中国 1996—2011 年工业部门熟练劳动力工资收入份额的分解结果,表 6-2 为根据式(6-2)测算出的

1996—2011 年行业间效应、行业内效应对劳动力工资份额变动的贡献率。

首先，观察全部工业行业的情况。1996—2004 年，熟练劳动力的工资份额增长了 4.624%，其中，行业间效应为 0.511%，对熟练劳动力工资份额的变动仅贡献了 11.06%；行业内效应为 4.112%，相应的贡献率达 88.94%。相反，2004—2011 年，熟练劳动力的工资份额减少 1.558%，其中，行业间效应为提升作用（0.176%），但行业内效应为降低作用（-1.734%），由于行业间效应明显低于行业内效应，贡献率分别为 9.23% 和 -90.77%，最终使熟练劳动力的工资份额下降了。两个阶段的效应叠加，1996—2011 年熟练劳动力的工资份额变动幅度为净增加 3.066%，行业间、行业内效应分别提升 0.688%、2.378%，行业间、行业内效应均推动了 1996—2011 年熟练劳动力相对工资份额的上升，分别贡献了 22.43%、77.57%。

其次，比较高、低技术部门对熟练劳动力工资份额变动的贡献率。根据表 6-1、表 6-2 数据，可发现 1996—2011 年熟练劳动力的相对工资上升主要来自高技术部门熟练劳动力工资份额的提升，两个阶段低技术部门的贡献率均明显小于高技术部门的贡献。1996—2004 年，高、低技术部门的熟练劳动力工资份额分别上升了 3.864%、0.760%，相应的贡献率分别为 83.57%、16.43%；2004—2011 年，高、低技术部门的熟练劳动力工资份额各自下降了 1.155%、0.403%，对应的贡献率为 -74.11%、-25.89%；1996—2011 年，高、低技术部门的熟练劳动力工资份额累计分别上升 2.710%、0.356%，对总熟练劳动力工资相对份额的上升分别贡献 88.38%、11.62%。

最后，观察高、低技术部门各自的行业间、行业内效应。高技术部门熟练劳动力工资份额的变化规律则与总体完全一致：1996—2004 年，其行业间、行业内效应均为正，分别上升 0.575%、3.289%，各自的贡献率分别为 14.88%、85.12%；2004—2011 年，其行业间效应为正即 0.214%，贡献率为 13.52%，而行业内效应为负即 -1.369%，贡献率为 -86.48%；1996—2011 年，对于高技术部门熟

表 6–1　1996—2011 年中国工业部门熟练劳动力工资收入份额的分解结果

年份	全部行业			低技术行业			高技术行业		
	变动幅度	行业间	行业内	变动幅度	行业间	行业内	变动幅度	行业间	行业内
1996—1997	0.00156	0.00024	0.00132	0.00028	0.00012	0.00016	0.00129	0.00012	0.00116
1997—1998	0.00570	0.00120	0.00450	0.00089	0.00006	0.00083	0.00481	0.00114	0.00366
1998—1999	0.00405	0.00060	0.00345	0.00046	0.00002	0.00044	0.00359	0.00058	0.00301
1999—2000	0.01275	0.00023	0.01251	0.00192	-0.00092	0.00285	0.01082	0.00116	0.00966
2000—2001	0.00517	0.00065	0.00452	0.00044	0.00007	0.00037	0.00473	0.00059	0.00414
2001—2002	0.00172	0.00024	0.00148	0.00040	-0.00019	0.00059	0.00133	0.00044	0.00089
2002—2003	0.00264	0.00106	0.00159	0.00063	0.00006	0.00057	0.00201	0.00100	0.00102
2003—2004	0.01264	0.00088	0.01176	0.00258	0.00016	0.00242	0.01006	0.00072	0.00934
1996—2004	0.04624	0.00511	0.04112	0.00760	-0.00063	0.00823	0.03864	0.00575	0.03289
2004—2005	-0.01283	-0.00027	-0.01256	-0.00273	-0.00004	-0.00269	-0.01009	-0.00023	-0.00987
2005—2006	-0.00047	0.00046	-0.00092	-0.00006	-0.00005	-0.00001	-0.00040	0.00051	-0.00091
2006—2007	0.00344	0.00050	0.00293	0.00096	-0.00033	0.00130	0.00247	0.00084	0.00164
2007—2008	0.00734	0.00018	0.00715	0.00049	0.00011	0.00038	0.00684	0.00007	0.00677
2008—2009	-0.01582	-0.00004	-0.01577	-0.00294	-0.00003	-0.00291	-0.01287	-0.00002	-0.01286
2009—2010	-0.00778	0.00052	-0.00831	-0.00098	-0.00011	-0.00087	-0.00680	0.00063	-0.00743
2010—2011	0.01054	0.00041	0.01013	0.00122	0.00007	0.00116	0.00932	0.00034	0.00898
2004—2011	-0.01558	0.00176	-0.01734	-0.00403	-0.00038	-0.00366	-0.01155	0.00214	-0.01369
1996—2011	0.03066	0.00688	0.02378	0.00356	-0.00101	0.00457	0.02710	0.00789	0.01921

资料来源：根据《中国统计年鉴》《中国科技统计年鉴》及《中国劳动统计年鉴》整理获得。

表 6-2　　　　1996—2011 年行业间效应、行业内效应对
　　　　　　　熟练劳动力工资份额变动的贡献率　　　　单位:%

年份	全部行业		全部行业		低技术部门		高技术部门	
	行业间	行业内	低技术部门	高技术部门	行业间	行业内	行业间	行业内
1996—2004	11.06	88.94	16.43	83.57	-7.15	92.85	14.88	85.12
2004—2011	9.23	-90.77	-25.89	-74.11	9.35	90.65	13.52	-86.48
1996—2011	22.43	77.57	11.62	88.38	-18.11	81.89	29.11	70.89

资料来源：根据《中国统计年鉴》《中国科技统计年鉴》及《中国劳动统计年鉴》整理获得。

练劳动力工资份额的累计净增加，行业间效应为 0.789%，行业内效应为 1.921%，分别贡献 29.11%、70.89%。低技术部门熟练劳动力工资份额的变化规律也是 1996—2004 年上升、2004—2011 年下降，而且其变化同样主要由行业内效应引起。不同的是，两个阶段低技术部门的累计行业间效应一直为负。1996—2011 年，低技术部门的行业间效应为 -0.101%，其对低技术部门熟练劳动力工资份额的变化贡献率为 -18.11%。这表明，低技术部门的行业间效应在一定程度上降低了熟练劳动力的工资份额，有利于非熟练劳动力。

总的来说，中国工业部门熟练劳动力工资份额的变化主要呈现以下几个特点：（1）呈阶段性变化。1996—2004 年为迅速提升阶段，同期工资差距也急剧拉大；2004—2011 年出现下降，同期工资差距则开始高位波动。（2）高技术部门是引起熟练劳动力工资份额变化的主因，其贡献率接近 90%，这意味着要调节熟练劳动力与非熟练劳动力之间的工资收入差距，重点需要关注高技术部门。（3）行业间效应与行业内效应同时提高了熟练劳动力的工资份额，但行业内效应要大于行业间效应，相应的贡献率分别为 77.57% 和 22.43%。根据伯纳德和詹森（1997）的观点，行业间效应主要与产品需求变化有关，行业内效应则主要与行业内技术进步的偏向性相关，因此，该分解结果说明中国熟练劳动力相对需求、相对工资及工资收入份额的提高，一方

面是由于我国工业部门产出结构的调整偏向熟练劳动力工资收入高的部门，即高技术部门相对低技术部门生产规模扩张更多，另一方面更是由于各行业内部发生了偏向高技能劳动力的技术进步。

三 熟练劳动力工资收入份额与国际产品内分工水平行业分布变化

根据本书第三章第二节第二部分内容，用修订后的垂直专业化指标即基于 BEC 法的垂直专业化指数衡量中国工业部门各行业参与国际产品内分工的程度。然后以各行业的垂直专业化指数为横坐标，以各行业熟练劳动力工资收入份额为纵坐标作图，考察中国工业各行业参与国际产品内分工的程度及其熟练劳动力工资份额的分布变化（见图 6-3 和图 6-4）。

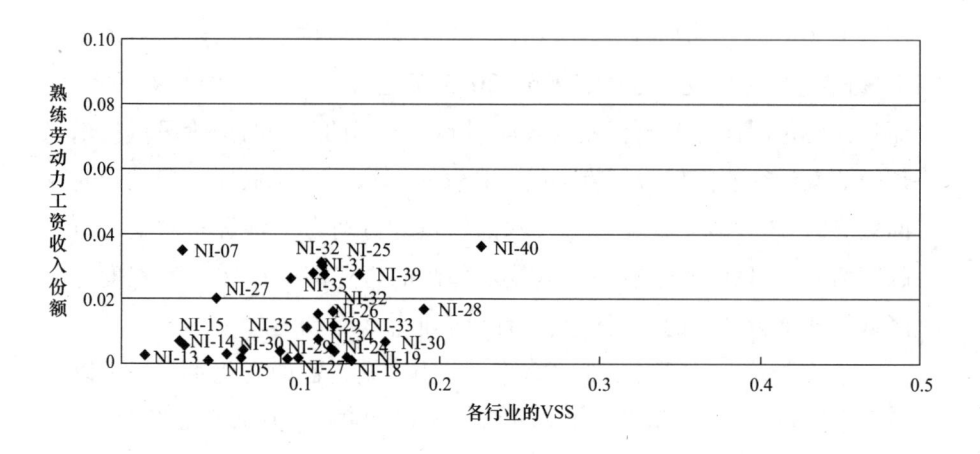

图 6-3　1996 年各行业的分布

图 6-3 显示，1996 年，中国各行业参与国际产品内分工的程度还较低，同时熟练劳动力的工资份额也很低，因此，各行业的散点基本分布在左下角。相对而言，只有通信设备、计算机及其他电子设备制造业（NI-40）的国际产品内分工程度及熟练劳动力工资份额均相对较高，坐标位置相对偏右上角。到 2011 年（见图 6-4），各行业的散点分布明显扩散，位于右上角的行业开始增多，即随着各行业国际产品内分工程度的加深，熟练劳动力与非熟练劳动力间的收入差距

呈同步扩大趋势，熟练劳动力的工资份额明显提高。具体从行业变化来看，1996—2011年，VSS指数上升幅度最大的前十大行业与熟练劳动力工资份额提高幅度最大的前十大行业具有极强的重合度，多数为中高或高技术部门，如仪器仪表及文化、办公用机械制造业（NI-41），通信设备、计算机及其他电子设备制造业（NI-40），有色金属冶炼及压延加工业（NI-33），化学原料及化学制品制造业（NI-26），通用设备制造业（NI-35），电气机械及器材制造业（NI-39），化学纤维制造业（NI-28）等。

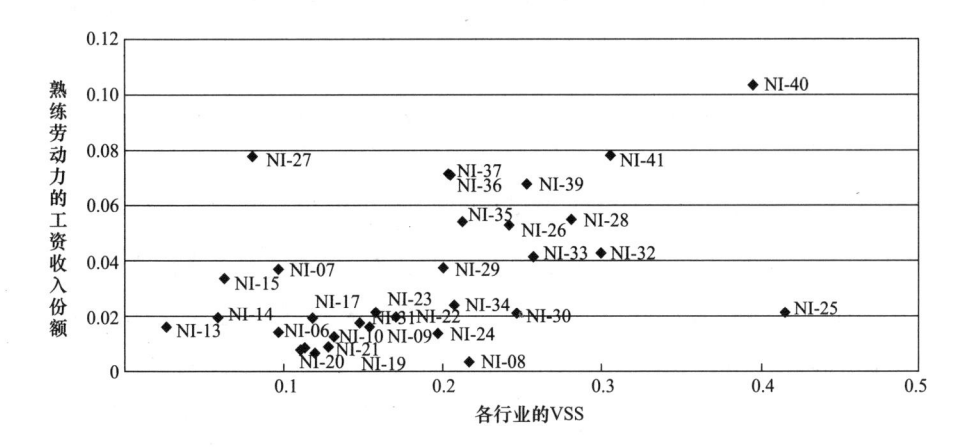

图6-4 2011年各行业的分布

第二节 实证模型构建、计量方法及数据说明

一 实证模型构建及变量影响预期

本书采用经验分析文献中最常用的根据菲恩斯特拉和汉森（2003）短期成本函数法建立的熟练劳动力工资份额回归式作为基本模型，该模型是研究熟练劳动力与非熟练劳动力之间收入差距、工资不平等的基准（喻美辞和熊启泉，2012）。

假设 i 产品部门的生产需要投入资本 K_i、熟练劳动力 H_i、非熟练劳动力 L_i。生产函数为：$Y_i = G_i(L_i, H_i, K_i, Z_i)$，其中，$Z_i$ 代表影响产出的外生结构性变量，如计算机的使用、资本设备投资等技术进步因素、国际贸易、商品价格等。在短期中资本存量不变，企业通过不同劳动力组合使成本最小化。用 w_L、w_H 分别代表非熟练劳动力、熟练劳动力工资，则成本函数为：

$$C_i(w_L, w_H, K_i, Y_i, Z_i) = \min_{L_i, H_i}(w_L L_i + w_H H_i)$$
$$\text{s.t. } Y_i = G_i(L_i, H_i, K_i, Z_i) \tag{6-3}$$

对这个成本函数进行对数型的泰勒近似二次展开，获得线性超对数成本函数：

$$\ln C_i = \alpha_0^i + \sum_{n=1}^{M} \alpha_n^i \ln w_n + \sum_{j=1}^{J} \beta_j^i \ln X_j + \frac{1}{2}\sum_{n=1}^{M}\sum_{l=1}^{M}\gamma_{nl}^i \ln w_n \ln w_l +$$
$$\frac{1}{2}\sum_{j=1}^{J}\sum_{q=1}^{J}\delta_{jq}^i \ln X_j \ln X_q + \sum_{n=1}^{M}\sum_{j=1}^{J}\varphi_{nj}^i \ln w_n \ln X_j \tag{6-4}$$

式中，$w_n \equiv (w_L, w_H)$ 和 $X_j \equiv (K_i, Y_i, Z_i)$，$M$ 是劳动力成本最小化抉择时选择的最优劳动力投入数目①，J 是模型中前定变量（如资本投入、产出和外生结构性变量等）的个数。

式（6-4）对 $\ln w_n$ 求一阶偏导，另设 i 产品部门劳动力要素 n 的成本份额为 S_{in}，满足 $S_{in} \equiv \dfrac{\partial \ln C_i}{\partial \ln w_n} = \dfrac{w_n L_{in}}{C_i}$，其中，$L_{in}$ 为 i 产品部门选择的劳动力要素 n 的最优投入量，则可得到以下等式：

$$S_{in} = \alpha_n^i + \sum_{l=1}^{M} \gamma_{nl}^i \ln w_l + \sum_{j=1}^{J} \beta_j^i \ln X_j \tag{6-5}$$

实际上，式（6-5）包括熟练劳动力和非熟练劳动力的成本份额函数，但在多数经验分析文献中常常采用熟练劳动力的工资份额，通过考察其受工资、资本投入、产出及其他结构性变量影响的情况，来推知工资差距、收入差距或就业结构等所受的作用。式（6-5）中的第二项是不同产品部门支付给不同类型劳动力的工资，其差别一般被

---

① 此处仅两类（M=2），分别为熟练劳动力 H 和非熟练劳动力 L。也可以把劳动力分为多类，如低、中、高学历等，此时 M 可能有多种情况。

认为是由于各行业所雇用劳动力的质量不同引起的,高工资行业通常对高素质劳动力支付较高的工资,这不足以解释熟练劳动力与非熟练劳动力间的工资收入差距。因此,在运用面板数据对行业的熟练劳动力工资收入份额进行估计时,可以将该项包含在常数项或截面固定效应中(喻美辞和熊启泉,2012;许赋,2008)。

我国的劳动力市场随时间变化具有波动性趋势,且前期的就业积累、工资水平往往会对当期变量产生某种程度的影响,因此,解释变量中加入熟练劳动力工资份额的滞后变量以避免因遗漏重要变量而导致的估计结果偏误。根据式(6-5),首先构建中国工业各行业的熟练劳动力工资份额动态模型1:

$$SH_{it} = \alpha_0 + \alpha_1 SH_{it-1} + \alpha_2 \ln K_{it} + \alpha_3 \ln Y_{it} + \alpha_4 \ln RD_{it} + \beta_0 VSS_{it} + \mu_i + \varepsilon_{it}$$
(6-6)

式中,SH_{it}是i行业第t年熟练劳动力的工资份额;SH_{it-1}表示前期熟练劳动力的工资份额;K_{it}是资本投入产出比;Y_{it}是行业i在t期的总产出;RD_{it}代表行业研发投入水平;VSS_{it}表示i行业第t年参与国际产品内分工的程度;μ_i为不可观测的、与时间无关的行业效应;ε_{it}为随行业与时间而改变的随机扰动项。

根据所负责的生产工序技术密集度的不同,各行业参与国际产品内分工的模式又可进一步分为低端型国际产品内分工与高端型国际产品内分工,这两种模式会对熟练劳动力工资份额产生不同的影响,因此,构建动态模型2:

$$SH_{it} = \alpha_0 + \alpha_1 SH_{it-1} + \alpha_2 \ln K_{it} + \alpha_3 \ln Y_{it} + \alpha_4 \ln RD_{it} + \beta_1 VSSL_{it} + \beta_2 VSSH_{it} + \mu_i + \varepsilon_{it}$$
(6-7)

式中,$VSSL_{it}$、$VSSH_{it}$分别代表行业i在t期参与低端型国际产品内分工、高端型国际产品分工的程度。

除了直接作用效应,国际产品内分工还可能使产品(包括中间产品)相对价格发生变化,从而影响各要素的相对价格,也可能通过技术创新、技术扩散、技术溢出产生有偏型技术进步使熟练劳动力需求及其工资所占成本比重上升,即国际产品内分工对收入分配的作用可能还包括一些间接作用效应。为此,构建模型3、模型4,依次比较各行业参与低端型国际产品内分工、高端型国际产品分工这两种不同模式与行业出口价格指数及出口产品复杂度的联合效应[①]：

$$SH_{it} = \alpha_0 + \alpha_1 SH_{it-1} + \alpha_2 \ln K_{it} + \alpha_3 \ln Y_{it} + \alpha_4 \ln RD_{it} + \beta_1 VSSL_{it} + \beta_2 VSSH_{it} + \delta_0 P_{it} + \delta_1 VSSL_{it} \times P_{it} + \delta_2 VSSH_{it} \times P_{it} + \mu_i + \varepsilon_{it} \quad (6-8)$$

$$SH_{it} = \alpha_0 + \alpha_1 SH_{it-1} + \alpha_2 \ln K_{it} + \alpha_3 \ln Y_{it} + \alpha_4 \ln RD_{it} + \beta_1 VSSL_{it} + \beta_2 VSSH_{it} + \rho_0 ETSI_{it} + \rho_1 VSSL_{it} \times ETSI_{it} + \rho_2 VSSH_{it} \times ETSI_{it} + \mu_i + \varepsilon_{it} \quad (6-9)$$

式中，P_{it} 为 i 行业的出口价格指数，反映了该行业 t 期出口的各类产品价格与该类产品世界平均出口价格的差异；$ETSI_{it}$ 为 i 行业的出口复杂度指数，代表该行业的技术进步。通过引入这些变量与 $VSSL$、$VSSH$ 的交互项，考察国际产品内分工是否会通过这些变量联合影响熟练劳动力的工资份额。

上述模型中系数 β_0、β_1、β_2 刻画了国际产品内分工对熟练劳动力工资份额的影响作用。根据第五章的理论分析，国际产品内分工对熟练劳动力相对需求及工资的直接影响由要素需求创造效应、要素替代效应共同决定，低、高端型国际产品内分工模式在低、高技术部门将产生不同的组合效应，使系数 β_0、β_1、β_2 存在多种可能。

其他系数 α_1 反映了前期熟练劳动力工资份额对当期的影响，由于劳动力市场存在滞后性，因此预计其为正；α_2 反映了物质资本与劳动力技能之间的关系，若两者互补则为正，反之则为负；α_3 反映了生产规模扩张对熟练劳动力工资收入的影响，由于生产规模扩张时将同时增加对所有要素的需求，因此 α_3 很难确定，具体取决于行业的要素密集度；α_4 反映了研发投入增加对熟练劳动力工资收入的影响，研发投入与熟练劳动力常常相辅相成，因此预计其为正；各 δ 系数反映了行业出口价格变动及其与国际产品内分工联合对熟练劳动力工资份额的影响，由于该出口价格指数包含低技术产品出口与高技术出口，因此其符号为不确定；各 ρ 系数则反映了行业出口产品复杂度及其与

[①] 周申（2006）用交互项考察了贸易自由化对中国工业劳动需求弹性的影响；鲁晓东（2008）用交互项考察了要素禀赋和对外贸易对收入分配的综合影响；盛斌和牛蕊（2009）考虑到外包会伴随着 FDI 形式而发生，因此也用交互项考察外包与 FDI 的联合影响。

国际产品内分工联动对熟练劳动力的影响，国际产品内分工引致的技术进步可能偏向熟练劳动力，也可能偏向非熟练劳动力，因此其变化也为不确定。

二 计量方法

式（6-6）至式（6-9）为动态面板数据模型，在动态面板数据模型中，由于被解释变量的动态滞后项作为解释变量从而导致解释变量与随机扰动项的非观测个体效应相关，产生估计的内生性问题。本书构建的回归模型显然违反了解释变量严格外生的假定，因此，若用标准的混合最小二乘法（Ordinary Least Square，OLS）、固定效应（Fixed Effects，FE）或随机效应（Random Effects，RE）估计方法对动态面板数据进行估计将导致参数估计的偏误和非一致性。Arellano和Bond（1991）、Arellano和Bover（1995）、Blundell和Bond（1998）等基于汉森（1982）提出的广义矩估计法（Generalized Method of Moments，GMM）构建了动态面板数据模型一致估计量。广义矩GMM包括差分广义矩估计法（DIF—GMM）和系统广义矩方法（SYS—GMM），其中，DIF—GMM估计量较易受弱工具变量的影响而产生向下的大的有限样本偏差（Blundell and Bond，1998）。而SYS—GMM估计量同时包含差分方程和水平方程，此外，还增加了一组滞后的差分变量作为水平方程相应变量的工具变量，因此，对于时间跨度相对于截面数据较少，即"small - T，large - N"的动态面板数据模型，一般认为，SYS—GMM估计量比DIF—GMM具有更好的有限样本性质（方红生和张军，2009；谢攀和李静，2010）。本章的样本为32个行业、16年的面板数据，故采用SYS—GMM估计法。GMM又可以分为一步GMM和两步GMM，但学者一般倾向于使用一步GMM，因为两步GMM估计的权重矩阵严重依赖于估计参数（陈仲常和马红旗，2010）。因此，本章的计量方法采用一步SYS—GMM估计法。

在具体操作过程中，首先将用汉森过度识别约束检验工具变量的有效性，用Arellano - Bond检验差分方程的残差是否存在二阶序列相关；其次考虑到SYS—GMM结果对估计过程中的具体设置较为敏感，对于SYS—GMM估计是否有效，将遵循邦德（2002）的检验方法，要求滞后项的 GMM 估计值处于混合 OLS 估计值和 FE 估计值之间。这是因为，用混合 OLS 估计法获得的滞后项系数通常会向上偏误，而在时间跨度较短的面板数据中，采用 FE 估计法获得的滞后项系数则会向下偏误。此外，还应尽可能地满足一个拇指规则，即工具变量数不超过截面数，不过，由于本书时间跨度稍长，因此，将对该拇指规则适当放松。

三　数据说明

中国工业部门的工资差距主要从 20 世纪 90 年代中期以后急剧扩大，且最近年份的完整中国投入产出表为 2007 年。此外，2013 年《中国统计年鉴》中工业部门的行业分类有所调整，故本书的考察期定为 1996—2011 年。因烟草制品业的中间产品进口额、出口额非常低，因此，同盛斌和马涛（2008）一样，将其剔除，使面板数据的截面共为 32 个，其中 16 个为低技术行业，16 个为高技术行业。

各变量的数据选取方法如下：

（1）熟练劳动力的工资份额（SH）。熟练劳动力的工资份额为各行业科技活动人员的劳务费与该行业总工资报酬支出之比，分母行业总工资报酬由行业从业人员数与平均工资水平相乘获得，其中，科技活动人员的劳务费数据来自《中国科技统计年鉴》，分行业从业人数和平均工资分别来源于《中国统计年鉴》和《中国劳动统计年鉴》。

（2）国际产品内分工总参与度 VSS、低端型国际产品内分工参与度 VSSL、高端型国际产品内分工参与度 VSSH。本书用 BEC 法垂直专业化指数来衡量中国各行业参与国际产品内分工的程度，具体计算方法及相关数据参见第三章和第四章。

（3）产出（Y）、资本投入产出比（K）。本书用各行业年工业增加值表示总产出，单位为兆元，以固定资产净值年平均余额表示资本投入，因此，变量 K 为固定资产净值与增加值之比。对工业增加值、固定资产净值分别用工业品出厂价格指数、固定资产投资价格指数进行了平减，以 1996 年为基期，数据来源于《中国统计年鉴》。

（4）研发投入水平（RD）。本书用各行业的科技活动经费内部支出占行业工业总产值的比重代表行业研发投入水平，科技活动经费内部支出、工业总产值数据分别来自《中国科技统计年鉴》和《中国统计年鉴》。

（5）出口复杂度（ETSI）。本书用各行业的出口复杂度表示行业的技术进步及出口产品的结构升级，其计算公式如下：

$$ETSI_{it} = \sum_{j \in i} \frac{X_{ijt}}{\sum_{j \in i} X_{ijt}} PRODY_j \qquad (6-10)$$

式中，X_{ijt}为中国i行业j类产品在t期的出口额，数据统计方法可参见第三章第三节第二部分有关内容；$PRODY_j$为第四章中根据式（4-1）计算获得的HS（1996）六位码j类产品的技术复杂度。此外，将$ETSI$变量的计量单位调整为了10万美元。

（6）出口价格指数（P）。本书先测算出t期美国、英国、德国、法国、意大利、日本、加拿大、韩国、墨西哥、印度及中国11个代表性国家j类商品的出口单位价格，单位价格通过j类商品的出口金额除以出口数量得到；然后以各国j类商品占该商品11国总出口额的份额为权重获得j类商品t期的加权平均世界出口价格；接着计算t期中国j类商品的出口单位价格与同期j类商品的加权平均世界出口价格之比，得到中国t期j类商品的相对出口价格指数；最后用类似各行业ETSI的计算方法，以t期j类商品出口占其所属行业i总出口的占比为权重，累加i行业所包含的各类商品的中国相对出口价格指数，获得i行业t期的出口价格指数P。

各变量的统计性描述特征参见表6-3。

表6-3　　　　　　　　各变量的统计描述特征

变量	样本数	平均值	标准差	最小值	最大值
SH	512	0.0311	0.0282	0.0012	0.1602
lnK	512	0.1363	0.4747	-0.9163	1.4194
lnY	512	-2.2942	1.1549	-5.1786	0.0348
lnRD	512	-5.2082	0.8464	-8.0391	-3.7561
VSS	512	0.1441	0.0791	0.0121	0.4829
VSSL	512	0.0827	0.0585	0.0065	0.4034

续表

变量	样本数	平均值	标准差	最小值	最大值
VSSH	512	0.0615	0.0529	0.0055	0.3812
P	512	0.7213	0.5558	0.0674	6.0523
ETSI	512	0.1647	0.0411	0.0682	0.2703

第三节 计量结果分析

一 对熟练劳动力工资份额的直接作用效应

（一）总样本效应

表 6-4 为三种方法对式（6-6）的估计结果，（1）—（3）列显示：①汉森检验不能拒绝工具变量有效的原假设；②AR（2）检验不能拒绝一阶差分方程的随机误差项不存在二阶序列相关的原假设；③滞后项 L.SH（SH_{it-1}）的 SYS—GMM 估计值介于第（1）列 OLS 估计值和第（2）列 FE 估计值之间；④相对于截面数（32）工具变量数（39）并没有过大。说明第（3）列 SYS-GMM 估计的结果是稳健可靠的，下面将根据列（3）的结果进行分析。

表 6-4　国际产品内分工对熟练劳动力工资份额估计：全部样本

估计方法	（1）OLS	（2）FE	（3）SYS—GMM
L.SH	0.732*** （12.59）	0.452*** （7.06）	0.541*** （6.41）
lnY	-0.001 （-0.85）	-0.003** （-2.05）	-0.002 （-1.21）
lnK	-0.002* （-1.97）	-0.007** （-2.41）	-0.007** （-2.53）
lnRD	0.008*** （5.57）	0.010*** （5.32）	0.016*** （3.96）
VSS	0.032*** （2.96）	0.080*** （4.11）	0.049** （2.64）
常数项	0.045*** （5.26）	0.054*** （4.87）	0.091*** （3.78）
AR（1）			0.001
AR（2）			0.881

续表

估计方法	(1) OLS	(2) FE	(3) SYS—GMM
汉森检验			0.714
样本数	480	480	480
工具变量数			39
Prob > F	0.000	0.000	0.000

注：①括号中是 t 统计量；＊＊＊、＊＊和＊分别表示1%、5%、10%的显著性水平。②为使工具变量数相对于截面数不过大及考虑工具变量的有效性，设 L.SH、lnY、lnRD 为内生变量，其余均为外生变量。对内生变量使用了滞后二期并用了 collapse 及 eq（1）。

VSS 的系数为正且通过了5%的显著性水平检验，说明总体上我国工业部门参与国际产品内分工显著提高了熟练劳动力的工资份额，因此会扩大工资差距及收入不平等。其他解释变量 L.SH 系数显著为正，与预期相符，说明熟练劳动力的工资份额会受到前期的影响，存在着需求惯性；lnY 的系数为负且多数情况下不显著，lnK 的系数也为负但显著，说明物质资本投入与熟练劳动力并没实现互补，这两个变量的计量结果表明，随着中国工业部门产出规模的扩张及资本投入的增加，并没有促进熟练劳动力工资份额的增加，这可能与中国粗放型经济增长方式有关；lnRD 的系数为正且通过显著性检验，表明研发投入与熟练劳动力具有确定的互补关系，研发投入产生了技能偏向性技术进步，从而对熟练劳动力的工资份额具有显著正效应。上述变量的影响作用也与喻美辞和熊启泉（2012）的计量结果基本一致，后面不再赘述。

表6-5为三种方法对式（6-7）的估计结果，同理，我们认为，表6-5中第（3）列的估计结果是稳健且可靠的。其中，VSSL 的系数虽然为正，但未通过显著性检验，表明低端型国际产品内分工对熟练劳动力的相对需求及工资收入的影响并不确定。这是由于参与低端型国际产品内分工时，我国主要负责低技术工序的生产，因此将增加对非熟练劳动力的相对需求而对熟练劳动力的相对需求及工资份额产生负影响，即低端型国际产品内分工对熟练劳动力产生了负的要素替

代效应。另外，由于中国工业部门高技术行业对低端型国际产品内分工的参与程度明显大于低技术行业，因此，高技术行业获得额外收益对熟练劳动力的相对需求会增加，即无论低端型产品内分工还是高端型产品内分工都将获得正的熟练劳动力需求创造效应。负的要素替代效应与正的要素需求创造效应最终使 VSSL 对熟练劳动力的净效应无法确定。VSSH 的系数为正且通过了 1% 的显著性水平检验，表明其增加了熟练劳动力的工资份额，这是由于高端型国际产品内分工对熟练劳动力产生了正的要素替代效应与正的要素需求创造效应，两种正向效应最终使 VSSH 的净效应为显著正影响。VSSL、VSSH 的净效应也可从表 6 - 7 中第（3）列的估计结果中推断获得，详见后续分析。

表6-5 不同国际产品内分工模式对熟练劳动力工资份额估计：全部样本

估计方法	（1）OLS	（2）FE	（3）SYS—GMM
L. SH	0.723*** (13.5)	0.439*** (6.99)	0.552*** (7.01)
lnY	-0.000 (-0.27)	-0.003* (-1.71)	-0.002 (-1.46)
lnK	-0.002 (-1.30)	-0.007** (-2.21)	-0.006** (-2.70)
lnRD	0.008*** (4.85)	0.010*** (5.41)	0.016*** (4.15)
VSSL	0.040* (2.02)	0.075*** (3.40)	0.028 (0.80)
VSSH	0.018 (1.12)	0.061*** (3.95)	0.058*** (3.17)
常数项	0.044*** (4.87)	0.055*** (5.17)	0.090*** (3.92)
AR（1）			0.002
AR（2）			0.775
汉森检验			0.636
样本数	480	480	480
工具变量数			40
Prob > F	0.000	0.000	0.000

注：①括号中是 t 统计量；***、**和*分别表示 1%、5%、10% 的显著性水平。②为使工具变量数相对于截面数不过大及考虑工具变量的有效性，设 L. SH、lnY、lnRD 为内生变量，其余均为外生变量。对内生变量使用了滞后二期并用了 collapse 及 eq (1)。

(二) 行业分类效应

为了对国际产品内分工影响熟练劳动力工资份额的直接作用机制有更清晰的认识，接着根据行业的技术密集度分低技术部门和高技术部门两大类部门考察国际产品内分工的收入分配效应。考虑到动态面板数据处理技术要求时间跨度小于截面数，因此，遵循安德森和尼尔森（2007）、方红生和张军（2009）、谢攀和李静（2010）等的处理方法，本书没有用行业分类数据分别估计式（6-7）而是采用虚拟变量法一并估计两大类行业的反应函数。引入两个行业虚拟变量，以DL代表低技术部门，以DH代表高技术部门，并采用将行业虚拟变量与VSS、VSSL、VSSH相乘的形式，来观察国际产品内分工和行业技术差异对熟练劳动力工资份额的联合影响。估计结果如表6-6和表6-7所示。类似地，汉森检验、AR（2）检验、滞后项 L.SH 的 SYS—GMM 估计值及工具变量数等检验方法同样表明表6-6和表6-7第（3）列的估计结果是稳健且可靠的。

表6-6　国际产品内分工对熟练劳动力工资份额估计1：行业分类考察

估计方法	(1) OLS	(2) FE	(3) SYS—GMM
L.SH	0.722*** (11.6)	0.444*** (6.54)	0.564*** (7.93)
lnY	-0.001 (-1.20)	-0.003* (-1.88)	-0.002 (-1.62)
lnK	-0.003** (-2.54)	-0.007** (-2.35)	-0.007*** (-2.87)
lnRD	0.008*** (5.50)	0.010*** (5.21)	0.015*** (3.99)
VSS×DL	0.015 (0.81)	0.051 (2.02)	0.044 (1.35)
VSS×DH	0.031*** (2.91)	0.083*** (3.74)	0.049** (2.71)
常数项	0.045*** (5.29)	0.056*** (4.79)	0.083*** (4.01)
AR（1）			0.003
AR（2）			0.881
汉森检验			0.738
样本数	480	480	480
工具变量数			40
Prob > F	0.000	0.000	0.000

注：①括号中是 t 统计量；***、**和*分别表示1%、5%、10%的显著性水平。②为使工具变量数相对于截面数不过大及考虑工具变量的有效性，设 L.SH、lnY、lnRD 为内生变量，其余均为外生变量。对内生变量使用了滞后二期并用了 collapse 及 eq (1)。

表6-7　不同国际产品内分工模式对熟练劳动力工资份额估计2：行业分类考察

估计方法	(1) OLS	(2) FE	(3) SYS—GMM
L.SH	0.709*** (12.2)	0.431*** (6.61)	0.593*** (9.65)
lnY	-0.001 (-0.89)	-0.004** (-2.40)	-0.003*** (-3.12)
lnK	-0.002 (-1.47)	-0.009*** (-2.98)	-0.006*** (-3.15)
lnRD	0.008*** (4.94)	0.011*** (5.52)	0.015*** (4.54)
VSSL×DL	-0.026 (-1.51)	-0.075** (-2.22)	-0.068* (-1.87)
VSSL×DH	0.043** (2.05)	0.105*** (4.25)	0.031 (0.93)
VSSH×DL	0.062** (2.50)	0.106*** (3.97)	0.149*** (3.27)
VSSH×DH	0.014 (0.87)	0.062*** (3.81)	0.051** (2.49)
常数项	0.045*** (5.08)	0.055*** (4.45)	0.081*** (4.40)
AR(1)			0.003
AR(2)			0.751
汉森检验			0.888
样本数	480	480	480
工具变量数			42
Prob>F	0.000	0.000	0.000

注：①括号中是 t 统计量；***、** 和 * 分别表示1%、5%、10%的显著性水平。②为使工具变量数相对于截面数不过大及考虑工具变量的有效性，设 L.SH、lnY、lnRD 为内生变量，其余均为外生变量。对内生变量使用了滞后二期并用了 collapse 及 eq (1)。

表6-6中第（3）列显示，VSS×DL产生了正效应但未通过显著性检验，而VSS×DH系数为正且通过了5%的显著性水平检验，表明国际产品内分工显著提高了高技术部门熟练劳动力的相对工资收入，但对低技术部门无显著影响。这一作用结果是由于不同国际产品内分工模式在不同技术部门产生了不同的作用效应。

根据表6-7中第（3）列：低技术部门参与低端型国际产品内分工（VSSL×DL）时负的熟练劳动力需求创造效应与负的要素替代效应叠加产生了显著的负净效应；低技术部门参与高端型国际产品内分工（VSSH×DL）时负的熟练劳动力需求创造效应与正的要素替代效应叠加最终产生了显著的正净效应，且该系数明显较大于其他系数，这可能是由于低技术部门已逐步从低端型国际产品内分工为主转变为以高端型国际产品内分工为主,使正效应远高于负效应;高技术部门进行低端型国际产品内分工(VSSL×DH)的效应为正但未通过显著性检验,表明此时正的熟练劳动力需求创造效应与负的替代效应不分上下,因此净效应存在多种可能;高技术部门参与高端型国际产品内分工(VSSH×DH)的效应显著为正。

上述结果分别验证了第五章中的命题 5-1 和命题 5-2,也与表 5-1 的理论分析预期基本一致,说明不同国际产品内分工模式确实会对不同技术密集度部门的要素相对需求及相对价格产生不一样的影响,使国际产品内分工的收入分配净效应存在多种可能。

同时可以发现,分类效应与综合效应比较吻合。视角一:按分工模式综合。VSSL×DL(-0.068^*)与 VSSL×DH(0.031)的效应叠加使低端型国际产品内分工对我国熟练劳动力工资份额的净效应不确定(0.028);VSSH×DL(0.149^{***})与 VSSH×DH(0.081^{***})的效应叠加使高端型国际产品内分工的净效应显著为正(0.058^{***});这与表 6-5 第(3)列的估计结果相符。视角二:按行业综合。VSSL×DL(-0.068^*)与 VSSH×DL(0.149^{***})的效应叠加使国际产品内分工对低技术部门的熟练劳动力工资份额影响不确定(0.044);VSSL×DH(0.031)与 VSSH×DH(0.081^{***})的效应叠加使国际产品内分工对高技术部门的熟练劳动力工资份额影响显著为正(0.049^{**});这又与表6-6 第(3)列的估计结果相符。

总之,国际产品内分工对中国工业部门熟练劳动力的工资份额产生了显著的正向直接作用,扩大了两类技能劳动力间的工资收入差距。其中,按产品内分工模式分,低端型产品内分工的作用不确定,高端型产品内分工的直接效应显著为正;按行业分,对低技术部门的影响不显著,但明显提高了高技术部门熟练劳动力的工资份额。

二 对熟练劳动力工资份额的间接作用效应

除了考察国际产品内分工对熟练劳动力工资份额的直接作用效应,还有必要进一步分析国际产品内分工的间接效应。根据理论分析,本书引入了两个变量,分别为行业的出口价格指数(P)及出口复杂度（ETSI），通过设置其与 VSSL、VSSH 的交互项，考察这些变量与不同国际产品内分工模式的联合效应，详见模型3、模型4。为了避免出现高度共线性，对交互项进行了中心化处理，计量结果见表6-8、表6-9和表6-10。同理，汉森检验、AR（2）检验、滞后项 L.SH 的 SYS-GMM 估计值及工具变量数等检验方法表明，表6-8、表6-9和表6-10中第（3）列的估计结果是稳健且可靠的。

表6-8　不同国际产品内分工模式与出口价格的交互效应估计

估计方法	（1）OLS	（2）FE	（3）SYS—GMM
L.SH	0.701*** （14.0）	0.419*** （6.08）	0.562*** （7.31）
lnY	-0.000 （-0.22）	-0.002 （-1.40）	-0.002 （-1.41）
lnK	-0.002 （-1.37）	-0.005* （-2.01）	-0.007** （-2.73）
lnRD	0.008*** （5.54）	0.010*** （5.38）	0.016*** （4.25）
VSSL	0.023 （1.51）	0.075*** （4.40）	0.005 （0.15）
VSSH	0.016 （1.23）	0.058*** （3.73）	0.055** （2.59）
P	0.001 （0.46）	-0.003** （-2.28）	-0.001 （-0.57）
VSSL×P	-0.138** （-2.49）	-0.121* （-2.01）	-0.147* （-1.87）
VSSH×P	0.025 （0.85）	-0.009 （-0.48）	0.001 （0.02）
常数项	0.050*** （5.42）	0.059*** （5.09）	0.092*** （3.92）
AR（1）			0.001
AR（2）			0.957
汉森检验			0.888
样本数	480	480	480
工具变量数			43
Prob > F	0.000	0.000	0.000

注：①括号中是 t 统计量；***、**和*分别表示1%、5%、10%的显著性水平。②为使工具变量数相对于截面数不过大及考虑工具变量的有效性，设 L.SH、lnY、lnRD 为内生变量，其余均为外生变量。对内生变量使用了滞后二期并用了 collapse 及 eq (1)。

（一）不同国际产品内分工模式与行业出口价格指数的交互效应

观察出口价格指数与不同国际产品内分工模式变量的交互项，表6-8中第（3）列数据显示，仅 VSSL×P 的系数估计值通过了10%

表6-9 不同国际产品内分工模式与出口复杂度的交互效应估计

估计方法	(1) OLS	(2) FE	(3) SYS—GMM
L.SH	0.700*** (14.6)	0.451*** (6.86)	0.549*** (7.82)
lnY	-0.000 (-0.36)	-0.005*** (-2.79)	-0.002 (-1.64)
lnK	-0.001 (-1.31)	-0.009*** (-3.37)	-0.006*** (-3.33)
lnRD	0.009*** (6.36)	0.011*** (5.80)	0.018*** (4.41)
VSSL	0.016 (0.88)	0.032 (1.57)	-0.011 (-0.40)
VSSH	0.030*** (2.84)	0.084*** (4.45)	0.074*** (5.55)
ETSI	-0.004 (-0.21)	0.024 (1.05)	-0.041 (-0.97)
VSSL×ETSI	1.12*** (3.12)	1.696*** (6.55)	1.866*** (3.13)
VSSH×ETSI	-0.683** (-2.69)	-0.404 (-1.29)	-0.680 (-1.50)
常数项	0.052*** (5.62)	0.050*** (4.46)	0.108*** (3.56)
AR(1)			0.003
AR(2)			0.993
汉森检验			0.883
样本数	480	480	480
工具变量数			43
Prob>F	0.000	0.000	0.000

注：①括号中是 t 统计量；***、**和*分别表示1%、5%、10%的显著性水平。②为使工具变量数相对于截面数不过大及考虑工具变量的有效性，设 L.SH、lnY、lnRD 为内生变量，其余均为外生变量。对内生变量使用了滞后二期并用了 collapse 及 eq(1)。

的显著性水平检验，为 -0.147，表明 VSSL×P 的联动作用对熟练劳动力的工资份额产生了显著的负影响。产生这一效应可能是由于低端型国际产品内分工模式下，相对于低技术行业，高技术行业的生产与出口增加，结果使其出口价格下滑，从而对熟练劳动力的相对工资产生了不利影响。

(二) 不同国际产品内分工模式与行业出口复杂度的交互效应

行业出口复杂度反映了行业出口产品的技术含量，其提升代表着产业升级与技术进步。表6-9中第(3)列的数据显示，行业出口复杂度对熟练劳动力的影响依赖于该行业参与国际产品内分工的模式及程度。VSSL×ETSI 的系数为显著正，表明低端型国际产品内分工模式

表6-10　　不同国际产品内分工模式的综合效应估计

估计方法	(1) OLS	(2) FE	(3) SYS—GMM
L.SH	0.688*** (15.1)	0.427*** (6.04)	0.539*** (7.36)
lnY	-0.000 (-0.31)	-0.004*** (-3.12)	-0.002 (-1.28)
lnK	-0.001 (-1.82)	-0.008*** (-3.37)	-0.006*** (-3.22)
lnRD	0.009*** (6.66)	0.011*** (5.81)	0.019*** (4.53)
VSSL	0.005 (0.30)	0.031* (1.89)	-0.027 (-0.91)
VSSH	0.031** (2.61)	0.087*** (5.38)	0.080*** (4.86)
P	-0.001 (-0.58)	-0.005*** (-2.86)	-0.003 (-1.66)
VSSL×P	-0.111* (-1.89)	-0.095 (-1.64)	-0.095 (-1.25)
VSSH×P	-0.014 (-0.65)	-0.056* (-1.82)	-0.050 (-1.35)
ETSI	-0.004 (-0.21)	0.060* (1.91)	-0.047 (-1.07)
VSSL×ETSI	0.851** (2.18)	1.71*** (5.83)	1.729*** (2.81)
VSSH×ETSI	-0.708** (-2.71)	-0.708** (-2.30)	-0.897* (-1.81)
常数项	0.055*** (5.89)	0.048*** (4.50)	0.113*** (3.58)
AR(1)			0.002
AR(2)			0.887
汉森检验			0.919
样本数	480	480	480
工具变量数			46
Prob>F	0.000	0.000	0.000

注：①括号中是 t 统计量；***、**和*分别表示1%、5%、10%的显著性水平。②为使工具变量数相对于截面数不过大及考虑工具变量的有效性，设 L.SH、lnY、lnRD 为内生变量，其余均为外生变量。对内生变量使用了滞后二期并用了 collapse 及 eq (1)。

下，大量高技术中间投入品的进口促进了行业出口复杂度的提升，行业发生了相对偏向熟练劳动力的技术进步，从而显著提高熟练劳动力的工资份额。这与喻美辞和熊启泉（2012）的研究结论"从研发资本存量丰富的发达国家进口中间产品的技术溢出会加剧中国工资不平等"相一致，也验证了第五章第二节有关部分的分析，即国际产品内分工可能会产生有偏的技术进步效应进而间接地作用于收入分配。而 VSSH×ETSI 的系数为负但不显著，高端型国际产品内分工并没有与行业出口复杂度对中国工业部门的熟练劳动力工资份额产生显著联合作用效应，表明目前高端型产品内分工尚没有促使中国企业进行更多的技术创新活动。

表6-10为把低端型国际产品内分工、高端型国际产品内分工及它们与出口价格、出口复杂度的交互项同时列为解释变量时的估计结果。解释变量增加后，出口价格及其与低端型国际产品内分工、高端型国际产品内分工的交互项变量对熟练劳动力工资份额的影响均为不显著，表明与其他影响因素相比，行业出口价格指数这一变量的影响作用不明显。高端型国际产品内分工与行业出口复杂度的交互项系数的显著性略有提高，但仍仅为弱显著。其余各变量的估计结果则基本与前述结果一致。

总之，比较不同国际产品内分工模式对中国工业部门熟练劳动力工资份额的直接效应与间接效应，可发现低端型国际产品内分工主要通过技术溢出这一间接作用机制提高熟练劳动力的工资份额，而高端型国际产品内分工则主要通过要素替代效应这一直接作用机制产生有利于熟练劳动力的影响，显著提高了其工资份额，扩大了熟练劳动力与非熟练劳动力的收入差距。

三 稳健性检验

通过上述分析，我们已知国际产品内分工对中国工业部门熟练劳动力与非熟练劳动力间工资收入差距有显著影响，并考察了其总效应、部门效应、模式效应、直接效应与间接效应。虽然在上述检验过程中通过SYS—GMM方法基本消除了内生性的估计偏差影响，但为了使估计结果更稳健可信，下面将选择不同的解释变量与被解释变量，仍旧采用SYS—GMM方法进行稳健性检验。

（一）对国际产品内分工度量方法的稳健性检验

首先检验国际产品内分工对熟练劳动力工资份额的影响是否依赖于国际产品内分工的度量方法。此处选取各行业的进口中间投入品贸易额占行业总产值的比重来反映行业参与国际产品内分工的程度，即仅考虑来自本行业的进口中间投入，考察产品内分工对熟练劳动力工资份额的影响。该指标没有考虑来自其他行业的进口中间投入品的贡献,因此,也常被称为狭义国际产品内分工。表 6-11、表 6-12 和表 6-13 为稳健性检验结果,同样,汉森检验、AR(2)检验、滞后项 L. SH 的 SYS—GMM 估计值及工具变量数等检验方法表明,表 6-11、表 6-12 和表 6-13 中第(3)列的估计结果是稳健且可靠的。

表 6-11　　　狭义国际产品内分工对熟练劳动力
工资份额估计:全部样本

估计方法	(1) OLS	(2) FE	(3) SYS—GMM
L. SH	0.785*** (12.0)	0.491*** (6.68)	0.612*** (6.19)
lnY	−0.000 (−0.75)	−0.002 (−1.05)	−0.001 (−0.46)
lnK	−0.002** (−2.18)	−0.009*** (−2.86)	−0.007** (−2.20)
lnRD	0.008*** (5.27)	0.010*** (5.08)	0.016*** (3.78)
狭义 VSS	0.002 (1.28)	−0.005 (−1.31)	0.005* (1.70)
常数项	0.046*** (4.95)	0.066*** (5.34)	0.096*** (4.00)
AR(1)			0.001
AR(2)			0.831
汉森检验			0.643
样本数	480	480	480
工具变量数			39
Prob > F	0.000	0.000	0.000

注:①括号中是 t 统计量;***、**和*分别表示 1%、5%、10% 的显著性水平。②为使工具变量数相对于截面数不过大及考虑工具变量的有效性,设 L. SH、lnY、lnRD 为内生变量,其余均为外生变量。对内生变量使用了滞后二期并用了 collapse 及 eq (1)。

表 6-12　　　狭义国际产品内分工对熟练劳动力
工资份额估计:行业分类考察

估计方法	(1) OLS	(2) FE	(3) SYS—GMM
L. SH	0.737*** (15.51)	0.481*** (7.26)	0.590*** (7.93)
lnY	−0.000 (−0.47)	−0.001 (−0.83)	−0.001 (−0.36)
lnK	−0.003** (−2.41)	−0.009*** (−3.12)	−0.007** (−2.39)
lnRD	0.007*** (5.51)	0.010*** (5.06)	0.015*** (3.73)

续表

估计方法	(1) OLS	(2) FE	(3) SYS—GMM
狭义 VSS×DL	0.001 (0.70)	-0.009** (-2.39)	0.004 (1.48)
狭义 VSS×DH	0.027*** (2.98)	0.023 (1.66)	0.021* (1.74)
常数项	0.045*** (5.13)	0.065*** (5.21)	0.091*** (4.02)
AR (1)			0.001
AR (2)			0.789
汉森检验			0.625
样本数	480	480	480
工具变量数			40
Prob > F	0.000	0.000	0.000

注：①括号中是 t 统计量；***、** 和 * 分别表示 1%、5%、10% 的显著性水平。②为使工具变量数相对于截面数不过大及考虑工具变量的有效性，设 L.SH、lnY、lnRD 为内生变量，其余均为外生变量。对内生变量使用了滞后二期并用了 collapse 及 eq (1)。

表 6-13　不同狭义国际产品内分工模式对熟练劳动力工资份额估计：全部样本

估计方法	(1) OLS	(2) FE	(3) SYS—GMM
L.SH	0.784*** (12.18)	0.492*** (6.73)	0.625*** (6.68)
lnY	-0.000 (-0.69)	-0.002 (-1.62)	-0.001 (-0.66)
lnK	-0.002** (-2.17)	-0.010*** (-3.33)	-0.007** (-2.32)
lnRD	0.008*** (5.14)	0.010*** (5.27)	0.016*** (3.94)
狭义 VSSL	0.004 (0.73)	-0.009*** (-3.28)	0.003 (0.65)
狭义 VSSH	0.001 (0.55)	-0.002 (-0.45)	0.007* (1.82)
常数项	0.046*** (4.86)	0.066*** (5.36)	0.094*** (4.11)
AR (1)			0.001
AR (2)			0.814
汉森检验			0.706

续表

估计方法	（1）OLS	（2）FE	（3）SYS-GMM
样本数	480	480	480
工具变量数			40
Prob > F	0.000	0.000	0.000

注：①括号中是 t 统计量；＊＊＊、＊＊和＊分别表示1%、5%、10%的显著性水平。②为使工具变量数相对于截面数不过大及考虑工具变量的有效性，设 L. SH、lnY、lnRD 为内生变量，其余均为外生变量。对内生变量使用了滞后二期并用了 collapse 及 eq (1)。

表6-11（与表6-4对应）数据显示，狭义国际产品内分工也提高了熟练劳动力的工资份额，不过其系数的显著性有所下降，仅通过10%的显著性检验，同时其影响作用大幅下降，狭义 VSS 的系数（0.005）明显小于表6-4中 VSS 的系数（0.049）。表6-12（与表6-5对应）中狭义 VSS 在低技术部门的影响不明显，但对高技术部门的熟练劳动力工资份额有弱显著正影响。表6-13（与表6-6对应）中的低端型狭义国际产品内分工模式（狭义 VSSL）的作用也为不确定，但高端型狭义国际产品内分工模式（狭义 VSSH）对熟练劳动力工资份额的影响为正不过仅通过10%的显著性检验。对比表6-4、表6-5和表6-6中的估计结果，可发现虽然 VSS、VSSL、VSSH 的估计系数显著性均有一定程度的下降，但与前文估计的结果基本一致，其他解释变量的系数没有明显变化，这表明前文的 SYS—GMM 估计结果是稳健可靠的。

（二）对被解释变量选择的稳健性检验

然后把被解释变量熟练劳动力工资收入份额替换为熟练劳动力与非熟练劳动力的平均工资之比（w_H/w_L），即工资差距，检验国际产品内分工的作用是否会有变化。根据表6-14、表6-15和表6-16的估计结果，汉森检验、AR（2）检验、滞后项 L. w_H/w_L 的 SYS-GMM 估计值及工具变量数等检验方法同样表明，表6-14、表6-15和表6-16中第（3）列的估计结果是稳健且可靠的。

表6-14　　国际产品内分工对工资差距的估计：全部样本

估计方法	(1) OLS	(2) FE	(3) SYS—GMM
L. w_H/w_L	0.686*** (14.87)	0.384*** (7.10)	0.642*** (10.47)
lnY	-0.028* (-1.91)	-0.039 (-0.95)	-0.097*** (-4.21)
lnK	-0.135** (-2.71)	-0.244** (-2.46)	-0.259*** (-3.79)
lnRD	0.035 (1.64)	0.227*** (6.67)	0.092*** (3.08)
VSS	0.488* (1.82)	1.862*** (4.81)	0.667** (2.81)
常数项	0.529*** (4.49)	1.730*** (6.66)	0.721*** (4.01)
AR (1)			0.000
AR (2)			0.589
汉森检验			0.146
样本数	480	480	480
工具变量数			28
Prob > F	0.000	0.000	0.000

注：①括号中是t统计量；***、**和*分别表示1%、5%、10%的显著性水平。②为使工具变量数相对于截面数不过大及考虑工具变量的有效性，设 L. Wh/Wl、lnY 为内生变量，其余均为外生变量。对内生变量使用了滞后二期并用了 collapse 及 eq (1)。

表6-15　　国际产品内分工对工资差距的估计：行业分类考察

估计方法	(1) OLS	(2) FE	(3) SYS—GMM
L. w_H/w_L	0.683*** (14.24)	0.384*** (7.04)	0.639*** (10.30)
lnY	-0.024 (-1.58)	-0.040 (-1.00)	-0.098*** (-4.18)
lnK	-0.124** (-2.57)	-0.242** (-2.48)	-0.256*** (-3.63)
lnRD	0.044* (1.91)	0.227*** (6.64)	0.099*** (2.82)
VSS × DL	0.830 (1.63)	2.202** (2.34)	0.889 (1.22)
VSS × DH	0.523* (1.84)	1.830*** (4.79)	0.693** (2.07)
常数项	0.569*** (4.56)	1.714*** (6.79)	0.741*** (3.96)
AR (1)			0.000

续表

估计方法	(1) OLS	(2) FE	(3) SYS—GMM
AR (2)			0.606
汉森检验			0.145
样本数	480	480	480
工具变量数			29
Prob > F	0.000	0.000	0.000

注：①括号中是 t 统计量；***、** 和 * 分别表示 1%、5%、10% 的显著性水平。②为使工具变量数相对于截面数不过大及考虑工具变量的有效性，设设 L. Wh/Wl、lnY 为内生变量，其余均为外生变量。对内生变量使用了滞后二期并用了 collapse 及 eq (1)。

表 6-16 不同国际产品内分工模式对工资差距的估计：全部样本

估计方法	(1) OLS	(2) FE	(3) SYS—GMM
L. w_H/w_L	0.668*** (14.3)	0.364*** (6.70)	0.619*** (9.94)
lnY	-0.013 (-0.95)	-0.019 (-0.45)	-0.084*** (-3.51)
lnK	-0.123** (-2.47)	-0.225** (-2.41)	-0.252*** (-3.72)
lnRD	0.010 (0.44)	0.221*** (6.73)	0.082** (2.61)
VSSL	1.015*** (2.78)	2.512*** (3.10)	0.669 (1.16)
VSSH	-0.070 (-0.42)	1.231*** (2.74)	0.532** (2.38)
常数项	0.439*** (3.66)	1.735*** (7.27)	0.728*** (3.99)
AR (1)			0.000
AR (2)			0.589
汉森检验			0.146
样本数	480	480	480
工具变量数			29
Prob > F	0.000	0.000	0.000

注：①括号中是 t 统计量；***、** 和 * 分别表示 1%、5%、10% 的显著性水平。②为使工具变量数相对于截面数不过大及考虑工具变量的有效性，设设 L. Wh/Wl、lnY 为内生变量，其余均为外生变量。对内生变量使用了滞后二期并用了 collapse 及 eq (1)。

表 6-14 显示，国际产品内分工显著提高了中国工业部门熟练劳

动力与非熟练劳动力间的工资差距，VSS 的系数为 0.667 且通过了 5% 的显著性检验。此外，根据表 6-15 和表 6-16 的数据，国际产品内分工在不同类型行业部门、不同国际产品内分工模式的影响作用也与前述估计结果完全一致，即国际产品内分工对高技术部门的工资差距有显著正效应，但对低技术部门无显著效应；低端型国际产品内分工对工资差距的影响不确定，而高端型国际产品内分工则明显扩大了工资差距，加剧了不同技能劳动力的工资不平等。当被解释变量替换之后，产出（lnY）的估计系数仍为负但显著性大大提高，说明各行业产出规模的扩大会明显降低工资差距，其他各解释变量的系数估计结果则与前面的结果保持一致，同样表明，前文的 SYS—GMM 估计结果是稳健可靠的。

第七章　国际产品内分工模式影响不同教育程度劳动力收入分配的实证分析：国际比较

有关国际产品内分工影响劳动力市场的现有经验研究中，除按技术水平、工作性质对劳动力进行划分外，也有许多学者根据教育程度对劳动力进行分类，研究国际产品内分工对不同教育背景劳动力就业、工资、失业风险等的影响，即研究国际产品内分工对教育溢价的作用。所谓教育溢价，是指接受了更高阶段教育的个体与没有接受这一阶段教育的个体相比，所能获得的更多教育收益，比如，更高的工资及其他各种收入、较低的失业率、更大的满足感和更高的社会地位等（颜敏，2013）。不过，本书重点关注教育的工资收益，研究国际产品内分工及其不同模式对不同教育水平的劳动力工资报酬份额的作用效应。参考 Morrison 和 Siegel（2001）、Ekholm 和 Hakkala（2006）、SanghoonAhn 等（2008）、Foster – McGregor 等（2013）的研究，根据世界投入产出数据库提供的相关数据，本书把劳动力划分为低等教育劳动力、中等教育劳动力和高等教育劳动力三种类型，然后考察这三类劳动力在经济全球化背景下其劳动报酬的发展变化及国际产品内分工对其的作用。

第一节　教育溢价：27 个国家的比较

一　数据来源及劳动力分类方法

本书有关各类劳动力就业、报酬的数据均来自世界投入产出数据库（World Input – Output Database，WIOD）。① WIOD 由欧盟委员会支持、发布，涵盖了 1995—2011 年 40 个国家及世界其他共 41 个主体各年度的投入产出数据，包括世界投入产出表（World Input – Output Tables，WIOTs）、国家投入产出表（National Input – Output Tables，NIOTs）、社会经济核算表（Socio Economic Accounts，SEAs）和环境核算表（Environmental Accounts，EAs）四大类数据表。其中，社会经济核算表（SEAs）提供了 40 个国家 1995—2009 年 35 个行业的相关数据，分别为总产出与增加值、资本存量与投资额、各类劳动力的就业、报酬与工作时数、各种价格指数等。②

WIOD 采用联合国教科文组织制定的 1997 年版《国际教育标准分类》（International Standard Classification of Education，ISCED）将劳动力划分为高等教育劳动力（High – Skilled Labour，HS）、中等教育劳动力（Medium – Skilled Labour，MS）和低等教育劳动力（Low – Skilled Labour，LS）三类，具体分类方法见表 7 – 1。低等教育劳动力由 ISCED 中的 1 级和 2 级劳动力构成，所接受的教育程度为基础教育第一阶段或基础教育第二阶级，因此，学历为初中及以下；中等教育劳动力包含 ISCED 中的 3 级和 4 级劳动力，完成了高级中学教育或非高等的中学后续教育如各类职业高中教育等，学历多为高中或高职；高等教育劳动力由 ISCED 中的 5 级和 6 级劳动力构成，完成了高等教育第一阶段甚至第二阶段的学习，因此，拥有大专及以上学历，包括各类学士、硕士及博士等学历学位。

表 7 – 1　世界投入产出数据库 SEAs 表中的劳动力分类方法

WIOD 中的劳动力类型	1997 年版 ISCED 中的等级	1997 年版 ISCED 中的各等级描述
LS	1	初等教育或基础教育第一阶段
LS	2	初级中学教育或基础教育第二阶段

---

① 网址为 http：//www.wiod.org/database/index.htm。
② 当前 WIOD 已发布 2016 年版数据，但本书的分析主要依据 WIOD 发布的 2013 年版数据。

续表

WIOD 中的 劳动力类型	1997 年版 ISCED 中的等级	1997 年版 ISCED 中的各等级描述
MS	3	高级中学教育（高中）
MS	4	非高等的中学后续教育
HS	5	高等教育第一阶段（不可直接获得高级研究资格）
HS	6	高等教育第二阶段（可直接获得高级研究资格）

虽然世界投入产出数据库的 SEAs 提供了 40 个国家 1995—2009 年的相关数据，但是，由于其中部分国家的中间产品贸易额较少，或部分国家缺省个别年度的 HS（1996）六分位贸易数据，因此，为获得平衡面板数据，本书最后选择 27 个国家展开分析。具体为澳大利亚（AUS）、奥地利（AUT）、巴西（BRA）、加拿大（CAN）、中国（CHN）、捷克（CZE）、德国（DEU）、丹麦（DNK）、西班牙（ESP）、芬兰（FIN）、法国（FRA）、英国（GBR）、希腊（GRC）、匈牙利（HUN）、印度尼西亚（IDN）、爱尔兰（IRL）、意大利（ITA）、日本（JPN）、韩国（KOR）、墨西哥（MEX）、荷兰（NLD）、波兰（POL）、葡萄牙（PRT）、俄罗斯（RUS）、瑞典（SWE）、土耳其（TUR）、美国（USA）等，考察期限也调整为 1998—2009 年。

二 各国教育溢价比较分析

世界投入产出数据库的 SEAs 提供了劳动力总报酬、各类劳动力的报酬份额、劳动力总工作时数及各类劳动力的工作时数占比等数据，因此，可计算出每类劳动力的工资（报酬与工作时数之比），进而获得不同类别劳动力间的工资差距。表 7-2、表 7-3、表 7-4 和表 7-5 中的 HDI 为各国 2012 年的人类发展指数，用以衡量一国的发展水平；W_HS/W_MS、W_HS/W_LS、W_MS/W_LS 分别代表高等教育劳动力与中等教育劳动力、高等教育劳动力与低等教育劳动力、中等教育劳动力与低等教育劳动力的工资差距；H_HS、H_MS、H_LS 代表高等、中等、低等教育劳动力的工时占总工作时数的比重；LABHS、

LABMS、LABLS 则分别为高等、中等、低等教育劳动力的报酬份额。

（一）各国的工资差距

首先，根据表7-2数据，随着劳动力完成教育阶段的增加，其工资水平明显提高，各国的 W_HS/W_MS、W_HS/W_LS、W_MS/W_LS 指标值均大于1（仅芬兰的 W_MS/W_LS 例外），即教育溢价显著。而且除墨西哥、奥地利、丹麦、芬兰外，多数国家的三种工资差距存在"W_HS/W_LS 高于 W_HS/W_MS，更高于 W_MS/W_LS"现象，即工资差距随教育水平的提高而扩大，表现出教育溢价递增趋势。如中国2009年高等教育劳动力的工资水平为低等教育劳动力的2.755倍，为中等教育劳动力的1.743倍，而中等教育劳动力的工资水平则为低等教育劳动力的1.581倍；俄罗斯的这三种工资差距 W_HS/W_LS、W_HS/W_MS、W_MS/W_LS 指标值分别为3.305、2.307、1.433；美国2009年高等教育劳动力的工资水平为低等教育劳动力的2.872倍，为中等教育劳动力的1.858倍，中等教育劳动力的工资水平则为低等教育劳动力的1.545倍；日本的 W_HS/W_LS、W_HS/W_MS、W_MS/W_LS 指标值各自为1.864、1.638、1.138。多个国家的高等教育劳动力与中等教育劳动力之间的工资差距大于中等教育劳动力与低等教育劳动力之间的工资差距，表明获得大专及以上学历的高等教育劳动力具有显著的工资优势。

表7-2 各国不同教育水平劳动力的工资差距及变化

国别	2012年	2009年		1998—2009年变化幅度		
	HDI	W_HS/W_MS	W_HS/W_LS	W_MS/W_LS	W_HS/W_MS	W_HS/W_LS	W_MS/W_LS
印度尼西亚	0.629	2.313	3.677	1.590	0.635	0.252	-0.452
中国	0.699	1.743	2.755	1.581	0.386	0.448	-0.120
土耳其	0.722	1.911	2.649	1.386	-0.128	-0.571	-0.193
巴西	0.73	2.316	2.943	1.271	-0.157	-0.969	-0.311
墨西哥	0.775	1.710	7.245	4.237	0.112	1.016	0.339

续表

国别	2012年		2009年		1998—2009年变化幅度		
	HDI	W_HS/W_MS	W_HS/W_LS	W_MS/W_LS	W_HS/W_MS	W_HS/W_LS	W_MS/W_LS
俄罗斯	0.788	2.307	3.305	1.433	0.080	0.084	-0.014
葡萄牙	0.816	1.892	2.698	1.426	-0.077	-0.503	-0.200
波兰	0.821	1.802	2.285	1.268	0.120	0.410	0.153
匈牙利	0.831	2.317	3.154	1.361	0.180	0.242	-0.001
希腊	0.86	1.765	2.139	1.212	-0.120	-0.218	-0.039
捷克	0.873	1.907	2.340	1.227	0.020	-0.254	-0.147
英国	0.875	1.501	1.710	1.139	-0.072	-0.184	-0.065
意大利	0.881	1.441	1.789	1.242	-0.386	-0.503	-0.013
西班牙	0.885	1.471	1.769	1.202	-0.127	-0.280	-0.079
芬兰	0.892	1.534	1.501	0.979	0.172	0.101	-0.050
法国	0.893	1.555	1.740	1.119	-0.171	-0.262	-0.041
奥地利	0.895	1.665	2.774	1.667	0.031	0.268	0.132
丹麦	0.901	1.224	1.573	1.285	-0.003	0.004	0.006
韩国	0.909	1.615	1.984	1.228	0.002	-0.099	-0.063
加拿大	0.911	1.462	2.104	1.439	-0.021	0.145	0.118
日本	0.912	1.638	1.864	1.138	-0.010	0.022	0.020
爱尔兰	0.916	1.556	1.821	1.170	0.183	0.120	-0.068
瑞典	0.916	1.289	1.381	1.071	-0.033	-0.125	-0.067
德国	0.92	1.675	2.606	1.556	0.042	0.155	0.055
荷兰	0.921	1.460	1.791	1.227	0.075	0.065	-0.020
美国	0.937	1.858	2.872	1.545	0.114	0.326	0.086
澳大利亚	0.938	2.149	2.779	1.293	0.145	0.205	0.009

资料来源：根据 WIOD 数据整理获得。

其次，横向比较各国不同教育水平劳动力之间的工资差距（见表 7-3），发现一些高福利发达国家劳动力之间的工资差距相对较小。

（1）2009 年高等教育劳动力与低等教育劳动力之间工资差距最大的国家是墨西哥，W_HS/W_LS 值达 7.245，即墨西哥高等教育劳动力的平均工资水平是低等教育劳动力的 7.245 倍；印度尼西亚、俄罗斯分别位居第二、第三，其高等教育劳动力的工资水平分别是低等教育劳动力的 3.677 倍和 3.305 倍；美国位居第六，W_HS/W_LS 值为 2.872；中国排第九，W_HS/W_LS 值也有 2.755；27 个国家中，该指标值位居最末的三个国家分别是丹麦（1.573）、芬兰（1.501）、瑞典（1.381），意味着这三个国家的低等教育劳动力与高等教育劳动力之间的工资差距并不显著。

（2）2009 年高等教育劳动力与中等教育劳动力之间工资差距最大的国家是匈牙利（2.317），巴西、印度尼西亚和俄罗斯紧随其后，相应的 W_HS/W_MS 指标值分别为 2.316、2.313、2.307，这些国家的高等教育劳动力工资均为中等教育劳动力工资的 2.3 倍以上；中国的高等教育劳动力工资水平是中等教育劳动力的 1.743 倍，美国为 1.858 倍；日本、韩国则分别是 1.638 倍和 1.615 倍。

（3）2009 年中等教育劳动力与低等教育劳动力之间工资差距最大的国家仍是墨西哥，W_MS/W_LS 指标值达 4.237；其他国家的中等教育劳动力与低等教育劳动力之间工资差距则较低，基本在 1.5 左右及以下，如中国的中等教育劳动力工资是低等教育劳动力的 1.581 倍，美国为 1.545 倍。芬兰的 W_MS/W_LS 值仅 0.979，即其中等教育劳动力工资水平反而低于低等教育劳动力工资水平。相对而言，瑞典、丹麦、芬兰等一些欧洲发达国家不同教育程度劳动力之间的工资差距较小，如瑞典的 W_HS/W_LS、W_HS/W_MS、W_MS/W_LS 值分别为 1.381、1.289、1.071。这意味着在这些国家拥有大专以上高学历的劳动力之工资并不比仅有初中及以下文化程度的劳动力工资高很多，这可能得益于这些国家的福利制度。

最后，纵向观察各国不同教育水平劳动力的工资差距变化（见表 7-2 中后 3 列），发现总体上不同教育程度劳动力之间的工资差距呈持续扩大态势。1998—2009 年，27 个国家中有 16 个国家的高等教育劳动力与低等教育劳动力间工资差距进一步扩大，墨西哥位列首位，变化幅度达 1.016；有 15 个国家的高等教育劳动力与中等教育劳动力之间工资差距出现拉大，其中印度尼西亚的变化幅度最大，2009 年其 W_HS/W_MS 值比 1998 年上升了 0.635；另有 9 个国家的中等教育劳动力与低等教育劳动力之间工资差距也持续扩大，墨西哥再次排列首位。此外，有6个国家的三类工资差距同时出现了扩大，分别为墨西哥、波兰、奥地利、德国、美国和澳大利亚。

表7-3　　2009年各国不同教育水平劳动力的工资差距排序

W_HS/W_MS		W_HS/W_LS		W_MS/W_LS	
匈牙利	2.317	墨西哥	7.245	墨西哥	4.237
巴西	2.316	印度尼西亚	3.677	奥地利	1.667
印度尼西亚	2.313	俄罗斯	3.305	印度尼西亚	1.590
俄罗斯	2.307	匈牙利	3.154	中国	1.581
澳大利亚	2.149	巴西	2.943	德国	1.556
土耳其	1.911	美国	2.872	美国	1.545
捷克	1.907	澳大利亚	2.779	加拿大	1.439
葡萄牙	1.892	奥地利	2.774	俄罗斯	1.433
美国	1.858	中国	2.755	葡萄牙	1.426
波兰	1.802	葡萄牙	2.698	土耳其	1.386
希腊	1.765	土耳其	2.649	匈牙利	1.361
中国	1.743	德国	2.606	澳大利亚	1.293
墨西哥	1.710	捷克	2.340	丹麦	1.285
德国	1.675	波兰	2.285	巴西	1.271
奥地利	1.665	希腊	2.139	波兰	1.268
日本	1.638	加拿大	2.104	意大利	1.242
韩国	1.615	韩国	1.984	韩国	1.228
爱尔兰	1.556	日本	1.864	荷兰	1.227
法国	1.555	爱尔兰	1.821	捷克	1.227
芬兰	1.534	荷兰	1.791	希腊	1.212
英国	1.501	意大利	1.789	西班牙	1.202
西班牙	1.471	西班牙	1.769	爱尔兰	1.170
加拿大	1.462	法国	1.740	英国	1.139
荷兰	1.460	英国	1.710	日本	1.138
意大利	1.441	丹麦	1.573	法国	1.119
瑞典	1.289	芬兰	1.501	瑞典	1.071
丹麦	1.224	瑞典	1.381	芬兰	0.979

资料来源：根据WIOD数据整理获得。

（二）各国的就业结构

表7-4为各国三类劳动力工时占比及变化情况。数据显示，不同国家的劳动力就业结构有很大差异。

表7-4　各国不同教育水平劳动力的工时占比及变化情况

国别	2012年		2009年		1998—2009年变化幅度		
	HDI	H_HS	H_MS	H_LS	H_HS	H_MS	H_LS
印度尼西亚	0.629	0.061	0.191	0.749	0.021	0.025	-0.046
中国	0.699	0.065	0.314	0.621	0.036	0.038	-0.074
土耳其	0.722	0.147	0.227	0.626	0.072	0.074	-0.146
巴西	0.73	0.169	0.457	0.374	0.050	0.139	-0.189
墨西哥	0.775	0.111	0.445	0.444	-0.012	0.101	-0.089
俄罗斯	0.788	0.141	0.798	0.062	0.028	0.004	-0.032
葡萄牙	0.816	0.140	0.194	0.666	0.068	0.064	-0.132
波兰	0.821	0.245	0.673	0.082	0.127	-0.045	-0.081
匈牙利	0.831	0.233	0.646	0.121	0.081	-0.005	-0.076
希腊	0.86	0.244	0.402	0.354	0.068	0.043	-0.111
捷克	0.873	0.168	0.778	0.054	0.055	-0.022	-0.033
英国	0.875	0.353	0.452	0.196	0.091	0.004	-0.096
意大利	0.881	0.158	0.457	0.384	0.055	0.073	-0.128
西班牙	0.885	0.342	0.242	0.416	0.096	0.062	-0.158
芬兰	0.892	0.371	0.470	0.160	0.058	0.031	-0.089
法国	0.893	0.319	0.447	0.234	0.086	0.015	-0.101
奥地利	0.895	0.191	0.644	0.165	0.058	-0.011	-0.046
丹麦	0.901	0.319	0.427	0.254	0.065	-0.116	0.050
韩国	0.909	0.483	0.424	0.094	0.107	-0.029	-0.078
加拿大	0.911	0.249	0.728	0.023	0.055	-0.035	-0.020
日本	0.912	0.263	0.660	0.077	0.051	-0.001	-0.050
爱尔兰	0.916	0.396	0.386	0.218	0.164	-0.037	-0.127
瑞典	0.916	0.315	0.509	0.175	0.119	-0.068	-0.051
德国	0.92	0.277	0.580	0.143	0.045	-0.034	-0.011
荷兰	0.921	0.311	0.427	0.262	0.082	-0.039	-0.044
美国	0.937	0.345	0.569	0.085	0.053	-0.038	-0.015
澳大利亚	0.938	0.151	0.406	0.444	0.021	0.038	-0.060

资料来源：根据WIOD数据整理获得。

首先，考察低等教育劳动力的工时份额，发现多数发展中国家的就业主力为低等教育劳动力。2009年，印度尼西亚、葡萄牙、土耳其、中国4个国家的低等教育劳动力占总工时的比重分别达74.9%、66.6%、62.6%和62.1%，均远高于50%，表明这些国家的就业构成非常倚重低等教育劳动力，即初中及以下学历劳动力占绝对多数。低等教育劳动力工时份额位居第4—10位的国家分别为墨西哥（44.4%）、澳大利亚（44.4%）、西班牙（41.6%）、意大利（38.4%）、巴西（37.4%）、希腊（35.4%）。前10个国家中，有6个为发展中国家，4个为人类发展指数超过0.85的发达国家。而低等教育劳动力工时份额最低的3个国家依次为俄罗斯、捷克、加拿大，这3个国家的低等教育劳动力工时占总工时的比重分别仅为6.2%、5.4%和2.3%。

其次，27个国家中有19个国家的就业构成以中等教育劳动力即拥有高中及相关学历的劳动力为主，即这些国家的中等教育劳动力工时份额大于高等、低等教育劳动力的工时份额。此外，俄罗斯、波兰、匈牙利、捷克、奥地利、加拿大、日本、瑞典、德国和美国10国的中等教育劳动力占比超过50%，表明这些国家形成了以中等教育劳动力即高中或高职学历劳动力为主的就业格局。2009年，中国的中等教育劳动力占31.4%，在27个国家中仅列23位，同为"金砖国家"的俄罗斯，其中等教育劳动力工时占比却高达79.8%，表明中国劳动力的教育程度与其他国家仍存在着较大的差距，需加快提高劳动力的平均教育水平。

再次，根据各国高等教育劳动力所占的工时份额，2012年，只有韩国（48.3%）、爱尔兰（39.6%）的高等教育劳动力工时占比高于另两类劳动力，形成了以大专及以上学历劳动力占主体的就业格局。

最后，从变化趋势来看，有26个国家（墨西哥除外）的高等教育劳动力工时占比上升，同时有26个国家（丹麦除外）低等教育劳动力的工时占比下滑，另有，14个国家的中等教育劳动力就业份额表现为相对增加。这说明就业结构的变化趋势同样表现为教育溢价。

(三) 各国三类劳动力的报酬份额

表7-5数据显示,不同发展水平国家的各类劳动力报酬份额同样有很大差异,总体上看,发展中国家的高等教育劳动力报酬份额明显较低,而发达国家的中、高等教育劳动力报酬份额较高。

表7-5 各国不同教育水平劳动力的报酬份额及变化

国别	2012年	2009年			1998—2009年变化幅度		
	HDI	LABHS	LABMS	LABLS	LABHS	LABMS	LABLS
印度尼西亚	0.629	0.175	0.238	0.588	0.068	-0.029	-0.038
中国	0.699	0.137	0.383	0.479	0.084	0.001	-0.086
土耳其	0.722	0.293	0.237	0.470	0.101	0.044	-0.144
巴西	0.73	0.343	0.400	0.257	0.038	0.072	-0.109
墨西哥	0.775	0.257	0.601	0.142	-0.034	0.094	-0.060
俄罗斯	0.788	0.278	0.685	0.037	0.053	-0.031	-0.022
葡萄牙	0.816	0.285	0.210	0.505	0.100	0.039	-0.139
波兰	0.821	0.374	0.571	0.055	0.187	-0.104	-0.083
匈牙利	0.831	0.424	0.506	0.070	0.133	-0.074	-0.059
希腊	0.86	0.383	0.357	0.260	0.070	0.020	-0.090
捷克	0.873	0.281	0.680	0.038	0.083	-0.062	-0.020
英国	0.875	0.459	0.392	0.149	0.086	-0.015	-0.071
意大利	0.881	0.229	0.460	0.311	0.037	0.068	-0.105
西班牙	0.885	0.461	0.222	0.317	0.076	0.045	-0.122
芬兰	0.892	0.473	0.391	0.136	0.088	-0.006	-0.082
法国	0.893	0.430	0.388	0.181	0.073	0.003	-0.076
奥地利	0.895	0.300	0.607	0.093	0.084	-0.041	-0.043
丹麦	0.901	0.384	0.421	0.195	0.077	-0.115	0.038
韩国	0.909	0.609	0.331	0.060	0.101	-0.049	-0.052
加拿大	0.911	0.329	0.657	0.015	0.063	-0.047	-0.016
日本	0.912	0.372	0.570	0.058	0.061	-0.018	-0.043
爱尔兰	0.916	0.518	0.325	0.157	0.206	-0.090	-0.117
瑞典	0.916	0.377	0.472	0.152	0.126	-0.085	-0.040
德国	0.92	0.409	0.510	0.081	0.063	-0.050	-0.013
荷兰	0.921	0.415	0.390	0.195	0.107	-0.063	-0.044
美国	0.937	0.507	0.450	0.044	0.077	-0.062	-0.015
澳大利亚	0.938	0.302	0.378	0.320	0.047	0.018	-0.065

资料来源:根据WIOD数据整理获得。

首先，在27个国家中，有4个国家的低等教育劳动力报酬份额高于高等、中等教育劳动的份额，分别为印度尼西亚、中国、土耳其和葡萄牙。其中，印度尼西亚2009年的LABLS、LABMS、LABHS分别为0.588、0.238、0.175，中国2009年的LABLS、LABMS、LABHS分别为0.479、0.383、0.137。由于多数发展中国家的就业结构以低等教育劳动力为主，因此，相应地，发展中国家的低等教育劳动力报酬份额较高，而高等教育劳动力的报酬份额则明显较低。

其次，在27个国家中，有14个国家的中等教育劳动力报酬份额较高，其中，俄罗斯（68.5%）、捷克（68.0%）、加拿大（65.7%）、奥地利（60.7%）和墨西哥（60.1%）5个国家的LABMS指标值超过了60%，而波兰、日本、德国和匈牙利4个国家的LABMS指标值也超过了一半以上。由于众多样本国的就业结构偏重中等教育劳动力，因此其报酬份额也偏高。

再次，在27个样本国家，有9个国家的LABHS高于LABLS和LABMS。其中位居前三的国家分别为韩国、爱尔兰和美国，高等教育劳动力的报酬份额分别为60.9%、51.8%和50.7%。

最后，根据三类劳动力报酬份额的变化幅度，可发现教育溢价日趋加剧。随着国家发展水平的提高，三类劳动力的报酬份额发生了较大的转变。虽然在劳动报酬的静态构成中，许多国家的高等教育劳动力份额并不占绝对优势，但在动态变化中，高等教育劳动力的工资报酬份额明显提高，而低等教育劳动力的工资报酬份额显著减少。表7-5后3列的数据显示，1998—2009年，27个国家中，除墨西哥外，其余26国的LABHS变化均为正，即高等教育劳动力工资报酬份额增加，其中，爱尔兰提升最多，波兰其次；相反，除丹麦外，有26个国家的LABLS变化为负，即低等教育劳动力工资报酬份额减少，其中，土耳其下降最多，其次为葡萄牙；另有17个国家的LABMS变化也为负，即这些国家的中等教育劳动力工资报酬份额也出现了下降。

上述数据表明，总体上看，当前各国的就业结构、工资报酬份额以中等教育劳动力为主，但在变化趋势上明显偏向高等教育劳动力，表现出了显著的教育溢价特征。此外，近些年来，一些研究如Autor

等（2003）、Goos 等（2009）、Acemoglu 和 Autor（2011）等指出，美国和欧洲等部分发达国家出现了就业"极化"现象，即相对于中等技能工人，高技能工人和低技能工人的就业及工资都增加了。但本书表 7-2、表 7-4 和表 7-5 的数据显示，"极化"现象尚较少，相对于高等、低等教育劳动力，中等教育劳动力的工资、就业和报酬份额并未在多国出现减少：27 个样本国中，仅 9 个国家的相对工资下降；仅 1 个国家的相对工作数时减少，仅两个国家其相对报酬份额出现下滑。

第二节 实证模型设定、计量方法及变量说明

一 模型设定

本书同样采用根据菲恩斯特拉和汉森（2003）短期成本函数法建立的劳动力相对工资报酬回归式作为基本模型，不过，此时投入的劳动力要素分为高等教育劳动力 H、中等教育劳动力 M 和低等教育劳动力 L 三类，相应的成本函数为：

$$C(w_L, w_M, w_H, K, Y, Z) = \min_{L_i, M_i, H_i}(w_L L + w_M M + w_H H)$$

$$\text{s.t. } Y = G(L, M, H, K, Z) \tag{7-1}$$

式中，K 为资本投入；Y 为产出；Z 为影响产出的外生结构性变量；w_L、w_M、w_H 分别代表低等教育劳动力、中等教育劳动力及高等教育劳动力的工资水平。

对该成本函数作对数形的泰勒二次展开，得到线性的超对数成本函数并求偏导获得下式：

$$S_i = \alpha_i + \sum_{l=1}^{M} \gamma_{il} \ln w_l + \sum_{j=1}^{J} \beta_{ij} \ln X_j + \sum_{k=1}^{K} \gamma_{ik} \ln Z_k \tag{7-2}$$

式中，S_i 为三类劳动力的工资报酬份额；w_l 为三类劳动力的工资水平；X_j 分别代表资本投入 K 和产出 Y；Z_k 为各种外生结构性变量，如外商直接投资变量、国际贸易变量、技术进步变量及本书重点关注的国际产品内分工变量等。

考虑到外商直接投资变量伴随着国际产品内分工的潮流而产生，

其或许可以决定国际产品内分工的具体组织形式,但并不能左右国际分工自身的发展趋势(蒲华林,2011),因此,本书在设计外生变量时未纳入外商直接投资变量。此外,国际产品内分工背景下,零部件和中间产品在不同国家之间的多次流通使各国的总出口、总进口存在一定的统计扭曲,因此,出口依存度、进口依存度等变量也未被纳入。最后将回归等式设为[①]:

$$LABHS_{ct}(或 LABMS_{ct},或 LABLS_{ct}) = \alpha_0 + \beta_1 \ln Y_{ct} + \beta_2 \ln K_{ct} + \gamma_1 HM1_{ct} + \gamma_2 LM1_{ct} + \delta_1 \ln TSI_{ct} + \delta_2 EP_{ct} + \mu_i + \tau_t + \varepsilon_{it} \quad (7-3)$$

$$LABHS_{ct}(或 LABMS_{ct},或 LABLS_{ct}) = \alpha_0 + \beta_1 \ln Y_{ct} + \beta_2 \ln K_{ct} + \gamma_1 M1_{ct} + \delta_1 \ln TSI_{ct} + \delta_2 EP_{ct} + \mu_i + \tau_t + \varepsilon_{it} \quad (7-4)$$

$$LABHS_{ct}(或 LABMS_{ct},或 LABLS_{ct}) = \alpha_0 + \beta_1 \ln Y_{ct} + \beta_2 \ln K_{ct} + \gamma_1 HM1_{ct} + \gamma_2 LM1_{ct} + \delta_1 \ln TSI_{ct} + \delta_2 EP_{ct} + \varphi_1 HM1_{ct} \times \ln TSI_{ct} + \varphi_2 HM1_{ct} \times EP_{ct} + \mu_i + \tau_t + \varepsilon_{it} \quad (7-5)$$

$$LABHS_{ct}(或 LABMS_{ct},或 LABLS_{ct}) = \alpha_0 + \beta_1 \ln Y_{ct} + \beta_2 \ln K_{ct} + \gamma_1 HM1_{ct} + \gamma_2 LM1_{ct} + \delta_1 \ln TSI_{ct} + \delta_2 EP_{ct} + \varphi_1 LM1_{ct} \times \ln TSI_{ct} + \varphi_2 LM1_{ct} \times EP_{ct} + \mu_i + \tau_t + \varepsilon_{it} \quad (7-6)$$

式中,$LABHS$、$LABMS$、$LABLS$ 分别为高等教育劳动力、中等教育劳动力、低等教育劳动力的工资报酬份额;$M1$ 为一国中间产品进口占该国总进口的比重,用以衡量该国参与国际产品内分工的总体水平;$HM1$ 为一国高技术中间产品进口占总进口的比重,代表了该国的低端型国际产品内分工水平;$LM1$ 为一国低技术中间产品进口占总进口的比重,代表了该国的高端型国际产品内分工水平;TSI 为一国的总出口技术复杂度,用以衡量该国的生产技术水平;EP 为一国的总出口价格指数;μ_i 为不可观测的、与时间无关的国别个体效应;τ_t 为不可观测的时间效应;ε_{it} 为随国别个体与时间而改变的扰动项。上述四个回归式的考察重点略有差异:式(7-3)主要考察不同国际产品内分工模式对三类不同教育程度劳动力工资报酬份额的影响;式

[①] 参考菲恩斯特拉(2003)、许赋(2008)、喻美辞和熊启泉(2012),变量 $\ln w_1$ 被包含于常数项或截面固定效应中。

(7-4)的核心变量为各国参与国际产品内分工的总体水平；式(7-5)引入了低端型国际产品内分工与总出口技术复杂度、总出口价格指数的交叉项，进一步考察低端型国际产品内分工的间接作用机制；式（7-6）主要用于考察高端型国际产品内分工的间接作用机制。

二 计量方法

静态面板数据模型包括无个体影响的不变系数模型、变截距模型和变系数模型三种类型。不变系数模型在横截面上无个体影响、无结构变化，所有个体都拥有完全一样的回归方程，相当于把所有横截面数据堆积在一起，进行 OLS 回归，因此，又被称为"混合回归"。相反，变系数模型则为每个个体估计一个单独的回归方程，允许每个个体拥有自己的截距项外，还可以允许每个个体的回归方程斜率也不同，因此，一般要求样本容量较大。在实践中，常采用折中的方法，假定个体的回归方程拥有相同的斜率，但可以有不同的截距项，以此来捕捉异质性（陈强，2012），即变截距模型。考虑到本书的样本容量并不是很大，共 27 个国家 12 年的数据，而且需划分为发达国家样本组和发展中国家样本组，因此，本书采用变截距模型。变截距模型的简化形式为：

$$y_{it} = \alpha_i + x_{it}b + u_i + \varepsilon_{it}, \quad i=1, \cdots, N, \quad t=1, \cdots, T \quad (7-7)$$

根据个体影响的不同形式，变截距模型又分为固定影响变截距模型和随机影响变截距模型，前者的 u_i 与某个解释变量相关，而后者要求 u_i 与所有解释变量均不相关，因此，从经济理论视角来看，随机效应模型比固定效应模型相对较少使用。在处理面板数据时，常用豪斯曼检验来判别选用固定影响变截距模型还是随机影响变截距模型。不过，这一方法并不适用扰动项存在异方差的情形（陈强，2012）。

除考虑模型设定外，在计量检验操作过程中，还需选择适当的估计方法，而估计方法的有效性依赖于扰动项的质量。本书首先对面板数据进行了组间异方差检验（Stata 12 的 xttest3 命令），沃尔德检验结果显示，无论是发达国家组、发展中国家组及样本整体均存在显著的异方差现象。随后对面板数据的组内自相关（Stata 12 的 xtserial 命令）、组间截面相关（Stata 12 的 xttest2 命令或 Stata 非官方命令 xtcsd）

进行检验，发现存在显著的组内自相关及部分组间截面相关。由于存在异方差和自相关，本书采用可行广义最小二乘法（Feasible Generalized Least Square，FGLS）对面板数据回归模型进行估计。在进行 FGLS 估计时，本书通过在回归方程中引入国别虚拟变量来代表不同的个体，计量结果显示，有些国家虚拟变量很显著，即存在固定效应。本书还在各回归方程中引入了时间趋势项，发现各回归结果中时间效应大都通过了显著性检验。在计量过程中，本书还同时对各模型进行了固定效应回归和随机效应回归，发现各模型变量的 FE、RE 结果与 FGLS 结果方向多数相一致，但是，部分变量的显著性有一定的下降。为防表格过多，本书未列出 FE、RE 的回归结果，分析主要根据 FGLS 结果展开。

三 变量描述及影响预期

本书的跨国面板数据由 27 个国家 1998—2009 年共 12 年数据构成。27 个国家进一步被划分为发达国家组和发展中国家组，发达国家组包括澳大利亚（AUS）、奥地利（AUT）、加拿大（CAN）、捷克（CZE）、德国（DEU）、丹麦（DNK）、西班牙（ESP）、芬兰（FIN）、法国（FRA）、英国（GBR）、希腊（GRC）、爱尔兰（IRL）、意大利（ITA）、日本（JPN）、韩国（KOR）、荷兰（NLD）、瑞典（SWE）和美国（USA）18 个国家；发展中国家包括巴西（BRA）、中国（CHN）、匈牙利（HUN）、印度尼西亚（IDN）、墨西哥（MEX）、波兰（POL）、葡萄牙（PRT）、俄罗斯（RUS）和土耳其（TUR）9 个国家，其中葡萄牙、波兰、匈牙利 3 国 2012 年的人类发展指数虽然大于 0.8 但小于 0.85，且根据第四章的分析，这 3 国也以低端型国际产品内分工为主，因此，把它们划入为发展中国家组。被解释变量高等教育劳动力工资报酬份额 LABHS、中等教育劳动力工资报酬份额 LABMS、低等教育劳动力工资报酬份额 LABLS 数据来自世界投入产出数据库，可从 SEAs 提供的各国数据表中直接获得。本书以下对各解释变量及其预期影响进行逐一说明。

（1）国际产品内分工总体水平 M1、低端型产品内分工水平 HM1、高端型产品内分工水平 LM1。各国 M1、HM1、LM1 的测算方法及结果参见第三章和第四章。

根据第五章的理论分析,已知国际产品内分工对劳动力的直接影响由要素替代效应和要素需求创造效应共同决定。要素替代效应决定于一国所从事工序的相对要素密集度,进行高端型国际产品内分工时,主要负责高技术工序的生产,因此,对高技术劳动力的需求较多;反之,进行低端型国际产品内分工时,主要负责完成低技术工序,故将增加对低技术劳动力的需求。三类劳动力中,高等教育劳动力一般属高技术劳动力,低等教育劳动力多数归为低技术劳动力,但中等教育劳动力根据各国发展水平的不同可能属高技术劳动力也可能属低技术劳动力。① 故此,高端型产品内分工将对高等教育劳动力产生正的替代效应,对低等教育劳动力产生负的替代效应;低端型产品内分工的作用相反,将分别对高、低等教育劳动力产生负的替代效应和正的替代效应;高、低端型产品内分工对中等教育劳动力的影响则均为不确定。

要素需求创造效应决定于一国参与国际产品内分工的行业相对要素密集度,如果产品内分工更多地发生在高技术部门,则高技术劳动力的需求相对增加;反之,如果产品内分工更多地发生在低技术部门,则低技术劳动力的需求增加。因此,要素需求创造效应与各行业的国际产品内分工参与程度及行业产出规模息息相关。本书的 M1、HM1、LM1 变量仅反映了各国宏观国家层面参与国际产品内分工及两种不同分工模式的程度,并没有测算各国各行业的国际产品内分工水平。不过,OECD 的投入产出数据库(OECD Input – Output Database)提供了所有 OECD 成员国(除冰岛外的 32 个国家)和 12 个非成员国三个时间点(分别为 period mid – 1990s、period early 2000s 及 period mid – 2000s)的投入产出数据,也提供了这些国家上述年份根据国际标准产业分类(ISIC Rev. 3)各二分位行业的垂直专门化指数。表 7 – 6 的数据显示:第一,总体上看,发展中国家高技术行业的国际产

---

① 有关发达国家的经验研究一般把中等教育劳动力归为低技术劳动力或非熟练劳动力,但在对发展中国家的研究中,中等教育劳动力可能视为高技术劳动力。

表7-6　各样本国大类行业的垂直专业化指数与增加值占比

国别		平均VSS值（21世纪初）			增加值占比（2005年）		
		高技术制造业	中技术制造业	低技术制造业	高技术制造业	中技术制造业	低技术制造业
发展中国家样本组	印度尼西亚	0.282	0.288	0.174	0.067	0.458	0.475
	中国	0.447	0.260	0.186	0.140	0.559	0.301
	土耳其	0.410	0.317	0.268	0.046	0.417	0.537
	巴西	0.323	0.195	0.100	0.066	0.543	0.391
	墨西哥	0.711	0.292	0.264	0.074	0.507	0.419
	俄罗斯	—	0.162	0.240	0.046	0.625	0.329
	葡萄牙	0.505	0.480	0.317	0.060	0.408	0.532
	波兰	0.414	0.388	0.298	0.075	0.524	0.401
	匈牙利	0.651	0.501	0.426	0.250	0.522	0.228
发达国家样本组	希腊	0.210	0.343	0.209	0.042	0.450	0.507
	捷克	0.704	0.522	0.398	0.117	0.598	0.285
	英国	0.297	0.340	0.237	0.096	0.528	0.375
	意大利	0.423	0.383	0.275	0.101	0.540	0.359
	西班牙	0.467	0.417	0.296	0.055	0.589	0.356
	芬兰	0.499	0.436	0.285	0.242	0.432	0.325
	法国	0.305	0.356	0.238	0.084	0.638	0.278
	奥地利	0.334	0.435	0.343	0.122	0.574	0.304
	丹麦	0.376	0.403	0.366	0.116	0.512	0.372
	韩国	0.467	0.382	0.293	0.239	0.596	0.165
	加拿大	0.533	0.360	0.235	0.050	0.541	0.409
	日本	0.207	0.209	0.160	0.148	0.601	0.250
	爱尔兰	0.600	0.432	0.506	0.205	0.459	0.336
	瑞典	0.344	0.419	0.308	0.136	0.590	0.274
	德国	0.317	0.337	0.254	0.147	0.643	0.210
	荷兰	0.502	0.454	0.341	0.061	0.538	0.400
	美国	0.175	0.175	0.111	0.149	0.554	0.297
	澳大利亚	0.225	0.261	0.185	0.048	0.490	0.462

注：①中技术制造业包括中高、中低技术制造业两大类；②因数据却缺失，俄罗斯的数据分别用21世纪初（VSS）及2000年数据（增加值）替代。

资料来源：VSS数据来自OECD投入产出数据库，增加值数据来自世界投入产出数据库，并经笔者整理获得。

品内分工水平高于中技术及低技术行业，该样本组中绝大多数国家的高技术行业平均 VSS 明显高于另两组行业；第二，发达国家的高技术行业与中技术行业国际产品内分工水平则大致相当，但都明显高于低技术行业的平均 VSS 值；第三，根据各国 2005 年的增加值占比，发展中国家中技术行业的产出规模相对较大，低技术行业其次，高技术行业最小；第四，发达国家中技术行业的产出规模则明显大于高技术、低技术行业，除希腊外，其他国家的中技术行业增加值占比明显偏高。由于本书以国别宏观层面样本数据为基础，而较为宏观的数据更偏向反映规模效应（Amiti and Wei, 2006），因此，预期低端型产品内分工和高端型产品内分工的要素需求创造效应将都偏向中等教育劳动力。

综上所述，M1、HM1、LM1 通过要素替代效应、要素需求创造效应将对三类劳动力产生不同的效应，系数 γ_1、γ_2 存在多种可能。理论上说，低端型国际产品内分工、高端型国际产品内分工对三类不同教育程度劳动力的作用预期大致如表 7-7 所示。

表 7-7　　　低、高端型国际产品内分工对三类劳动力相对需求的作用预期

	高等教育劳动力	中等教育劳动力	低等教育劳动力
低端型国际产品内分工	替代效应：负 需求创造效应：负 净效应：负	替代效应：不确定 需求创造效应：正 净效应：不确定	替代效应：正 需求创造效应：负 净效应：不确定
高端型国际产品内分工	替代效应：正 需求创造效应：负 净效应：不确定	替代效应：不确定 需求创造效应：正 净效应：不确定	替代效应：负 需求创造效应：负 净效应：负

（2）总产出（Y）。本书用所有行业（包括农业、工业及服务业等）的总增加值衡量一国的总产出水平，并以 1995 年为基期的增加值价格指数对其进行了平减，增加值和价格指数均来自世界投入产出数据库的 SEAs。一国总产出的增加会同时增加各类劳动力的需求，

因此，系数 β_1 不确定，具体决定于该国总产出的不同劳动力要素偏向。

（3）资本投入（K）。本书采用世界银行的资本形成总额（占 GDP 比重）代表资本投入程度，该指标（以前称为国内投资总额）由新增固定资产支出加上库存的净变动值构成。资本投入与各类劳动力可能相互替代，也可能互补，因此系数 β_2 可正可负。

（4）总出口技术复杂度（TSI）。世界银行虽然提供了各国研发支出占本国 GDP 比重这一指标，但数据并不连续完整，因此，本书用总出口技术复杂度衡量一国的技术进步。根据第四章式（4-1）和式（4-2）计算获得的各国总出口技术复杂度以美元为单位，因此，对变量取对数以消除量纲。从理论上讲，技术进步可能中性也可能存在不同的要素偏向，故系数 δ_1 不确定。

（5）出口价格指数（EP）。根据 SS 定理，商品进、出口价格会直接影响各要素的相对价格，而在跨国面板数据中，一国的出口与另一国的进口紧密相连，因此，本书仅选择一国的总出口价格指数作为解释变量之一。出口价格指数数据来自世界银行，并以 2000 年为基期。显然，基于不同的样本数据和针对不同教育水平的劳动力要素，变量 EP 的影响会有差异。

此外，为考察国际产品内分工的间接效应，本书还分别构建了包含高、低端国际产品内分工与总出口技术复杂度、出口价格指数交互项的回归方程。为避免共线性，对交互项变量进行了中心化处理。第五章第二节第二部分的分析表明，各国研发基础、学习能力的不同，使高、低端国际产品内分工通过影响一国创新活动、技术进步对不同劳动力产生的作用不同，因此系数 φ_1 不确定。同样，因各国在世界经济中的地位不同（大国的产出及出口容易引起世界价格变化，但小国则不同），因此系数 φ_2 也很难预测。

各变量的统计特征见表 7-8。从平均值来看，三类劳动力中，无论是发达国家、发展中国家及样本整体，中等教育劳动力所占的工资报酬份额最多，但发达国家的高等教育劳动力报酬份额高于低等教育劳动力；相反，发展中国家的低等教育劳动力报酬份额高于高等教育劳动力。变量 M1、HM1、LM1 的平均值显示，发达国家的高端型产品内分工水平较高，发展中国家的低端型产品内分工水平较高，而且发展中国家对国际产品内分工的依存度高于发达国家，这些指标反映的现象也与第三章、第四章的分析结果相一致。总出口技术复杂度变量（lnTSI）均值显示，发达国家出口产品的技术含量确实高于发展中国家。较为特殊的是，发达国家的出口价格指数（EP）均值反而低于发展中国家，各国各年度的出口价格指数以 2000 年为基期折算获得，表明总体上样本期内发展中国家出口产品的价格提升快于发达国家。

表 7-8　　　　　　　　　变量统计性描述

变量	平均值	标准误	最小值	最大值
发展中国家组				
LABHS	0.24689	0.08510	0.05304	0.42379
LABMS	0.42677	0.17696	0.14601	0.71566
LABLS	0.32634	0.21945	0.03686	0.67311
lnY	13.57552	1.99515	9.32801	16.94091
lnK	-1.47266	0.26400	-2.17442	-0.72891
M1	0.62347	0.09392	0.35263	0.77273
HM1	0.37837	0.07519	0.19230	0.525
LM1	0.24498	0.05054	0.1025	0.35545
lnTSI	9.71723	0.09016	9.47599	9.89416
EP	1.89029	1.19452	0.70603	5.74108
发达国家组				
LABHS	0.35999	0.08961	0.19228	0.60942
LABMS	0.46277	0.12720	0.17682	0.74293
LABLS	0.17724	0.11069	0.01463	0.43846
lnY	14.16356	2.41214	11.03428	20.42451
lnK	-1.50083	0.16968	-1.96026	-1.10810
M1	0.54392	0.07328	0.40833	0.80645
HM1	0.24754	0.04592	0.11772	0.4

续表

变量	平均值	标准误	最小值	最大值
LM1	0.29709	0.06943	0.076	0.488
lnTSI	9.90727	0.09710	9.50628	10.17819
EP	1.42541	0.60823	0.76806	5.045706
样本整体				
LABHS	0.32229	0.10293	0.05304	0.60942
LABMS	0.45077	0.14640	0.14601	0.74293
LABLS	0.22694	0.17048	0.01463	0.67311
lnY	13.96754	2.29536	9.32801	20.42451
lnK	−1.49144	0.20599	−2.17442	−0.72891
M1	0.57030	0.08835	0.34905	0.80020
HM1	0.29077	0.08399	0.11800	0.51967
LM1	0.27952	0.06816	0.07575	0.48738
lnTSI	9.84393	0.13046	9.47599	10.17820
EP	1.580371	0.87584	0.70603	5.74108

表 7-9 给出了各解释变量之间的相关系数矩阵,结果显示,中间产品总进口占比(M1)与高技术中间产品进口占比(HM1)、低技术中间产品进口占比(LM1)有较强的线性相关关系,不过由于分别建立了回归式(7-3)和式(7-4),因此,这三个变量间的多重共线性问题已避免。此外还发现,发达国家组和样本整体的出口复杂度变量(lnTSI)与高技术中间产品进口占比(HM1)、低技术中间产品进口占比(LM1)的相关系数也比较高,如发达国家组 lnTSI 与 HM1、LM1 的相关系数分别为 −0.6133、0.5611,样本整体 lnTSI 与 HM1、LM1 的相关系数则分别为 −0.7421、0.5823。利用 Stata 的"estat vif"命令检验发现各模型的多重共线性问题并不严重,最大的 VIF 为 1.90,远小于 10,为此仍将 lnTSI、HM1、LM1 及其交叉项等变量一起放入回归式中。

表7-9 变量之间的相关系数矩阵

发展中国家组	lnY	lnK	M1	HM1	LM1	lnTSI	EP
lnY	1						
lnK	0.4783	1					
M1	0.1465	0.2685	1				
HM1	0.1365	0.1491	0.8368	1			
LM1	0.0948	0.2943	0.6007	0.0767	1		
lnTSI	0.535	0.2543	-0.1167	-0.3421	0.294	1	
EP	0.098	0.2255	0.0479	-0.1454	0.2745	0.2425	1
发达国家组	lnY	lnK	M1	HM1	LM1	lnTSI	EP
lnY	1						
lnK	0.2511	1					
M1	0.5901	0.3315	1				
HM1	0.0996	0.35	0.384	1			
LM1	0.5614	0.1175	0.8002	-0.2373	1		
lnTSI	0.0838	-0.3651	0.157	-0.6133	0.5611	1	
EP	-0.0365	0.1931	0.1568	0.0099	0.1558	0.0847	1
样本整体	lnY	lnK	M1	HM1	LM1	lnTSI	EP
lnY	1						
lnK	0.3134	1					
M1	0.3392	0.2986	1				
HM1	-0.0193	0.2072	0.6883	1			
LM1	0.4634	0.1317	0.4481	-0.3402	1		
lnTSI	0.2333	-0.1188	-0.2563	-0.7421	0.5823	1	
EP	-0.0096	0.2203	0.1765	0.1269	0.0724	-0.0675	1

第三节　计量结果分析

一　对发展中国家三类劳动力报酬份额的影响

表7-10显示，发展中国家的检验结果与理论预期基本相符。低端型国际产品内分工（HM1）对高等教育劳动力、中等教育劳动力、低等教育劳动力分别产生了弱显著负影响、显著正影响和显著负影响，相应回归系数分别为-0.0258*、0.0320**、-0.0509***；高端型国际产品内分工（LM1）对高、中等教育劳动力的回归系数未通过显著性检验，但是，对低等教育劳动力产生了显著负影响，系数为-0.0733***。

发展中国家的低端型产品内分工显著降低了低等教育劳动力的工资报酬份额，却显著提高了中等教育劳动力的工资报酬份额，产生的原因可能源于两个方面：一是产品内分工的行业分布相对减少了对低等教育劳动力的需求，却明显增加了对中等教育劳动力的需求。根据表7-6数据及第三章、第四章中国的数据可发现，相对而言，发展中国家低技术行业的产品内分工水平明显低于中、高技术行业的产品内分工水平，而且发展中国家中技术行业的产出规模相对较大。因此，行业规模相对扩大所产生的要素需求增加效应将偏向中等教育劳动力。二是 HM1 可能并没有如理论预期对低等教育劳动力产生显著正替代效应。对于多数发展中国家，在进行低端型产品内分工时，生产模式为从发达国家进口大量高技术中间产品、负责完成相应的低技术工序。虽然工序的技术含量已相对下降，但是，仍需从业人员有一定的技能与之匹配。如唐东波（2012a）发现，中国企业的生产模式之一是通过向 OECD 等发达国家进口高技术含量的中间产品，然后利用国内能够与之匹配的技能劳动力进行再生产活动。发展中国家的中等教育劳动力可能相比低等教育劳动力更加符合这些工种的技能需求，低等教育劳动力因教育、技能水平过低无法从事这类生产活动，结果使低端型国际产品内分工对中等教育劳动力产生了显著的正替代效应，对低等教育劳动力的正替代效应却较弱。

表7-10　　对发展中国家三类劳动力工资报酬份额的估计

	(1) LABHS	(2) LABMS	(3) LABLS	(4) LABHS	(5) LABMS	(6) LABLS
lnY	-0.0300** (-2.08)	-0.0489*** (-6.15)	0.0963*** (7.72)	-0.0309** (-2.14)	-0.0467*** (-7.81)	0.0979*** (9.16)
lnK	-0.0177*** (-3.72)	0.0192*** (4.94)	-0.0082** (-2.49)	-0.0152*** (-3.50)	0.0188*** (5.21)	-0.0064** (-2.44)
HM1	-0.0258* (-1.70)	0.0320** (2.09)	-0.0509*** (-3.65)			
LM1	-0.0159 (-0.91)	0.0217 (1.50)	-0.0733*** (-5.53)			
M1				-0.0205** (-2.04)	0.0317*** (3.45)	-0.0696*** (-10.06)
lnTSI	0.131*** (5.47)	0.0171 (0.94)	-0.146*** (-6.29)	0.134*** (8.86)	0.0107 (0.74)	-0.177*** (-9.99)
EP	0.0084*** (4.85)	-0.0063*** (-6.79)	-0.0030*** (-3.52)	0.0080*** (5.40)	-0.0062*** (-6.98)	-0.0027*** (-3.88)
T	0.0057*** (6.83)	0.0034*** (7.08)	-0.0098*** (-19.51)	0.0059*** (6.99)	0.0034*** (7.68)	-0.0010*** (-21.78)
C	-0.778*** (-3.15)	0.743*** (4.08)	0.805*** (3.36)	-0.789*** (-5.04)	0.772*** (4.90)	1.095*** (5.82)
N	108	108	108	108	108	108

注：(1) 括号内是t值；(2) *、**和***分别是10%、5%和1%的显著性水平。

发展中国家高端型产品内分工如理论预期对低等教育劳动力的工资报酬份额产生了显著负效应，但对高、中等教育劳动力报酬份额的影响回归结果为负且不显著。首先，因为发展中国家的高端型产品内分工水平普遍偏低，再者虽然发展中国家也进口一些低技术中间产品，但其中初级燃料和润滑剂（BEC-31）和初级工业用品（BEC-21）占有一定比例，因此，发展中国家真正开展高技术工序生产的水平并不高。其次，虽然发展中国家高技术行业参与产品内分工程度较高，但高技术行业的相对产出规模并不大，而且由于存在较为严重的发达国家跨国公司对发展中国家企业的"低端锁定"现象，因此，发展中国家加工生产企业对高等教育劳动力的相对需求并不旺盛。综合这些原因，最终使高端型产品内分工未能显著提高发展中国家高等教育劳动力的报酬份额。

M1 变量对高、中、低三类劳动力工资报酬份额的回归系数分别为 -0.0205^{**}、0.0317^{***} 和 -0.0696^{***}。研究表明，总体上看，发展中国家参与国际产品内分工有利于中等教育劳动力，即对高中或高职学历劳动力最有利。国际产品内分工减少了对发展中国家高等教育劳动力及低等教育劳动力的相对需求，使这两类劳动力的工资报酬份额降低，增加了对中等教育劳动力的相对需求，使其工资报酬份额获得显著提高。此外，回归系数的绝对值大小还显示，国际产品内分工及其低、高端两类模式对高、中、低三类不同教育程度劳动力的单位冲击力存在差异，其中，对低等教育劳动力的影响最大，对中等教育劳动力的影响其次，对高等教育劳动力的影响最弱。

变量 lnY 对 LABHS、LABMS 的回归系数显著为负，对 LABLS 的回归系数显著为正，表明发展中国家总产出偏向低等教育劳动力，提高了低等教育劳动力的工资份额。第六章以中国工业部门为样本的回归结果也显示，产出对熟练劳动力的影响为负或不显著。资本深化变量 lnK 对 LABHS、LABLS 的回归系数显著为负，但对 LABMS 的回归系数显著为正，说明资本投入仅与中等教育劳动力发生了互补效应，与高等、低等教育劳动力则为替代关系。出口复杂度变量 lnTSI 的回归结果表明，发展中国家的技术进步明显偏向高等教育劳动力，会显著提升高等教育劳动力的报酬份额，减少低等教育劳动力的报酬份额，而对中等教育劳动力的影响小且不显著。出口价格指数变量 EP 显著提高了高等教育劳动力的报酬份额，却降低了中、低等教育劳动力的报酬份额,这可能与样本期内发展中国家出口的劳动密集型产品、低技术产品价格相对持续走低有关。类似 Geishecker(2006)的发现,时间趋势项(有时也用来代表技术进步)对低等教育劳动力的影响显著为负,但对高、中等教育劳动力的影响显著为正。

进一步考察低、高端型国际产品内分工变量与出口复杂度变量、出口价格指数变量的交互效应。伍德里奇(2010)指出,当包含交互项时,原各变量的参数解释需慎重对待。当交互效应不显著时,两个自变量相互独立,可以直接根据主效应来评估各自变量对因变量的作用;当交互效应显著时,每个自变量的影响将由主效应和交互效应共同构成。不过,本书此处重点关注低、高端型国际产品内分工变量与出口复杂度变量、出口价格指数变量是否相互依赖,关注国际产品内分工的两种模式是否会通过技术进步、产品相对价格间接影响各类劳动力的收入分配,因此,只对交互项的回归系数展开讨论,对各变量的主效应及加总效应不作分析。

根据表 7-11 数据,可发现 HM1 × lnTSI 的联合效应显著降低了发展中国家高等教育劳动力的报酬份额,但提高了中等教育劳动力的报酬份额。相反,LM1 × lnTSI 的联合效应显著提高了高等教育劳动力的报酬份额,同时显著降低了中、低等教育劳动力的报酬。上述回归结果表明,国际产品内分工确实会通过影响创新活动、技术溢出间接地影响收入分配,其中,低端型产品内分工模式下,发展中国家以学习、模仿创新为主,因此,技术进步偏向中等教育劳动力;高端型产品内分工则要求以自主创新为主,因此使该模式下,技术进步明显偏向高等教育劳动力。表 7-11 显示,HM1 × EP 分别对高等教育劳动力、中等教育劳动力产生了显著的负效应、正效应,而 LM1 × EP 的联合效应不显著或弱显著。低端型产品内分工模式下,虽然发展中国家生产和出口的高技术产品大量增加,但能获得的实际收益并不高,加工价格低廉,因此,不利于高等教育劳动力报酬份额的提高。此外,因发展中国家的高端型产品内分工比重不高,因此,LM1 未能通过产出、出口规模影响产品价格间接地对不同类型劳动力产生显著的收入分配效应。

表 7-11　　对发展中国家三类劳动力工资报酬份额的估计：引入交叉项后

	(7) LABHS	(8) LABMS	(9) LABLS	(10) LABHS	(11) LABMS	(12) LABLS
lnY	0.0079 (0.65)	-0.0593*** (-5.60)	0.0921*** (5.95)	-0.0330** (-2.19)	-0.0404*** (-6.53)	0.0908*** (7.52)
lnK	-0.0300*** (-4.63)	0.0231*** (6.92)	-0.0083** (-2.37)	-0.0170*** (-3.13)	0.0189*** (5.89)	-0.0058*** (-2.81)
HM1	-0.0940*** (-4.60)	0.0766*** (4.92)	-0.0405*** (-2.62)	-0.0551*** (-3.23)	0.0553*** (4.14)	-0.0363*** (-3.55)
LM1	0.0068 (0.28)	0.0411*** (2.81)	-0.0690*** (-4.69)	0.0204 (0.83)	0.0117 (1.19)	-0.0809*** (-7.67)
lnTSI	0.144*** (3.92)	-0.0276* (-1.65)	-0.157*** (-5.86)	0.124*** (5.25)	0.0160 (1.08)	-0.164*** (-9.44)
EP	0.0058*** (5.29)	-0.0036*** (-4.11)	-0.0028*** (-2.99)	0.0082*** (6.81)	-0.0051*** (-5.02)	-0.0020* (-1.90)
HM1 × lnTSI	-0.973*** (-4.24)	0.280* (1.83)	0.225 (0.97)			
HM1 × EP	-0.0352** (-3.17)	0.0376*** (5.85)	0.0014 (0.15)			
LM1 × lnTSI				0.792*** (4.21)	-0.380*** (-2.61)	-0.198* (-1.66)
LM1 × EP				-0.0133 (-1.39)	0.0073 (1.33)	0.0160* (1.92)
T	0.0047*** (6.48)	0.0032*** (6.11)	-0.0097*** (-16.40)	0.0058*** (6.92)	0.0029*** (6.02)	-0.0097*** (-20.06)
C	-1.403*** (-4.16)	1.295*** (7.39)	0.970*** (3.16)	-0.666** (-2.50)	0.635*** (4.25)	1.050*** (5.67)
N	108	108	108	108	108	108

注：(1) 括号内是 t 值；(2) *、**和***分别是 10%、5%和 1%的显著性水平。

二 对发达国家三类劳动力报酬份额的影响

表 7-12 为根据式 (7-3) 和式 (7-4) 对发达国家三类劳动力工资报酬份额的估计结果。

表 7-12　　对发达国家三类劳动力工资报酬份额的估计

	(1) LABHS	(2) LABMS	(3) LABLS	(4) LABHS	(5) LABMS	(6) LABLS
lnY	0.141*** (10.02)	-0.0621*** (-6.24)	-0.0668*** (-8.20)	0.152*** (11.15)	-0.0393** (-2.33)	-0.0764*** (-10.95)
lnK	-0.0538*** (-8.66)	0.0435*** (8.30)	0.0115** (3.20)	-0.0457*** (-6.26)	0.0257*** (3.55)	0.0020 (0.66)
HM1	-0.0570** (-2.17)	-0.0660*** (-3.53)	0.162*** (9.17)			
LM1	-0.0273 (-1.44)	0.0276* (1.72)	-0.0048 (-0.39)			
M1				-0.0190 (-0.77)	-0.0130 (-0.56)	-0.0110 (-0.80)
lnTSI	-0.0089 (-0.47)	0.0184 (1.11)	-0.0040 (-0.38)	0.0109 (0.70)	0.0044 (0.22)	-0.0354*** (-3.38)
EP	-0.0047** (-1.99)	-0.0004 (-0.19)	0.0014 (0.48)	-0.0035 (-1.02)	0.0047* (1.90)	0.0086*** (5.22)
T	0.0042*** (8.73)	-0.0013*** (-4.54)	-0.0022*** (-3.34)	0.0037*** (7.45)	-0.0023*** (-3.30)	-0.0037*** (-13.40)
C	-1.286*** (-7.07)	0.990*** (5.60)	1.092*** (10.13)	-1.605*** (-9.07)	0.828*** (3.52)	1.542*** (17.72)
N	216	216	216	216	216	216

注：(1) 括号内是 t 值；(2) *、** 和 *** 分别是 10%、5% 和 1% 的显著性水平。

检验结果与理论预期大致符合：低端型国际产品内分工（HM1 变量）对发达国家的高、中等教育劳动力报酬份额产生了显著负影响，但显著提高了低等教育劳动力的报酬份额，回归系数分别为

-0.0570**、-0.0660***和0.162***；高端型国际产品内分工（LM1变量）的影响不确定，仅弱显著地提高了中等教育劳动力的报酬份额；与 Ekholm 和 Hakkala（2006）对瑞典、Sanghoon Ahn 等（2008）对韩国的回归结果一样，发达国家的总国际产品内分工水平对三类劳动力的影响均未通过显著性检验。

回归结果中，高端型国际产品内分工 LM1 变量对三类劳动力的影响与一些国外学者的经验研究结果有些不同。如 Ekholm 和 Hakkala（2006）发现，瑞典到低收入国家的离岸（类似于本书的高端型产品内分工）对高、中、低等教育劳动力报酬份额的影响分别为显著正、显著负、正但不显著；Sanghoon Ahn 等（2008）指出，日本到亚洲四国（印度尼西亚、马来西亚、菲律宾及泰国）的外包对高、中、低三类劳动力报酬份额的影响也分别为显著正、显著负、正但不显著，而到中国的外包影响分别为显著正、正但不显著、显著负；韩国到亚洲四国的外包对三类劳动力的影响分别为正但不显著、显著负、正但不显著，到中国的外包影响则分别为显著正、负但不显著、显著负。不过，两篇文献以一国多行业数据为样本，而本书则以国别宏观数据而非行业中观数据为基础，这可能使国际产品内分工的要素需求创造效应（依赖于产品内分工的行业分布）未能有效体现，部分效应被加总、掩盖，因而使检验结果有所不同。

与发展中国家的情况相反，发达国家的总产出明显偏向高等教育劳动力，产出的增加会显著提升高等教育劳动力的报酬份额，而且产出变量 lnY 对 LABHS 的系数绝对值大于其对 LABMS、LABLS 的回归系数（见表7-13），意味着产出对高等教育劳动力的相对需求及工资具有重要作用。另外，总产出水平的提高会显著降低中等教育劳动力、低等教育劳动力的报酬份额，其中对低等教育劳动力的负影响相对较大。

发达国家资本投入 lnK 变量分别对高等教育劳动力、中等教育劳动力产生了显著的负影响和正影响（见表7-13），对低等教育劳动力的影响则有些不确定，表明其与高等教育劳动力之间以替代关系为主，但与中等教育劳动力发生了互补效应。这与 Ekholm 和 Hakkala

(2006) 的估计结果基本一致。

代表技术进步的总出口复杂度变量 lnTSI 对三类劳动力的系数均未通过显著性检验（见表 7-13）。但时间趋势项对高等教育劳动力的影响显著为正，对中、低等教育劳动力的影响显著为负，表明随着技术的进步和发展，会产生偏向高等教育劳动力的效应，提高其工资相对份额。

表 7-13　对发达国家三类劳动力工资报酬份额的估计：引入交叉项后

	(7) LABHS	(8) LABMS	(9) LABLS	(10) LABHS	(11) LABMS	(12) LABLS
lnY	0.127***	-0.0651***	-0.0616***	0.143***	-0.0317*	-0.0750***
	(9.17)	(-4.36)	(-7.16)	(8.28)	(-1.71)	(-4.93)
lnK	-0.0454***	0.0287***	0.0122**	-0.0425***	0.0270***	0.0100*
	(-7.78)	(4.22)	(2.40)	(-6.82)	(3.70)	(1.77)
HM1	-0.108***	-0.0703**	0.142***	-0.0727***	-0.0870***	0.130***
	(-3.82)	(-2.52)	(5.26)	(-2.59)	(-3.17)	(5.66)
LM1	-0.0472**	0.0227	-0.0014	-0.0281	0.0097	-0.0101
	(-2.50)	(0.91)	(-0.07)	(-0.94)	(0.38)	(-0.66)
lnTSI	0.103***	-0.0657***	-0.0083	0.0067	-0.0292	0.0059
	(6.25)	(-3.32)	(-0.50)	(0.34)	(-1.06)	(0.33)
EP	-0.0073***	0.0045	0.0062**	-0.0087***	0.00146	0.0063***
	(-3.26)	(1.28)	(2.20)	(-5.81)	(0.69)	(5.20)
HM1 × lnTSI	-0.916***	0.637***	-0.0663			
	(-9.89)	(5.79)	(-0.73)			
HM1 × EP	-0.0740	0.0540	0.0231			
	(-1.55)	(1.38)	(0.91)			
LM1 × lnTSI				0.152	-0.287***	0.101
				(1.64)	(-2.62)	(1.60)
LM1 × EP				0.0391***	-0.0191	-0.0022
				(3.08)	(-1.21)	(-0.18)
T	0.0044***	-0.0017***	-0.0032***	0.0043***	-0.0024***	-0.0029***
	(9.35)	(-3.94)	(-8.39)	(8.90)	(-3.76)	(-4.44)

续表

	(7) LABHS	(8) LABMS	(9) LABLS	(10) LABHS	(11) LABMS	(12) LABLS
C	-2.177*** (-13.25)	1.823*** (7.31)	1.079*** (8.28)	-1.440*** (-8.62)	1.098*** (4.39)	1.094*** (6.00)
N	216	216	216	216	216	216

注：(1) 括号内是 t 值；(2) *、** 和 *** 分别是 10%、5% 和 1% 的显著性水平。

发达国家总出口价格指数变量对高等教育劳动力产生了显著负影响，但对中、低等教育劳动力的作用未通过显著性检验，这可能是因为发达国家的技术密集型产品出口价格相对趋于下降趋势，因此，通过价格效应间接降低了高等教育劳动力的工资报酬份额。

发达国家低端型国际产品内分工变量与技术进步变量（HM1×lnTSI）的交叉项对 LABHS 的回归系数为 -0.916***，对 LABMS 的系数为 0.673***，对 LABLS 的系数则未通过显著性检验（见表 7-13）。表明发达国家低端型国际产品内分工引起的技术进步偏向中等教育劳动力，而不利于高等教育劳动力需求及报酬的提高。相反，发达国家的高端型国际产品内分工却促使技术进步对中等教育劳动力产生了显著负影响，回归系数为 -0.287***。同样，由于发达国家低端型产品内分工水平较低，因此，HM1×EP 对三类劳动力的联合效应均不显著，即低端型产品内分工没有通过产品价格这一机制间接地影响劳动力间的收入分配格局。不过，高端型产品内分工变量与出口价格指数变量（LM1×EP）的联合作用却显著提高了高等教育劳动力的报酬份额，而对中、低等劳动力无显著影响。

三 对样本整体三类劳动力报酬份额的影响

表 7-14 为对样本整体三类劳动力工资报酬份额的估计结果汇总，经比较可发现，同样与表 7-7 的理论预期相符：低端型产品内分工对高等教育劳动力产生了显著负效应；高端型产品内分工对低等教育劳动力的影响显著为负，但对中等教育劳动力的影响显著为正；低端型产品内分工对中等和低等教育劳动力、高端型产品内分工对高

等教育劳动力的影响均为不确定。

表7-14 对样本整体三类劳动力工资报酬份额的估计结果汇总

	(1) LABHS	(2) LABMS	(3) LABLS	(4) LABHS	(5) LABMS	(6) LABLS
lnY	0.0320* (1.84)	0.0119 (0.53)	-0.0254 (-1.57)	0.0312* (1.89)	-0.0088 (-0.62)	-0.0221 (-1.46)
lnK	-0.0428*** (-6.55)	0.0146** (2.28)	0.0125** (2.02)	-0.0415*** (-6.55)	0.0129*** (2.96)	0.0141*** (3.34)
HM1	-0.104*** (-2.71)	0.0164 (0.38)	0.0125 (0.42)			
LM1	-0.0379 (-1.13)	0.0636** (2.24)	-0.0655** (-2.50)			
M1				-0.0417 (-1.33)	0.0512** (2.06)	-0.0361 (-1.48)
lnTSI	0.0644*** (3.07)	-0.0054 (-0.25)	-0.0448 (-1.64)	0.0855*** (4.58)	-0.0263* (-1.68)	-0.0694** (-3.24)
EP	0.0019 (0.94)	-0.0054* (-1.91)	-0.0003 (-0.11)	0.0023 (1.19)	-0.0025* (-1.91)	0.0017 (0.63)
T	0.0053*** (9.40)	-0.0014** (-2.39)	-0.0045*** (-8.94)	0.0054*** (10.04)	-0.0010 (-1.62)	-0.0051*** (-6.99)
C	0 (.)	0.164 (0.43)	1.431*** (5.25)	-0.959*** (-2.77)	0.622** (2.35)	1.639*** (5.51)
N	324	324	324	324	324	324

注：(1) 括号内是 t 值；(2) *、**和***分别是10%、5%和1%的显著性水平。

总体上看，国际产品内分工偏向中等教育劳动力，较显著地提高了其报酬份额。不过，根据前两小节的分析可知，国际产品内分工对中等教育劳动力的有利影响主要发生在发展中国家，并没有证据支持国际产品内分工提高了发达国家中等教育劳动力的报酬份额。这一发现，一方面与中国当前"技工荒"及"大学生就业难"现象相符合；另一方面，表7-12显示，发达国家的总国际产品内分工水平（M1）对 LABMS 变量的回归系数为负但不显著，因此，也与 Autor 等（2003）提出的"极化"现象并不冲突。

样本整体的交叉项回归系数显示低端型产品内分工、高端型产品内分工与出口技术复杂度变量、出口价格指数变量的联合效应存在非常显著的情形（见表7－15）。其中，HM1×lnTSI 对 LABHS、LABMS、LABLS 的回归系数分别为 －0.502***、0.357*** 和 －0.0030，LM1×lnTSI 对 LABHS、LABMS、LABLS 的回归系数分别为 0.261***、－0.297*** 和 0.0492。表明低端型国际产品内分工促使技术进步偏向中等教育劳动力，而高端型国际产品内分工促使技术进步偏向高等教育劳动力。这可能是由于低端型产品内分工模式下，进口高技术中间产品产生的技术溢出有利于模仿创新，因此，明显偏向技能、学习能力适中的中等教育劳动力；高端型产品内分工模式下则以自主创新为根本，因此，技术进步偏向高等教育劳动力。此外，HM1×EP 对中等教育劳动力产生了显著正的联合效应，而 LM1×EP 对中等教育劳动力的作用则相反。

表7－15　对样本整体三类劳动力工资报酬的估计：引入交叉项后

	(7) LABHS	(8) LABMS	(9) LABLS	(10) LABHS	(11) LABMS	(12) LABLS
lnY	0.0701*** (3.58)	－0.0401*** (－2.86)	－0.0339 (－1.38)	0.0186 (0.93)	－0.0130 (－0.77)	－0.0380* (－1.88)
lnK	－0.0427*** (－5.67)	0.0238*** (4.99)	0.0185*** (2.81)	－0.0468*** (－7.11)	0.0208*** (4.95)	0.0183*** (3.65)
HM1	－0.0765** (－2.09)	0.0799*** (2.88)	－0.0009 (－0.02)	－0.139*** (－4.17)	0.0312 (0.96)	－0.0142 (－0.38)
LM1	0.0059 (0.20)	0.0744** (2.25)	－0.0772*** (－2.70)	－0.0275 (－0.97)	0.0478* (1.70)	－0.0617** (－2.04)
lnTSI	0.0326 (1.02)	－0.0512*** (－2.74)	－0.0338 (－1.10)	0.0741*** (3.05)	－0.0599*** (－3.56)	－0.0588 (－1.64)
EP	－0.0013 (－0.53)	－0.0056*** (－2.77)	0.0015 (0.61)	0.0019 (0.84)	－0.0017 (－0.56)	0.0013 (0.50)
HM1× lnTSI	－0.502*** (－4.90)	0.357*** (5.18)	－0.0030 (－0.03)			

续表

	(7) LABHS	(8) LABMS	(9) LABLS	(10) LABHS	(11) LABMS	(12) LABLS
HM1 × EP	-0.0135 (-0.78)	0.0666*** (4.84)	-0.0169 (-0.84)			
LM1 × lnTSI				0.261*** (3.33)	-0.297*** (-3.39)	0.0492 (0.50)
LM1 × EP				0.0067 (0.49)	-0.0488** (-2.49)	0.0425* (1.85)
T	0.0055*** (7.01)	-0.0000 (-0.06)	-0.0045*** (-5.75)	0.0055*** (9.01)	-0.0008 (-1.27)	-0.0044*** (-7.32)
C	0 (.)	1.291*** (4.71)	1.454*** (3.81)	0 (.)	1.022*** (3.65)	1.751*** (4.81)
N	324	324	324	324	324	324

注：(1) 括号内是 t 值；(2) *、**和***分别是 10%、5% 和 1% 的显著性水平。

四 稳健性说明

为了得到稳健的估计结果，一般会通过精简或调整样本、改变核心变量的测度指标及选用不同的计量方法来进行稳健性检验。不过，本书在检验过程中，已经分别以高等教育劳动力、中等教育劳动力、低等教育劳动力的报酬份额为被解释变量进行检验，回归样本也分为了整体、发展中国家组和发达国家组三种情况，计量方法除 FGLS 外，同时进行了 FE、RE 检验（虽然没有报告），因此，本书的计量结果有一定的稳健性。

尚未解决的是内生性问题。国际产品内分工影响了不同教育劳动力的相对需求、相对工资，但也可能是各国的劳动力构成影响了自身的国际产品内分工模式及程度。为消除这种双向因果关系所带来的估计偏差，常需借助工具变量加以处理，但合适的工具变量往往很难获得，已有研究所选用的国际产品内分工工具变量差异也较大。如 Ekholm 和 Hakkala（2006）在实证分析瑞典的离岸活动对各类劳动力的需求影响时，认为芬兰的离岸活动与瑞典的离岸活动具有相同的产生基础，而又与瑞典的各类劳动力需求不相关，因此，用芬兰的离岸水平作为瑞典离岸活动的工具变量；Hsieh 和 Woo（2005）用 1976 年劳动在行业增加值中的份额作为 1981—1996 年外包贸易的工具变量；Foster - McGregor 等（2013）用样本国与 G8 国家的外包水平之比作为工具变量。

本书参考 Geishecker（2006），尝试性地用国际产品内分工（包括低端型和高端型）变量的一期、二期滞后项作为工具变量进行了系列检验：（1）分别用 HM1、LM1 的一期、二期滞后项作为 HM1、LM1 的工具变量对式（7-3）、用 M1 的一期、二期滞后项作为 M1 的工具变量对式（7-4）进行 GMM 回归（因为在存在异方差情况下，GMM 比 2SLS 更有效率）；（2）用"estat overid"命令检验工具变量是否与扰动项无关，即过度识别检验；（3）用"estat firststage, all forcenonrobust"命令检验工具变量是否与内生变量具有相关性，即弱工具变量检验；（4）用"estat endogenous"命令检验工具变量法的前提是否成立，即是否存在内生解释变量。对整体、发展中国家组和发达国家组，以高、中、低等教育劳动力报酬份额分别为被解释变量依次运行上述命令，检验结果显示，虽然工具变量满足外生性、相关性条件，但最终 DWH 检验显示不存在内生变量。基于此，本书在此没有提供工具变量法的回归结果作为参考。

第八章 结论与政策启示

第一节 结论

基于日益深化的国际产品内分工背景及各国不同技术水平或教育程度劳动力之间收入差距不断扩大的现象,本书通过创新地将国际产品内分工区分为高端型产品内分工、低端型产品内分工两种不同模式,对世界45个主要经济体、中国工业部门32个行业参与国际产品内分工的模式及程度进行剖析和考察,然后,从理论和实证两个维度,探讨国际产品内分工及其不同模式,对不同技术水平或教育程度劳动力收入分配的作用机制和效应。以下为所获得的一些主要研究结论。

一 当前的国际产品内分工格局与模式

（一）发展趋势与区域分布

基于BEC分类的中间产品贸易数据显示,20世纪90年代以来,国际产品内分工得到了前所未有的发展,进入21世纪后,国际产品内分工也仍以稳定的速度发展。当前,国际产品内分工主要集中于东亚、欧盟、北美三大区域,三大区域占世界中间产品贸易的份额达70%以上,其中,东亚参与国际产品内分工的程度最高,欧盟其次,北美最低。根据中间产品贸易区域内和区域间依存度指标,发现三大区域内部的自身依存度明显高于区域间的依存度,而中间产品贸易区域间依存度指标则显示,东亚已成为欧盟、北美除自身外最重要的国际产品内分工合作伙伴。

(二) 发达国家与发展中国家的参与程度与地位

中间产品的进口、出口国家构成显示，在国际产品内分工体系中，发达国家仍占主导地位。但是，发展中国家凭借劳动力成本、资源等比较优势，通过承接生产过程中的一些低技术工序或资源依赖型环节，已开始在国际产品内分工的舞台上扮演越来越重要的角色。而且，由于发展中国家生产技术相对落后，或经济规模相对较小，或资源较为稀缺，因此，对外国中间投入品的依赖性较大，进口中间产品占本国总进口的比重较高。其中，印度、中国、泰国、菲律宾等发展中国家参与国际产品内分工的程度尤为显著，进口商品的70%以上为中间产品。

(三) 产品结构及变化

当前，根据 BEC 分类的 8 类中间产品中，已加工的工业用品（BEC-22）的进口额最高，其次为除运输设备外的资本货物零配件（BEC-42）、初级燃料和润滑剂（BEC-31）及运输设备配件（BEC-53），2012 年这四类中间产品占世界总中间产品进口的 87.02%。在变化趋势上，各国对初级燃料和润滑剂（BEC-31）这一初级中间产品的进口需求明显增加，意味着全球性资源能源竞争加剧。

(四) 主要经济体参与高、低端型国际产品内分工的程度

本书根据一国（行业）所负责生产工序相对技术含量的不同，将其参与国际产品内分工的模式分为低端型国际产品内分工与高端型国际产品内分工：前者表现为该国（行业）负责低技术工序的生产，为此，需要进口大量高技术中间投入品；后者表现为该国（行业）负责高技术工序的生产，进口多为低技术中间投入品。由于在这两种产品内分工模式下，将分别进口不同技术含量的中间投入品，因此，可以通过对进口中间投入品进行区分，来实现对两种不同产品内分工模式的识别与测度。为此，本书首先测算出 HS（1996）六分位各类贸易品的技术复杂度，然后，通过对每一类进口中间投入品的技术复杂度与各经济体自身各年度的总出口技术复杂度进行比较，创新性地对各经济体进口的每类中间投入品进行动态技术分类，进而考察了 45 个

经济体参与国际产品内分工的模式及程度。

研究发现,由于受到基于技术、要素禀赋差异的比较优势、基于规模经济的成本优势和基于地理因素的交易成本等的影响,45个经济体参与国际产品内分工的模式及程度存在明显差异,形成了从中心至外围的四层次梯队。位列第一梯队的国家包括意大利、芬兰、奥地利、比利时、以色列、丹麦、韩国、日本、瑞士、瑞典、德国和美国12个国家,这些国家在样本期内,高端型产品内分工水平一直高于低端型产品内分工水平,表明它们在国际产品内分工体系中位居上游地位,以从事高技术工序的生产为主;第二梯队的国家包括希腊、捷克、英国、西班牙、法国、爱尔兰和荷兰7个国家,这些国家在不同年度实现了高端型产品内分工对低端型产品内分工的赶超;第三梯队的国家(地区)包括阿根廷、葡萄牙、智利、波兰、匈牙利、新加坡、中国香港、加拿大、澳大利亚和挪威10个国家(地区),虽然这些国家(地区)人类发展指数较高,综合实力强于发展中国家,但在国际产品内分工体系中却以从事低技术工序的生产为主,成为其他经济、技术更发达国家的加工生产制造基地;第四梯队的国家多为发展中国家,明显以低端型国际产品内分工为主,其中,中国、泰国、菲律宾和土耳其四国的低端型产品内分工与高端型产品内分工差距正在逐步缩小。

二 中国参与国际产品内分工模式及程度

(一)中间产品贸易

中国的中间产品进口、出口额显示,中国已是国际产品内分工的重要参与者,而且对国际产品内分工的依赖性较高。2012年,中国的中间产品进、出口额均位居世界首位,但是,中国的中间产品贸易长期为逆差,且中间产品出口与进口的差额呈持续扩大态势。中间产品进口占中国总进口的70%以上,进口最多的是已加工的工业用品(BEC-22)和除运输设备外的资本货物零配件(BEC-42)、初级工业用品(BEC-21)、初级燃料和润滑剂(BEC-31)四类。此外,对初级中间产品BEC-21和BEC-31的进口正在快速递增,使中间产品进口来源日趋分散,其中,向澳大利亚、沙特、巴西、俄罗斯和安哥拉等资源富裕国的中间产品进口份额明显增加。虽然中国对东亚经济圈的依存度逐步递减，但仍高于对欧盟、北美的依存度近3—4倍，表明亚洲生产网络对中国非常重要。

(二) 工业部门的垂直专业化水平

基于 BEC 法的垂直专业化指数显示，中国工业部门各行业的国际产品内分工水平经过稳步发展和快速增长之后，从 2005 年起进入波动调整阶段。各行业参与国际产品内分工的程度及变化存在明显差异，当前高技术部门的国际产品内分工水平最高，其次分别为中低技术部门和中高技术部门，低技术部门和初级产品部门的国际产品内分工水平明显弱，与高、中低、中高技术部门的参与水平存在显著差距。在变化趋势上，中高、中低技术部门参与国际产品内分工的程度持续上升，初级产品部门小幅稳步提高。而受劳动力成本上升等因素影响，中国高技术制造业与传统劳动密集型制造业融入国际产品内分工的进一步发展均受到了束缚，如通信设备、计算机及其他电子设备制造业，仪器仪表及文化、办公用机械制造业，纺织业，纺织服装、鞋、帽制造业，皮革、毛皮、羽毛（绒）及其制品业等行业参与国际产品内分工的程度在 2004 年以后都出现了明显的下滑。

(三) 低技术、高技术中间产品进口份额

1996—2012 年，中国进口的高技术中间产品在总量上明显高于低技术中间产品，但在变化趋势上，高技术中间产品占总进口的份额逐年下滑；相反，低技术中间产品的进口份额迅速提升。高、低技术中间产品的进口份额格局说明，当前总体上，中国参与国际产品内分工的模式仍以低端型国际产品内分工为主，但随着中国经济的快速增长，生产能力的提高，中国进行高端型产品内分工的程度正在逐步加深。此外，中国向日本、韩国、美国进口了大量高技术中间产品，低技术中间产品则主要来自澳大利亚、巴西、沙特、安哥拉、伊朗等国家。

(四) 工业部门参与高、低端型国际产品内分工的程度

总体上看，当前中国工业部门参与国际产品内分工的模式以高技术部门、负责低技术工序的生产即低端型产品内分工为主。当前，在

模式构成上，高技术部门的高、低端型产品内分工水平分别高于低技术部门的这两类分工水平，同时高技术部门进行低端型产品内分工的程度又显著高于其高端型产品内分工水平。在模式转换上，一些低技术部门已逐步从低端型产品内分工升级为高端型产品内分工，少数中高技术部门的产品内分工模式可能从低端型升级为高端型，但高技术部门（特别是通信设备、计算机及其他电子设备制造业，仪器仪表及文化、办公用机械制造业）参与产品内分工的模式无明显升级迹象。传统要素比较优势的减弱，迫使部分有条件的行业加快产品内分工模式升级，但高技术部门既缺乏内在技术支持又面临跨国公司压制，因此，表现为升级乏力。

三　国际产品内分工影响收入分配的理论分析

国际产品内分工对熟练劳动力、非熟练劳动力相对需求、相对工资的影响渠道包括直接作用机制与间接作用机制，其中，直接作用主要通过要素需求创造效应和要素替代效应产生，间接作用则包括产品价格效应和国际产品内分工引致的有偏技术进步效应。

（一）要素需求创造效应

要素需求创造效应是指当一国某一产品部门参与国际产品内分工后，因把部分生产工序离岸至要素成本更低的国家去生产，成本节约获得额外收益，高收益又促使该产品部门的生产规模扩张，从而使该部门密集使用要素相对需求增加及其相对价格上升这一作用机制。要素需求创造效应决定于行业的要素偏向性，无论是进行高端型产品内分工或低端型产品内分工，如果国际产品内分工更多的发生在熟练劳动力密集型部门，使该部门获得的额外收益较多，则熟练劳动力的相对需求增加，工资差距上升，收入分配偏向熟练劳动力；反之，如果国际产品内分工更多地发生在非熟练劳动力密集型部门，则工资差距缩小，收入分配偏向非熟练劳动力。

（二）要素替代效应

要素替代效应伴随着生产工序的转移而发生，当部分生产工序从母国离岸至东道国时，相当于东道国生产要素替代母国生产要素被投入生产，因此，一般会对母国生产要素产生负的替代效应而对东道国各要素产生正的替代效应。要素替代效应决定于在岸工序和离岸工序的要素密集度,而与产品部门的要素密集度无关。开展高端型产品内分工(主要从事高技术工序的生产)将对熟练劳动力产生正的替代效应,使熟练劳动力与非熟练劳动力的工资差距扩大,收入分配偏向熟练劳动力;相反,低端型产品内分工(主要从事低技术工序的生产)将对非熟练劳动力产生正的要素替代效应,使熟练劳动力与非熟练劳动力的工资差距缩小,收入分配偏向非熟练劳动力。

(三) 联合效应

参考格罗斯曼和 Rossi–Hansberg (2008)、Khalifa 和 Mengova (2010a) 的理论模型,本书的理论推导和分析指出,低、高端型产品内分工模式在非熟练劳动力密集型部门、熟练劳动力密集型部门将分别产生不同的组合效应。在高端型国际产品内分工模式下,要素需求创造效应与要素替代效应的联合作用将在熟练劳动力密集型部门产生偏向熟练劳动力的收入分配效应,但在非熟练劳动力密集型部门的影响不确定;在低端型国际产品内分工模式下,要素需求创造效应与要素替代效应的联合作用将在非熟练劳动力密集型部门产生偏向非熟练劳动力的收入分配效应,但在熟练劳动力密集型部门的影响不能确定。

一般来说,当一国在多边国际产品内分工体系中,多个产品部门同时进行高、低端型产品内分工时,国际产品内分工对不同技能劳动力的需求、工资及收入分配的净效应将存在多种可能。

(四) 间接作用机制

国际产品内分工对收入分配的影响也可能通过一些间接作用路径产生影响,其中主要包括价格效应和有偏型技术进步效应。

一方面,国际产品内分工使各企业、各产品部门获得的收益不同,因此会改变一国的产出规模和结构,乃至产品价格(尤其是大国的出口价格),而产品价格又会以"放大效应"反作用于各要素价格,故此,国际产品内分工可能通过价格效应间接地作用于各类劳动力的工资及收入。国际产品内分工对收入分配的这一间接作用,依赖于各产品部门产出规模及出口规模的相对变化,因此,其对各类劳动力相对价格的影响有点类似于要素需求创造效应，依赖于进行国际产品内分工的产品部门的要素偏向性。不过，由于各国在世界各类产品市场中的份额、市场势力不同，所以该间接效应具有较大不确定性。

另一方面，国际产品内分工也可能以技术进步为媒介对不同技能劳动力的相对需求、相对工资产生影响。高端型国际产品内分工会敦促企业进行更多的技术创新活动，低端型国际产品内分工则可能产生技术扩散与技术溢出效应，因此，国际产品内分工可能产生有偏型技术进步效应，进而间接地作用于收入分配，引起不同技能、教育程度劳动力相对需求、相对工资差距的扩大。

四　国际产品内分工影响收入分配的实证考察

（一）国际产品内分工及其两种模式对中国工业部门熟练劳动力、非熟练劳动力的收入分配影响

自20世纪90年代中期开始，中国对熟练劳动力的相对需求开始增加，两类劳动力间的工资差距逐步扩大，目前呈高位波动态势。进一步用伯纳德和詹森（1997）的分解方法，对1996—2011年33个工业行业熟练劳动力工资份额的变化进行分解，发现：①高技术部门是引起熟练劳动力工资份额变化的主因，其贡献率接近90%；②行业内效应显著高于行业间效应，表明各行业内部发生了偏向高技能劳动力的技术进步。此外，中国工业各行业的国际产品内分工水平与其熟练劳动力工资份额的分布变化显示，随着各行业国际产品内分工参与程度的加深，熟练劳动力与非熟练劳动力间的收入差距表现出同步扩大趋势，熟练劳动力的工资份额相应提高。

之后，本书利用中国工业32个行业1996—2011年的动态面板数据，用SYS—GMM估计方法，分总效应、部门效应、模式效应、直接效应与间接效应等多个层面，计量检验了国际产品内分工对熟练劳动力工资收入份额的作用效应，发现：①在替代效应与需求创造效应的直接作用下，高端型国际产品内分工对中国工业部门熟练劳动力工资份额产生了显著的正效应，但低端型国际产品内分工的效应则不确定。②低端型国际产品内分工模式下，因进口大量的高技术中间投入品并产生技术溢出效应，使中国工业部门发生技能偏向的技术进步，

因此，随着行业出口复杂度的提升显著提高了熟练劳动力的工资份额，即低端型国际产品内分工通过影响技术进步间接地产生了偏向熟练劳动力的收入分配效应；而高端型国际产品内分工并没有产生显著的间接效应。③国际产品内分工显著提高了高技术部门的熟练劳动力工资份额，但对低技术部门的作用不显著。总之，无论是低端型还是高端型产品内分工模式，均会显著提高中国工业部门熟练劳动力的工资份额，扩大熟练劳动力与非熟练劳动力间的工资收入差距，其中低端型国际产品内分工通过进口中间产品的技术溢出效应间接地影响收入分配，而高端型国际产品内分工则通过要素替代效应直接影响收入分配。

（二）国际产品内分工及其两种模式对多国高等、中等和低等教育劳动力的收入分配影响

27个样本国1998—2009年三类劳动力的工资差距、就业结构、报酬份额结构及变化显示，随着劳动力教育水平的提高，其工资水平也获得明显上升，表现出显著的教育溢价；而且高等教育劳动力与中等教育劳动力间的工资差距大于中等教育劳动力与低等教育劳动力间的工资差距，即工资差距随教育水平的提高而扩大，表现为教育溢价递增趋势；总体上看当前各国的就业结构、工资报酬份额均以中等教育劳动力为主，但在变化趋势上明显偏向高等教育劳动力，同样表现出了一定的教育溢价特征。

本书最后基于27个样本国、1998—2009年间12年的宏观面板数据，用FGLS方法检验了国际产品内分工及其两种模式对高、中、低等教育三类劳动力报酬份额的作用效应，发现：①低端型国际产品内分工显著降低了高等教育劳动力的报酬份额，而高端型国际产品内分工则对低等教育劳动力产生了显著负影响，明显降低了其报酬份额。②国际产品内分工的综合效应相对偏向中等教育劳动力，显著提高了其报酬份额，不过国际产品内分工对中等教育劳动力的有利影响主要发生在发展中国家，并没有证据支持国际产品内分工提高了发达国家的中等教育劳动力报酬份额；这部分解释了中国当前"技工荒"及"大学生就业难"的就业困局，也与美国、欧洲等部分发达国家出现

的就业"极化"现象不矛盾。③低端型国际产品内分工模式下,进口高技术中间投入品有利于技术溢出、模仿创新,为此,该模式引致的技术进步偏向中等教育劳动力;高端型国际产品内分工则倚重自主创新,该模式下,其引致的技术进步偏向高等教育劳动力。

第二节 政策启示

一 改善中国劳动力的教育及技能水平

本书第六章有关国际产品内分工影响中国工业部门熟练劳动力、非熟练劳动力收入分配的经验分析表明,低端型和高端型产品内分工均会显著提高中国工业部门熟练劳动力的工资份额,加大熟练劳动力与非熟练劳动力间的工资差距。因此,随着未来中国国际产品内分工水平的提高和深化,必将持续有利于熟练劳动力。虽然从理论上讲也可以通过扶持低技术行业、扩大低端型国际产品内分工来增加对非熟练劳动力的需求,但这显然并非明智之举。为防止出现熟练劳动力相对短缺、非熟练劳动力的结构性失业及工资差距持续扩大的现象,当务之急是,增加人力资本投资,促使有条件的非熟练劳动力向熟练劳动力转变,培养数量更多、质量更高的熟练劳动力。具体包括以下四个方面:

(一) 继续加大教育投入,增加高中以上学历劳动力的相对供给

第七章的数据显示,2009 年中国高中及高职学历劳动力占总就业的 31.4%,美国、日本和韩国等国家的该比重分别为 56.9%、66.0% 和 42.4%;中国大专及以上学历劳动力的就业占 6.46%,美国、日本和韩国等国家的该比重分别为 34.5%、26.3% 和 48.3%,相比之下,中国的中、高等教育劳动力明显匮乏。因此,首先应不断扩大高中及以上学历的招生和培养规模,提高劳动力年龄人口的平均教育程度,逐步实现从人口大国向人力资源强国的转变。

(二) 注重高等教育与职业技术教育的同步发展

职业技术教育也是提高人力资本水平的重要路径之一。第七章的

经验分析表明，发展中国家参与国际产品内分工（主要是低端型产品内分工）后，无论是直接效应还是间接效应都将增加对中等教育劳动力的相对需求，为此，需要大力加强高中及高中以后的职业技术教育。政府应出台政策积极扶植职业技术学校的发展，规范职业技术学校的办学目标和市场定位，提高职业教育的人才培养效率。另外，提升高端型国际产品内分工水平、开展技术创新活动都依赖于高级人力资本的有力支撑，因此应同时注重高等教育的发展，继续加大高等教育的投入力度，加快高端人才的培养。

（三）改革高等教育培养方式，加强应用型技术研发人才的培养

大学毕业生就业率下降与"技工荒"并存现象也表明，中国高等学校专业设置、人才培养方式与市场需求存在一定程度的错位，为此，需要高等院校不断调整、优化已有的专业培养目标和培养方案，或增设新的专业方向，使人才培养与市场需求相吻合。同时，高等学校在培养学生时，应注重课堂理论知识和实践技能相结合，通过各种学校、企业以及科研院所的产学研一体化平台，将知识学习、经验获取、科学研究和生产实践有机地结合起来，促进学生创新能力和实践能力的提高。

（四）加大职业培训、继续教育力度，不断提高劳动者的素质和技能

为了积极应对今后的产业升级和岗位技术提升，减少摩擦性失业和结构性失业，为此：①员工应有持续学习意识，积极参加各种职业培训和后续教育，从而提高长期、动态就业竞争优势；②企业应为员工提供多种在岗培训机会，减免相关费用，并给予一定的误工补助；③政府应加强劳动市场的公共就业服务支持，积极开展职业规划分析以及增加相关职业岗位培训或认证等方面的政策供给，特别应加大对农村职业教育的支持力度，减轻农民负担，全面提升新增劳动者和农村转移劳动者的技能水平，使劳动力素质符合产业结构升级和经济发展的需要。

二 加快完善收入分配机制

随着未来中国国际分工地位、分工模式从低端型向高端型的推进

以及产业结构的升级,技能溢价可能日益加剧。第七章第一节的分析也表明,在多数样本国家中,不同技能水平、教育程度劳动力间的工资差距、收入差距会随技能水平的提高而扩大,即具有技能溢价递增趋势,只有少数国家如瑞典、丹麦、芬兰等的劳动力工资收入差距相对较小。因此,为减轻收入不平等,必须开展一些事后的收入分配调整措施,对受损群体提供适当的劳动保障与补偿。为此,需全面加快贯彻、落实《关于深化收入分配制度改革的若干意见》中的各项建议,完善收入分配机制。根据本书的分析,应重点关注以下三个方面:

第一,通过提高最低工资标准、落实劳动合同法、建立工资正常增长调控机制、健全工会组织等措施促进中低收入劳动力工资的合理增长。如最低工资可以保障低收入劳动者维持基本的生活标准,从而缓和中国的收入不平等和收入分配失衡格局,为此,政府应通过适当的政策措施,及时、合理地调整最低工资标准,来提高各类低收入者的收入水平。

第二,稳步推进税收体制改革,促进收入的合理分配。一方面,当前资本回报较高而劳动力收入较低,劳动收入份额出现持续下降,因此应适当调整生产税水平,而减轻劳动收入的纳税负担;另一方面,针对不同收入群体,应加强个人所得税调节,完善高收入者个人所得税的征收、管理和处罚措施,减轻中、低收入者的税收负担。

第三,完善社会保障制度。发达国家较高的公共福利支出是发达国家相较于发展中国家在再分配阶段收入更加均等的重要因素。据此,应增加保障和民生支出,加大对教育、就业、社会保障、失业救济、医疗卫生、保障性住房和扶贫开发等方面的支出;完善基本养老保险制度;加快健全全民医保体系;加大促进教育公平力度等。

三 实施生产分工局部提升与区域分散化战略

(一)实施生产分工局部提升战略,重点支持沿海地区,加快提升其高技术部门在国际分工中的竞争优势和分工地位

本书第三章、第四章的分析表明,中国参与国际产品内分工的模式仍以高技术部门进行低端型产品内分工为主,处于国际产品内分工体系中的外围地位，这使中国在国际分工能获得的收益相对不公平和不对等。为此，必须推动一部分有基础的企业如东部沿海的一些大中型工业企业加快提升其技术水平、竞争优势及其在国际分工中的地位，实现点的突破，并以其为核心逐步形成自己的全球生产网络。为此，需开展的工作包括：①大力支持发展高新技术产业和战略产业，注重培育行业龙头骨干企业和创新型企业；②对这些产业和企业加强政策倾斜力度，加快建立和完善支持这些企业自主创新的投融资体系，激励这些企业加大科技创新投入，鼓励这些企业全面实施专利战略、标准化战略、品牌战略和知识产权战略；③加强重大创新平台和载体建设，加快建设企业技术中心和工程研究中心、建设专业服务中心和中介服务机构、建设高技术产业基地和园区、建设科技孵化基地等，使以企业为主体、市场为导向、产学研相结合的技术创新体系得以不断完善；④加强人才队伍建设，支持科技领军人才引进和创新团队建设，加强管理创新，加快建立健全现代企业制度。

（二）鼓励内陆地区承接沿海地区的转移产业，适当保护低技术部门进行低端型产品内分工

维持经济增长和建设和谐社会必须首先保证一定水平的社会就业，而维持一定水平的社会就业就必须适当保护劳动密集型产业的出口与发展。本书也指出，提高低技术部门的低端型国际产品内分工水平会增加对非熟练劳动力的需求，有利于缩小工资收入差距。因此，在推动东部企业加快转型升级的同时，应鼓励内陆地区承接沿海地区转移的低端、加工贸易类制造业，这不仅有利于就业规模的稳定，也可以通过形成国内价值链梯度，铸造国内产品内分工价值链的新优势。为此：①应从全国产业发展角度优化合理安排国内产业转移的区域分布、行业分布和转移节奏，政府通过出台政策给予引导和支持；②应遵循企业自身发展规律，以市场为推手促进东部产业向内陆地区转移；③内陆地区应加强制度建设，加强交通运输、信息通信和电力能源等基础设施建设，提高行政效率，不断降低产业转移成本和可持续发展成本。

附 录

45个国家(地区)的低技术中间产品(LM1)、高技术中间产品(HM1)进口份额

国别	代码	指标	1996年	1999年	2002年	2005年	2008年	2011年	2012年
阿根廷	ARG	HM1份额	0.452	0.428	0.558	0.443	0.431	0.472	0.508
阿根廷	ARG	LM1份额	0.094	0.084	0.139	0.121	0.123	0.080	0.071
澳大利亚	AUS	HM1份额	0.330	0.305	0.261	0.233	0.224	0.234	0.219
澳大利亚	AUS	LM1份额	0.152	0.158	0.174	0.177	0.210	0.199	0.192
奥地利	AUT	HM1份额	0.245	0.252	0.251	0.240	0.223	0.223	0.222
奥地利	AUT	LM1份额	0.279	0.261	0.289	0.311	0.339	0.353	0.347
比利时	BEL	HM1份额	NA	0.301	0.249	0.243	0.232	0.258	0.259
比利时	BEL	LM1份额	NA	0.296	0.309	0.321	0.338	0.346	0.346
巴西	BRA	HM1份额	NA	0.451	0.465	0.469	0.459	0.464	0.479
巴西	BRA	LM1份额	NA	0.175	0.208	0.253	0.222	0.153	0.138
加拿大	CAN	HM1份额	0.330	0.306	0.286	0.266	0.271	0.268	0.272
加拿大	CAN	LM1份额	0.260	0.270	0.259	0.284	0.262	0.250	0.245
瑞士	CHE	HM1份额	0.173	0.158	0.174	0.168	0.173	0.159	0.163
瑞士	CHE	LM1份额	0.302	0.292	0.293	0.294	0.321	0.320	0.304
智利	CHL	HM1份额	NA	0.448	0.449	0.427	0.411	0.396	0.377
智利	CHL	LM1份额	NA	0.087	0.079	0.080	0.074	0.064	0.059
中国	CHN	HM1份额	0.448	0.510	0.475	0.429	0.409	0.387	0.389
中国	CHN	LM1份额	0.242	0.233	0.255	0.320	0.347	0.376	0.373
捷克	CZE	HM1份额	0.310	0.315	0.293	0.328	0.308	0.307	0.308

续表

国别	代码	指标	1996年	1999年	2002年	2005年	2008年	2011年	2012年
捷克	CZE	LM1份额	0.288	0.280	0.325	0.298	0.332	0.334	0.333
德国	DEU	HM1份额	0.225	0.248	0.251	0.240	0.237	0.240	0.233
德国	DEU	LM1份额	0.307	0.285	0.301	0.336	0.383	0.365	0.374
丹麦	DNK	HM1份额	0.252	0.238	0.226	0.218	0.215	0.207	0.201
丹麦	DNK	LM1份额	0.246	0.245	0.240	0.239	0.249	0.248	0.253
西班牙	ESP	HM1份额	0.329	0.310	0.296	0.263	0.289	0.275	0.270
西班牙	ESP	LM1份额	0.269	0.233	0.258	0.263	0.294	0.312	0.342
芬兰	FIN	HM1份额	0.240	0.246	0.207	0.191	0.191	0.174	0.167
芬兰	FIN	LM1份额	0.353	0.329	0.378	0.366	0.386	0.428	0.417
法国	FRA	HM1份额	0.278	0.286	0.264	0.247	0.238	0.232	0.231
法国	FRA	LM1份额	0.267	0.249	0.272	0.293	0.318	0.303	0.296
英国	GBR	HM1份额	0.289	0.250	0.223	0.209	0.208	0.213	0.219
英国	GBR	LM1份额	0.254	0.236	0.233	0.244	0.289	0.282	0.285
希腊	GRC	HM1份额	0.409	0.350	0.268	0.235	0.223	0.231	0.209
希腊	GRC	LM1份额	0.091	0.076	0.211	0.234	0.256	0.296	0.374
中国香港	HKG	HM1份额	0.285	0.295	0.305	0.330	0.389	0.380	0.364
中国香港	HKG	LM1份额	0.214	0.212	0.226	0.255	0.197	0.214	0.236
匈牙利	HUN	HM1份额	0.390	0.405	0.371	0.346	0.355	0.367	0.343
匈牙利	HUN	LM1份额	0.252	0.252	0.273	0.290	0.285	0.313	0.326
印度尼西亚	IDN	HM1份额	0.531	0.451	0.395	0.342	0.406	0.392	0.404
印度尼西亚	IDN	LM1份额	0.138	0.247	0.293	0.276	0.220	0.205	0.197
印度尼西亚	IND	HM1份额	0.565	0.461	0.253	0.269	0.260	0.287	0.252
印度尼西亚	IND	LM1份额	0.157	0.352	0.572	0.531	0.525	0.565	0.600
爱尔兰	IRL	HM1份额	0.288	0.266	0.171	0.129	0.118	0.144	0.142
爱尔兰	IRL	LM1份额	0.250	0.248	0.375	0.359	0.367	0.313	0.318
以色列	ISR	HM1份额	0.230	0.221	0.209	0.215	0.210	0.191	0.200
以色列	ISR	LM1份额	0.402	0.394	0.411	0.443	0.426	0.428	0.405
意大利	ITA	HM1份额	0.282	0.280	0.258	0.245	0.249	0.256	0.248
意大利	ITA	LM1份额	0.316	0.272	0.289	0.320	0.349	0.374	0.390

续表

国别	代码	指标	1996年	1999年	2002年	2005年	2008年	2011年	2012年
日本	JPN	HM1 份额	0.175	0.200	0.207	0.193	0.214	0.218	0.230
日本	JPN	LM1 份额	0.390	0.355	0.366	0.429	0.487	0.442	0.418
哈萨克斯坦	KAZ	HM1 份额	NA	NA	0.432	0.416	0.368	0.324	0.338
哈萨克斯坦	KAZ	LM1 份额	NA	NA	0.097	0.091	0.151	0.151	0.139
韩国	KOR	HM1 份额	0.332	0.353	0.312	0.278	0.289	0.291	0.295
韩国	KOR	LM1 份额	0.358	0.422	0.412	0.459	0.478	0.465	0.459
墨西哥	MEX	HM1 份额	0.471	0.440	0.422	0.418	0.405	0.431	0.431
墨西哥	MEX	LM1 份额	0.226	0.223	0.227	0.227	0.208	0.198	0.195
马来西亚	MYS	HM1 份额	NA	0.495	0.491	0.462	0.415	0.398	0.366
马来西亚	MYS	LM1 份额	NA	0.262	0.252	0.272	0.308	0.307	0.296
荷兰	NLD	HM1 份额	0.298	0.294	0.249	0.249	0.243	0.239	0.235
荷兰	NLD	LM1 份额	0.268	0.231	0.273	0.297	0.304	0.300	0.300
挪威	NOR	HM1 份额	0.322	0.288	0.272	0.269	0.264	0.239	0.246
挪威	NOR	LM1 份额	0.192	0.176	0.189	0.209	0.209	0.226	0.212
秘鲁	PER	HM1 份额	NA	0.469	0.507	0.536	0.500	0.479	0.456
秘鲁	PER	LM1 份额	NA	0.082	0.084	0.082	0.074	0.081	0.075
菲律宾	PHL	HM1 份额	NA	NA	0.743	0.597	0.652	0.406	0.394
菲律宾	PHL	LM1 份额	NA	NA	0.101	0.221	0.099	0.298	0.310
波兰	POL	HM1 份额	0.388	0.403	0.358	0.339	0.322	0.339	0.336
波兰	POL	LM1 份额	0.235	0.192	0.229	0.283	0.279	0.293	0.304
葡萄牙	PRT	HM1 份额	0.360	0.323	0.324	0.302	0.275	0.302	0.305
葡萄牙	PRT	LM1 份额	0.221	0.199	0.226	0.255	0.295	0.288	0.313
俄罗斯	RUS	HM1 份额	NA	0.225	0.224	0.254	0.246	0.297	0.309
俄罗斯	RUS	LM1 份额	NA	0.307	0.215	0.135	0.103	0.091	0.092
新加坡	SGP	HM1 份额	NA	0.406	0.401	0.338	0.303	0.295	0.292
新加坡	SGP	LM1 份额	NA	0.228	0.237	0.335	0.308	0.272	0.289
瑞典	SWE	HM1 份额	0.270	0.281	0.230	0.216	0.211	0.216	0.205
瑞典	SWE	LM1 份额	0.299	0.282	0.315	0.329	0.352	0.331	0.332
泰国	THA	HM1 份额	NA	0.476	0.469	0.412	0.402	0.389	0.393

续表

国别	代码	指标	1996年	1999年	2002年	2005年	2008年	2011年	2012年
泰国	THA	LM1份额	NA	0.275	0.267	0.337	0.376	0.367	0.329
土耳其	TUR	HM1份额	0.526	0.520	0.431	0.363	0.348	0.358	0.371
土耳其	TUR	LM1份额	0.134	0.131	0.274	0.299	0.332	0.251	0.248
乌克兰	UKR	HM1份额	NA	NA	0.436	0.383	0.389	0.449	0.450
乌克兰	UKR	LM1份额	NA	NA	0.274	0.258	0.181	0.147	0.096
美国	USA	HM1份额	0.236	0.232	0.197	0.187	0.175	0.193	0.196
美国	USA	LM1份额	0.266	0.240	0.256	0.308	0.356	0.324	0.309
委内瑞拉	VEN	HM1份额	0.397	0.394	0.355	0.324	0.335	0.362	NA
委内瑞拉	VEN	LM1份额	0.196	0.067	0.092	0.116	0.127	0.144	NA
越南	VNM	HM1份额	NA	NA	0.422	0.422	0.416	0.492	0.533
越南	VNM	LM1份额	NA	NA	0.172	0.197	0.192	0.180	0.159
南非	ZAF	HM1份额	NA	NA	0.314	0.280	0.281	0.280	0.271
南非	ZAF	LM1份额	NA	NA	0.266	0.245	0.293	0.244	0.252

注：为防止表格过宽，对各国（地区）1996—2012年各年度的HM1、LM1份额数据仅提供了部分年份。

参考文献

[1] 包群、邵敏：《外商投资与东道国工资差异：基于我国工业行业的经验研究》，《管理世界》2008 年第 5 期。

[2] 蔡宏波、陈昊：《外包与劳动力结构——基于中国工业行业数据的经验分析》，《数量经济技术经济研究》2012 年第 12 期。

[3] 蔡宏波、张湘君、喻美辞：《外包与行业工资差距——基于中国制造业数据的经验分析》，《北京师范大学学报》（社会科学版）2012 年第 6 期。

[4] 臧旭恒、赵明亮：《垂直专业化分工与劳动力市场就业结构——基于中国工业行业面板数据的分析》，《中国工业经济》2011 年第 6 期。

[5] 陈静、Somnath Sen、胡昭玲：《东亚零部件贸易影响因素及特点分析：基于引力模型的测算（1992—2006）》，《世界经济》2009 年第 11 期。

[6] 陈强：《高级计量经济学及 Stata 应用》，高等教育出版社 2012 年版。

[7] 陈仲常、马红旗：《我国制造业不同外包形式的就业效应研究——基于动态劳动需求模型的实证检验》，《中国工业经济》2010 年第 4 期。

[8] 陈晓华：《产业出口复杂度的动因及效应分析》，博士学位论文，浙江大学，2011 年。

[9] 陈晓华、黄先海、刘慧：《中国出口技术结构演进的机理与实证研究》，《管理世界》2011 年第 3 期。

[10] 丁小义、胡双丹：《基于国内增值的中国出口复杂度测度分

析——兼论"Rodrik 悖论"》，《国际贸易问题》2013 年第 4 期。

[11] 戴魁早：《垂直专业化的工资增长效应——理论与中国高技术产业的经验分析》，《中国工业经济》2011 年第 3 期。

[12] 方红生、张军：《中国地方政府竞争、预算软约束与扩张偏向的财政行为》，《经济研究》2009 年第 12 期。

[13] 罗伯特·C. 菲恩斯特拉：《全球经济下的离岸外包——微观经济结构与宏观经济影响》，孟雪译，格致出版社、上海人民出版社 2011 年版。

[14] 罗伯特·C. 菲恩斯特拉：《高级国际贸易理论与实证》，唐宜红主译，中国人民大学出版社 2013 年版。

[15] 郭志芳：《产品内国际分工与中国制造业产业升级》，博士学位论文，厦门大学，2014 年。

[16] 黄宁、蒙英华：《中国出口产业结构优化评估——基于垂直专业化比率指标的改进与动态分析》，《财贸经济》2012 年第 4 期。

[17] 黄先海、陈晓华：《要素密集型逆转与贸易获利能力提升：以中美纺织业为例》，《国际贸易问题》2008 年第 2 期。

[18] 黄先海、韦畅：《中国制造业出口垂直专业化程度的测度与分析》，《管理世界》2007 年第 4 期。

[19] 黄先海、徐圣：《中国劳动收入比重下降成因分析——基于劳动节约型技术进步的视角》，《经济研究》2009 年第 7 期。

[20] 黄先海、杨高举：《中国高技术产业的国际分工地位研究：基于非竞争型投入占用产出模型的跨国分析》，《世界经济》2010 年第 5 期。

[21] 黄先海、陈晓华、刘慧：《产业出口复杂度的测度及其动态演进机理分析——基于 52 个经济体 1993—2006 年金属制品出口的实证研究》，《管理世界》2010 年第 3 期。

[22] 胡昭玲：《国际垂直专业化分工与贸易：研究综述》，《南开经济研究》2006 年第 5 期。

[23] 胡昭玲、张蕊：《中国制造业参与产品内国际分工的影响因素分析》，《世界经济研究》2008 年第 3 期。

[24] 胡昭玲、刘彦磊:《产品内国际分工对中国工资差距的影响》,《中南财经政法大学学报》2014年第1期。

[25] 金碚、吕铁、邓洲:《中国工业结构转型升级:进展、问题与趋势》,《中国工业经济》2011年第2期。

[26] 金碚:《稳中求进的中国工业经济》,《中国工业经济》2013年第8期。

[27] 吕延方、王冬:《参与不同形式外包对中国劳动力就业动态效应的经验研究》,《数量经济技术经济研究》2011年第9期。

[28] 吕新军、胡晓绵:《我国工业行业国际外包率测算》,《经济学家》2010年第6期。

[29] 刘庆林、高越、韩军伟:《国际生产分割的生产率效应》,《经济研究》2010年第2期。

[30] 李瑞琴:《国际产品内贸易对发展中国家劳动收入分配效应的理论分析》,《财经科学》2010年第6期。

[31] 刘柏惠、汪德华、毛中根:《中国收入分配体制改革路径选择研究》,《南京大学学报》(哲学社会科学版)2014年第2期。

[32] 刘志彪、刘晓昶:《垂直专业化:经济全球化中的贸易和生产模式》,《经济理论与经济管理》2001年第10期。

[33] 刘志彪、吴福象:《贸易一体化与生产非一体化——基于经济全球化两个重要假说的实证研究》,《中国社会科学》2006年第2期。

[34] 刘瑶:《外包与要素价格:从特定要素模型角度的分析》,《经济研究》2011年第3期。

[35] 刘瑶、孙浦阳:《外包拉大了工资差距吗?——基于行业技术特定性的理论与实证分析》,《南开经济研究》2012年第5期。

[36] Lawrence J. Lau、陈锡康、杨翠红等:《非竞争型投入占用产出模型及其应用——中美贸易顺差透视》,《中国社会科学》2007年第5期。

[37] 刘戒骄:《生产分割与制造业国际分工——以苹果、波音和英特尔为案例的分析》,《中国工业经济》2011年第4期。

[38] 林文凤：《产品内国际分工对中国异质劳动力就业的影响》，《国际贸易问题》2013年第6期。

[39] 鲁晓东：《收入分配、有效要素禀赋与贸易开放度——基于中国省际面板数据的研究》，《数量经济技术经济研究》2008年第4期。

[40] 卢锋：《产品内分工——一个分析框架》，工作报告，北京大学中国经济研究中心（CCER），2004年。

[41] 卢锋：《产品内分工》，《经济学》（季刊）2004年第1期。

[42] 牛蕊：《国际贸易、工资与就业：中国的理论与实证模型》，经济科学出版社2010年版。

[43] 潘士远：《贸易自由化、有偏的学习效应与发展中国家的工资差异》，《经济研究》2007年第6期。

[44] 裴长洪：《进口贸易结构与经济增长：规律与启示》，《经济研究》2013年第7期。

[45] 平新乔等：《中国出口贸易中的垂直专门化与中美贸易》，《世界经济》2006年第5期。

[46] 蒲华林：《产品内国际分工与中国外贸增长——理论、实证与对策》，经济科学出版社2011年版。

[47] 盛斌：《中国对外贸易政策的政治经济分析》，上海三联书店、上海人民出版社2002年版。

[48] 盛斌、牛蕊：《生产性外包对中国工业全要素生产率及工资的影响研究》，《世界经济文汇》2009年第6期。

[49] 盛斌、马涛：《中间产品贸易对中国劳动力需求变化的影响：基于工业部门动态面板数据的分析》，《世界经济》2008年第3期。

[50] 孙辉煌：《跨国外包对承接国收入分配效应的实证分析——基于中国的经验研究》，《南京财经大学学报》2007年第4期。

[51] 唐宜红、马风涛：《国际垂直专业化对中国劳动力就业结构的影响》，《财贸经济》2009年第4期。

[52] 唐东波：《全球化对中国就业结构的影响》，《世界经济》2011

年第 9 期。

[53] 唐东波：《垂直专业化贸易如何影响了中国的就业结构?》，《经济研究》2012 年第 8 期。

[54] 唐东波：《贸易政策与产业发展：基于全球价值链视角的分析》，《管理世界》2012 年第 12 期。

[55] 唐玲：《国际外包率的测量及行业差异——基于中国工业行业的实证研究》，《国际贸易问题》2009 年第 8 期。

[56] 唐海燕、张会清：《产品内国际分工与发展中国家的价值链提升》，《经济研究》2009 年第 9 期。

[57] 唐铁球：《中国制造业参与产品内分工与贸易的动因与收益研究》，博士学位论文，浙江大学，2011 年。

[58] 滕瑜、朱晶：《中间产品贸易对我国熟练和非熟练劳动力收入分配的影响——基于工业部门 31 个细分行业的实证分析》，《国际贸易问题》2011 年第 5 期。

[59] 田文：《产品内贸易的定义、计量及比较分析》，《财贸经济》2005 年第 5 期。

[60] 田文：《加工贸易的分配效应分析》，《世界经济》2007 年第 1 期。

[61] 王俊、黄先海：《跨国外包对我国制造业就业的影响效应》，《财贸经济》2011 年第 6 期。

[62] 王燕梅、简泽：《参与产品内国际分工模式对技术进步效应的影响——基于中国 4 个制造业行业的微观检验》，《中国工业经济》2013 年第 10 期。

[63] 王直、魏尚进、祝坤福：《总贸易核算法：官方贸易统计与全球价值链的度量》，《中国社会科学》2015 年第 9 期。

[64] 王中华、代中强：《国际垂直专业化与工资收入差距：一个文献综述》，《世界经济与政治论坛》2008 年第 3 期。

[65] 王中华、梁俊伟：《中国参与国际垂直专业化分工的收入差距效应》，《经济评论》2008 年第 4 期。

[66] 王中华、王雅琳、赵曙东：《国际垂直专业化与工资收入差

距——基于工业行业数据的实证分析》,《财经研究》2009 年第 7 期。

[67] 王晓磊、陆甦颖:《国际产品内分工对我国制造业收入分配影响的实证研究》,《国际贸易问题》2011 年第 7 期。

[68] 文东伟:《经济规模、技术创新与垂直专业化分工》,《数量经济技术经济研究》2011 年第 8 期。

[69] 杰弗里·M. 伍德里奇:《计量经济学导论》,中国人民大学出版社 2010 年版。

[70] 许斌:《国际贸易与工薪差距》,载邱东晓、许斌、郁志豪《国际贸易与投资前沿》,格致出版社、上海人民出版社 2008 年版。

[71] 徐康宁、王剑:《要素禀赋、地理因素与新国际分工》,《中国社会科学》2006 年第 6 期。

[72] 谢攀、李静:《劳动报酬、经济周期与二元劳动力市场——基于周期性反应函数的估计》,《数量经济技术经济研究》2010 年第 9 期。

[73] 姚洋、张晔:《中国出口品国内技术含量升级的动态研究——来自全国及江苏省、广东省的证据》,《中国社会科学》2008 年第 12 期。

[74] 喻美辞:《中间产品贸易、技术溢出与发展中国家的工资差距:一个理论框架》,《国际贸易问题》2012 年第 8 期。

[75] 喻美辞、熊启泉:《中间产品进口、技术溢出与中国制造业的工资不平等》,《经济学动态》2012 年第 3 期。

[76] 颜敏:《能力偏误教育溢价与中国工资收入差异:基于微观计量方法的实证研究》,中国社会科学出版社 2013 年版。

[77] 曾铮:《生产片断化、离岸外包和工序贸易——21 世纪世界产业"外包革命"的基本范式》,《财贸经济》2009 年第 11 期。

[78] 张纪:《产品内国际分工动因、机制与效应研究》,经济管理出版社 2009 年版。

[79] 张小蒂、孙景蔚:《基于垂直专业化分工的中国产业国际竞争

力分析》,《世界经济》2006 年第 5 期。

[80] 张莉、鲍晓华:《外包量化方法的新进展:文献述评》,《财贸经济》2010 年第 2 期。

[81] 赵明亮、臧旭恒:《垂直专业化分工与中国劳动力工资收入差距》,《东岳论丛》2011 年第 9 期。

[82] 周申:《贸易自由化对中国工业劳动需求弹性影响的经验研究》,《世界经济》2006 年第 2 期。

[83] 周申、易苗、王雨:《外商直接投资、外包对中国制造业劳动需求弹性的影响》,《经济经纬》2010 年第 1 期。

[84] 朱慧:《新国际分工体系下中国的分工地位和分工模式研究——基于"产品内分工"分析框架》,硕士学位论文,东南大学,2008 年。

[85] 宗毅君:《国际产品内分工与工资收入:基于中国工业行业面板数据的经验研究》,《财贸经济》2008 年第 4 期。

[86] Acemoglu, D., "Why do New Technologies Complement Skills? Directed Technical Change and Wage Inequality", *Quarterly Journal of Economics*, Vol. 113, No. 4, 1998, pp. 1055 – 1090.

[87] Acemoglu, D., "Patterns of Skill Premia", *Review of Economic Studies*, Vol. 70, No. 2, 2003, pp. 199 – 230.

[88] Acemoglu, D. and Autor, D., "Skills, Tasks and Technologies: Implications for Employment and Earnings", in Ashenfelter, O. and Card, D. eds., *Handbook of Labor Economics*, Dutch: North – Holland, 2011, pp. 1043 – 1171.

[89] Amiti, M. and Wei, S. J., "Fear of Service Outsourcing: Is It Justified", *Economic Policy*, Vol. 20, No. 42, 2005, pp. 308 – 347.

[90] Amiti, M. and Wei, S. J., "Service Offshoring, Productivity and Employment: Evidence from the United States", *Discussion Paper*, No. 5475, Centre for Economic Policy Research, London, 2006a.

[91] Amiti, M. and Wei, S. J., "Service Offshoring and Productivity: Evidence from the United States", *Working Paper*, No. 11926, Na-

tional Bureau of Economic Research, Cambridge, MA, 2006b.

[92] Amiti, M. and Davis, D. R. , "Trade, Firms, and Wages: Theory and Evidence", *Review of Economic Studies*, Vol. 79, No. 1, 2011, pp. 1 – 36.

[93] Amiti, M. and Cameron, L. , "Trade Liberalization and the Wage Skill Premium: Evidence from Indonesia", *Journal of International Economics*, Vol. 87, No. 2, 2012, pp. 277 – 287.

[94] Amiti, M. and Konings, J. , "Trade Liberalization, Intermediate Inputs, and Productivity: Evidence from Indonesia", *American Economic Review*, Vol. 97, No. 5, 2007, pp. 1611 – 1638.

[95] Andersen, A. L. and Nielsen, L. H. W. , "Fiscal Transparency and Procyclical Fiscal Policy", *Working Paper*, University of Copenhagen, 2007.

[96] Andersson, L. and Karpaty, P. , "Firm Level Effects of Offshoring of Goods and Services on Relative Labor Demand", *Working Paper*, örebro University, 2013.

[97] Antweiler, W. and Trefler, D. , "Increasing Returns and all That: A View from Trade", *NBER Working Paper*, No. 7941, 2000.

[98] Ando, M. and Kimura, F. , "The Formation of International Production and Distribution Networks in East Asia", *NBER Working Paper*, No. 10167, 2003.

[99] Arellano, M. and Bond, S. , "Some Tests of Specification for Panel Data: Monte Carlo Evidence and an Application to Employment Equations", *Review of Economic Studies*, Vol. 58, No. 2, 1991, pp. 277 – 297.

[100] Arellano, M. and Bover, O. , "Another Look at the Instrumental Variables Estimation of Error Components Models", *Journal of Econometrics*, Vol. 68, No. 1, 1995, pp. 29 – 51.

[101] Arndt, S. W. , "Globalization and the Open Economy", *North American Journal of Economics and Finance*, Vol. 8, No. 1, 1997,

pp. 71 - 79.

[102] Athukorala, P. and Yamashita, N. , "Product Fragmentation and Trade Integration: East Asia in a Global context", *North American Journal of Economics and Finance*, Vol. 17, No. 3, 2006, pp. 233 - 256.

[103] Autor, D. , Levy, F. and Murnane, R. , "The Skill Content of Recent Technological Change: An Empirical Exploration", *Quarterly Journal of Economics*, Vol. 118, No. 4, 2003, pp. 1279 - 1333.

[104] Balassa, B. , *Trade Liberalization among Industrial Countries*, New York: McGraw - Hill, 1967.

[105] Baldwin, R. and Robert - Nicoud, F. , "Offshoring: General Equilibrium Effects on Wages, Production and Trade", *CEP Discussion Paper*, No. 794, 2007.

[106] Baldwin, R. and Robert - Nicoud, F. , "Trade - in - goods and trade - in - tasks: An Integrating Framework", *Journal of International Economics*, Vol. 92, No. 1, 2014, pp. 51 - 62.

[107] Baumgarten, D. , Geishecker, I. and Görg, H. , "Offshoring, Tasks, and the Skill - wage Pattern", *European Economic Review*, Vol. 61, 2013, pp. 132 - 152.

[108] Bernard, A. B. and Jensen, J. B. , "Exporters, Skill Upgrading and the Wage Gap", *Journal of International Economics*, Vol. 42, No. 2, 1997, pp. 3 - 32.

[109] Bernard, A. B. , Redding, S. J. and Schott, P. K. , "Comparative Advantage and Heterogeneous Firms", *Review of Economic Studies*, Vol. 74, No. 2, 2007, pp. 31 - 66.

[110] Berman, E. , Bound, J. and Griliches, Z. , "Changes in the Demand for Skilled Labor within U. S. Manufacturing: Evidence from the Annual Survey of Manufactures", *Quarterly Journal of Economics*, Vol. 109, No. 2, 1994, pp. 367 - 397.

[111] Biscourp, P. and Kramarz, F. , "Employment, Skill Structure and

International Trade: Firm Level Evidence for France", *Journal of International Economics*, Vol. 72, No. 1, 2007, pp. 22 – 51.

[112] Blundell, R. and Bond, S., "Initial Conditions and Moment Restrictions in Dynamic Panel Data Models", *Journal of Econometrics*, Vol. 87, No. 1, 1998, pp. 115 – 143.

[113] Bond, S., "Dynamic Panel Data Models: A Guide to Micro Data Methods and Practice", *Portuguese Economic Journal*, Vol. 1, No. 2, 2002, pp. 141 – 162.

[114] Bound, J. and Johnson, G., "Changes in the Structure of Wages in the 1980's: An Evaluation of Alternative Explanations", *American Economic Review*, Vol. 82, No. 3, 1992, pp. 371 – 392.

[115] Campa, J. and Goldberg, L. S., "The Evolving External Orientation of Manufaturing Industries: Evidence from Four Countries", *NBER Working Paper*, No. 5919, 1997.

[116] Chen, H., Kondratowicz, M. and Yi, K., "Vertical Specialization and Three Facts about U. S. International Trade", *North American Journal of Economics and Finance*, No. 16, 2005, pp. 33 – 59.

[117] Cheng, L., Qiu, L. and Tan, Guofu, "Foreign Direct Investment and International Fragmentation of Production", in Arndt, S. W. and Kierzkowski, H. eds., *Fragmentation: New Production Patterns in the World Economy*, Oxford: Oxford University Press, 2001, pp. 165 – 186.

[118] Davis, D. and Harrigan, J., "Good Jobs, Bad Jobs, and Trade Liberalization", *Journal of International Economics*, Vol. 84, No. 1, 2011, pp. 26 – 36.

[119] Dean, J., Fung, K. and Zhi Wang, "Measuring the Vertical Specialization in Chinese Trade", *Working Paper*, No. 2007 – 01 – A, U. S. International Trade Commission Office of Economics, 2007.

[120] Dean, J., Fung, K. and Zhi Wang, "How Vertically Specialized is Chinese Trade", *Working Paper*, No. 2008 – 09 – D, U. S. Inter-

national Trade Commission Office of Economics, 2008.

[121] Deardorff, A. V. , "Fragmentation across Cones", in Arndt, S. W. and Kierzkowski, H. eds. , *Fragmentation: New Production Patterns in the World Economy*, Oxford: Oxford University Press, 2001a, pp. 35 – 51.

[122] Deardorff, A. V. , "Fragmentation In Simple Trade Models", *North American Journal of Economics and Finance*, Vol. 12, No. 2, 2001b, pp. 121 – 137.

[123] Dedrick, J. , Kraemer, K. L. and Linden, G. , "Who Profits from Innovation in Global Value Chains? A Study of the iPod and Notebook PCs", *Industrial and Corporate Change*, Vol. 19, No. 1, 2010, pp. 81 – 116.

[124] Dedrick, J. , Kraemer, K. L. and Linden, G. , "The Distribution of Value in the Mobile Phone Supply Chain", *Telecommunications Policy*, Vol. 35, No. 6, 2011, pp. 505 – 521.

[125] Dixit, A. K. and Grossman, G. M. , "Trade and Protection with Multistage Production", *The Review of Economic Studies*, Vol. 49, No. 4, 1982, pp. 583 – 594.

[126] Dornbusch, R. , Fischer, S. and Samuelson, P. A. , "Heckscher – Ohlin Trade Theory with a Continuum of Goods", *Quarterly Journal of Economics*, Vol. 95, No. 2, 1980, pp. 203 – 224.

[127] Ebenstein, A. , Harrison, A. , McMillan, M. et al. , "Estimating the Impact of Trade and Offshoring on American Workers Using the Current Population Surveys", *Review of Economics and Statistics*, Vol. 96, No. 4, 2014, pp. 581 – 595.

[128] Egger, H. , "International Outsourcing in a Two – sector Heckscher – Ohlin Model", *Journal of Economic Integration*, Vol. 17, No. 4, 2002, pp. 687 – 709.

[129] Egger, H. and Egger, P. , "How International Outsourcing Drives up Eastern European Wages", *Weltwirts Chaftliches Archiv*,

Vol. 138, No. 1, 2002, pp. 83 – 96.

[130] Egger, H. and Egger, P., "Outsourcing and Skill – specific Employment in a Small Economy: Austria and the Fall of the Iron Curtain", *Oxford Economic Papers*, No. 55, 2003, pp. 625 – 643.

[131] Egger, H. and Egger, P., "Labor Market Effects of Outsourcing under Industrial Interdependence", *International Review of Economics and Finance*, Vol. 14, No. 3, 2005, pp. 349 – 363.

[132] Egger, H. and Egger, P., "International Outsourcing and the Productivity of Low – skilled Labor in the EU", *Economic Inquiry*, Vol. 44, No. 1, 2006, pp. 98 – 108.

[133] Egger, H. and Falkinger, J., "The Distributional Effects of International Outsourcing in a 2 × 2 Production Model", *North American Journal of Economics and Finance*, Vol. 14, No. 2, 2003, pp. 189 – 206.

[134] Egger, H. and Kreickemeier, U., "International Fragmentation: Boon or Bane for Domestic Employment", *European Economic Review*, Vol. 52, No. 1, 2008, pp. 116 – 132.

[135] Egger, H. and Kreickemeier, U., "Firm Heterogeneity and the Labor Market Effects of Trade Liberalization", *International Economic Review*, Vol. 50, No. 1, 2009, pp. 187 – 216.

[136] Egger, P., Pfaffermayr, M. and Wolfmayr – Schnitzer, Y., "The International Fragmentation of Austrian Manufacturing: The Effects of Outsourcing on Productivity and Wages", *North American Journal of Economics and Finance*, Vol. 12, No. 3, 2001, pp. 257 – 272.

[137] Egger, H. and Stehrer, R., "International Outsourcing and the Skill – specific Wage Bill in Eastern Europe", *The World Economy*, Vol. 26, No. 1, 2003, pp. 61 – 72.

[138] Ekholm, K. and Hakkala, K., "The Effect of Offshoring on Labor Demand: Evidence from Sweden", *Working Paper*, No. 5648, Centre for Economic Policy Research, London, 2006.

[139] Falk, M. and Koebel, B. M., "Outsourcing, Imports and Labour

Demand", *Scandinavian Journal of Economics*, Vol. 104, No. 4, 2002, pp. 567–586.

[140] Falk, M. and Wolfmayr, Y., "Services and Materials Outsourcing to Low-wage Countries and Employment: Empirical Evidence from EU Countries", *Structural Change and Economic Dynamics*, Vol. 19, No. 1, 2008, pp. 38–52.

[141] Feenstra, R. C. and Hanson, G. H., "Foreign Investment, Outsourcing and Relative Wages", in Feenstra, R. C., Grossman, G. M. and Irwin, D. A. eds., *The Political Economy of Trade Policy: Papers in Honor of Jagdish Bhagwati*, MA: MIT Press, 1996a, pp. 89–127.

[142] Feenstra, R. C. and Hanson, G. H., "Globalization, Outsourcing and Wage Inequality", *The American Economic Review*, Vol. 86, No. 2, 1996b, pp. 240–245.

[143] Feenstra, R. C. and Hanson, G. H., "The Impact of Outsourcing and High-technology Capital on Wages: Estimates for the United States, 1979–1990", *Quarterly Journal of Economics*, Vol. 114, No. 3, 1999, pp. 907–940.

[144] Feenstra, R. C. and Hanson, G. H., "Global Production Sharing and Rising Inequality: A Survey of Trade and Wages", in Choi, E. K. and Harrigan, J. eds., *Handbook of International Trade*, Oxford: Blackwell Publishing Ltd., 2003, pp. 146–185.

[145] Felbermayr, G., Prat, J. and Schmerer, H., "Globalization and Labor Market Outcomes: Wage Bargaining, Search Frictions, and Firm Heterogeneity", *Journal of Economic Theory*, Vol. 146, No. 1, 2011, pp. 39–73.

[146] Foster-McGregor, N., Stehrer, R. and de Vries, G. J., "Offshoring and the Skill Structure of Labour Demand", *Rev World Econ*, Vol. 149, 2013, pp. 631–662.

[147] Geishecker, I., "Does Outsourcing to Central and Eastern Europe

really Threaten Manual Workers' Jobs in Germany", *World Economy*, Vol. 29, No. 5, 2006, pp. 559 –583.

[148] Geishecker, I. and Gorg, H., "Winners and Losers: A Micro – level Analysis of International Outsourcing and Wages", *Canadian Journal of Economics*, Vol. 41, No. 1, 2008, pp. 243 –270.

[149] Geishecker, I., "The Impact of International Outsourcing on Individual Employment Security: A Micro – level Analysis", *Labour Economics*, Vol. 15, No. 3, 2008, pp. 291 –314.

[150] Glass, A. J. and Saggi, K., "Innovation and Wage effects on International Outsourcing", *European Economic Review*, Vol. 45, No. 2, 2001, pp. 67 –86.

[151] Goldberg, P. K. and Pavcnik, N., "Distributional Effects of Globalization in Developing Countries", *Journal of Economic Literature*, Vol. 45, No. 3, 2007, pp. 39 –82.

[152] Goos, M., Manning, A. and Salomons, A., "Job Polarization in Europe", *American Economic Review Papers and Proceedings*, Vol. 99, No. 2, 2009, pp. 58 –63.

[153] Grossman, G. M. and Helpman, E., "Integration Versus Outsourcing in Industry Equilibrium", *The Quarterly Journal of Economics*, Vol. 117, No. 1, 2002, pp. 85 –120.

[154] Grossman, G. M. and Helpman, E., "Outsouring Versus FDI in Industry Equilibrium", *Journal of the European Economic Association*, Vol. 12, No. 3, 2003, pp. 317 –327.

[155] Grossman, G. M. and Helpman, E., "Outsourcing in a Global Economy", *Review of Economic Studies*, Vol. 72, No. 1, 2005, pp. 135 –159.

[156] Grossman, G. M. and Rossi – Hansberg, E., "The Rise of Offshoring: It's not Wine for Cloth Anymore", *The New Economic Geography: Effects and Policy Implications*, Federal Reserve Bank of Kansas City, Jackson Hole Symposium, 2006.

[157] Grossman, G. M. and Rossi-Hansberg, E. , "Trading Tasks: A Simple Theory of Offshoring", *American Economic Review*, Vol. 98, No. 5, 2008, pp. 1978 – 1997.

[158] Hansen, L. , "Large Sample Properties of Generalized Method of Moments Estimators", *Econometrica*, Vol. 50, No. 3, 1982, pp. 1029 – 1054.

[159] Hausmann, R. , Hwang, J. and Rodrik, D. , "What You Export Matters", *Journal of Economic Growth*, Vol. 12, No. 1, pp. 1 – 25.

[160] Hanson, G. , Mataloni, R. and Slaughter, M. , "Vertical Production Networks in Multinational Firms", *Review of Economics and Statistics*, Vol. 87, No. 4, 2005, pp. 664 – 678.

[161] Head, K. and Ries, J. , "Offshore Production and Skill Upgrading by Japanese Manufacturing Firms", *Journal of International Economics*, Vol. 58, No. 1, 2002, pp. 81 – 105.

[162] Helg, R. and Tajoli, L. , "Patterns of International Fragmentation of Production and the Relative Demand for Labor", *North American Journal of Economics and Finance*, Vol. 16, No. 2, 2005, pp. 233 – 254.

[163] Helpman, E. , Itskhoki, O. and Redding, S. , "Trade and Labor Market Outcomes", *NBER Working Paper*, No. 16662, 2011.

[164] Helpman, E. and Itskhoki, O. , "Labor Market Rigidities, Trade and Unemployment", *Review of Economic Studies*, Vol. 77, No. 3, 2010, pp. 1100 – 1137.

[165] Helpman, E. , Itskhoki, O. and Redding, S. , "Inequality and Unemployment in a Global Economy", *Econometrica*, Vol. 78, No. 4, 2010, pp. 1239 – 1283.

[166] Hijzen, A. , Gorg, H. and Hine, R. C. , "International Outsourcing and the Skill Structure of Labour Demand in the United Kingdom", *The Economic Journal*, Vol. 115, 2005, pp. 860 – 878.

[167] Hijzen, A. , "International Outsourcing, Technological Change,

and Wage Inequality", *Review of International Economics*, Vol. 15, No. 1, 2007, pp. 188 – 205.

[168] Horgos, D., "Labor Market Effects of International Outsourcing: How Measurement Matters", *International Review of Economics and Finance*, Vol. 18, No. 4, 2009, pp. 611 – 623.

[169] Hsieh, C. T. and Woo, K. T., "The Impact of Outsourcing to China on Hong Kong's Labor Market", *American Economic Review*, Vol. 95, No. 5, 2005, pp. 1673 – 1687.

[170] Hummels, D., Ishii, J. and Yi, K., "The Nature and Growth of Vertical Specialization in World Trade", *Journal of International Economics*, Vol. 54, No. 1, 2001, pp. 75 – 96.

[171] Hummels, D., Jorgensen, R., Munch, J. et al., "The Wage and Employment Effects of Outsourcing: Evidence from Danish Matched Worker – firm Data", *American Economic Review*, Vol. 104, No. 6, 2014, pp. 1597 – 1629.

[172] Hummels, D., Munch, J. and Xiang, Chong, "Offshoring and Labor Markets", *IZA Discussion Papers*, No. 9741, 2016.

[173] Ishii, J., Kei – Mu Yi, "The Growth of World Trade", *Federal Reserve Bank of NewYork Research Paper*, No. 9718, 1997.

[174] Jones, R. W. and Kierzkowski, H., "The Role of Services in Production and International Trade: A Theoretical Framework", in Jones, R. and Krueger, A. eds., *The Political Economy of International Trade: Essays in Honor of Robert E. Baldwin*, Cambridge, MA: Blackwell, 1990, pp. 31 – 48.

[175] Jones, R. W. and Kierzkowski, H., "A Framework for Fragmentation", in Arndt, S. W. and Kierzkowski, H., *Fragmentation: New Production Patterns in the World Economy*, Oxford: Oxford University Press, 2001a.

[176] Jones, R. W. and Kierzkowski, H., "Globalization and the Consequences of International Fragmentation", in Dornbusch, R., Gal-

vo, G. and Obsfel, M. eds., *Money, Capital Mobility, and Trade: Essays in Honor of Robert A. Mundell*, MA: MIT Press, Cambridge, 2001b, pp. 365 – 83.

[177] Jones, R. W., "Immigration vs. Outsourcing Effects on Labor Markets", *International Review of Economics and Finance*, Vol. 14, No. 2, 2005, pp. 105 – 114.

[178] Jones, R. W., Kierzkowski, H. and Lurong Chen, "What does Evidence Tell Us about Fragmentation and Outsourcing", *International Review of Economics and Finance*, Vol. 14, No. 3, 2005, pp. 305 – 316.

[179] Johnson, R. C. and Noguera, G., "Accounting for Intermediates: Production Sharing and Trade in Value Added", *Journal of International Economics*, Vol. 86, No. 2, 2012a, pp. 224 – 236.

[180] Johnson, R. C. and Noguera, G., "Fragmentation and Trade in Value Added over Four Decades", *NBER Working Paper*, No. 18186, 2012b.

[181] Katz, L. F. and Murphy, K. M., "Changes in Relative Wages, 1963 – 1987: Supply and Demand Factors", *Quarterly Journal of Economics*, Vol. 107, No. 1, 1992, pp. 35 – 78.

[182] Kasahara, H., Yawen Liang, Rodrigue, J., "Does Importing Intermediates Increase the Demand for Skilled Workers? Plant – level Evidence from Indonesia", *Journal of International Economics*, Vol. 102, 2016, pp. 242 – 261.

[183] Kasahara, H. and Rodgigue, J., "Does the Use of Imported Intermediates Increase Productivity? Plant – level Evidence", *Journal of Development Economics*, Vol. 87, 2008, pp. 106 – 118.

[184] Khalifa, S. and Mengova, E., "Trading Tasks, and Patterns of Skill Premia", http://www.business.fullerton.edu/economics/skhalifa/PDFPaper11.pdf, 2010a.

[185] Khalifa, S. and Mengova, E., "Offshoring and Wage Inequality in

Developing Countries", *Journal of Economic Development*, Vol. 35, No. 3, 2010b, pp. 1 – 42.

[186] Koopman, R. , Zhi Wang and Shang – jin Wei, "Estimating Domestic Content in Exports When Processing Trade is Pervasive", *Journal of Development Economics*, Vol. 99, No. 1, 2012, pp. 178 – 189.

[187] Koopman, R. , Zhi Wang and Shang – jin Wei, "Tracing Value – Added and Double Counting in Gross Exports", *American Economic Review*, Vol. 104, No. 2, 2014, pp. 459 – 494.

[188] Kohler, W. , "A Specific – factors View on Outsourcing", *North American Journal of Economics and Finance*, Vol. 12, No. 1, 2001, pp. 31 – 53.

[189] Kohler, W. , "The Distributional Effects of International Fragmentation", *German Economic Review*, Vol. 4, No. 1, 2003, pp. 89 – 120.

[190] Kohler, W. , "Aspects of International Fragmentation", *Review of International Economics*, Vol. 12, No. 5, 2004, pp. 793 – 816.

[191] Kohler, W. , "Offshoring: Why do Stories Differ", *CESifo Working Paper*, No. 2231, 2008.

[192] Kohler, W. and Wrona, J. , "Offshoring Tasks, Yet Creating Jobs", *CESifo Working Paper*, No. 3019, 2010.

[193] Krugman, P. , "Growing World Trade: Causes and Consequences", *Brooking Papers on Economic Activity*, Vol. 26, No. 1, 1995, pp. 327 – 377.

[194] Krugman, P. , "Technology, Trade and Factor Prices", *Journal of International Economics*, Vol. 50, No. 1, 2000, pp. 51 – 72.

[195] Lall, S. , "The Technological Structure and Performance of Developing Country Manufactured Exports: 1995 – 1998", *Oxford Development Studies*, Vol. 28, No. 3, 2000, pp. 337 – 369.

[196] Lall, S. , Albaladejo, M. and Zhang, J. , "Mapping Fragmentation: Electronics and Automobiles in East Asia and Latin America",

Oxford Development Studies, Vol. 32, No. 3, 2004, pp. 407 – 432.

[197] Lall, S. Weiss, J. and Zhang, J. , "The 'Sophistication' of Exports: A New Trade Measure", *World Development*, Vol. 34, No. 2, 2006, pp. 222 – 237.

[198] Lawrence, R. Z. , "Trade, Multinationals, and Labor", *NBER Working Paper*, No. 4836, 1994.

[199] Lawrence, R. Z. and Slaughter, M. , "International Trade and American Wages in the 1980s: Giant Sucking Sound or Small Hiccup", *Brookings Papers on Economic Activity: Microeconomics*, No. 2, 1993, pp. 161 – 226.

[200] Leamer, E. E. , "In Search of Stolper – Samuelson Linkages between International Trade and Lower Wages", in Collins, S. M. , eds. , *Imports, Exports, and the American Worker*, Washington D. C. : Brookings Institution Press, 1998, pp. 141 – 203.

[201] Liu, Runjuan and Trefler, D. , "A Sorted Tale of Globalization: White Collar Jobs and the Rise of Service Offshoring", *NBER Working Paper*, No. 17559, 2011.

[202] Lorentowicz, A. , Marin, D. and Raubold, A. , "Is Human Capital Losing from Outsourcing? Evidence for Austria and Poland", *Discussion Paper*, No. 5344, Centre for Economic Policy Research, London, 2005.

[203] Lurong Chen, "The Emergence of International Fragmentation and Global Outsourcing of Production: Theories and Empirical Evidence", *UNU – CRIS Working Papers*, No. W – 2008/12, 2008.

[204] Markusen, J. R. , "Modeling the Offshoring of White – collar Services: From Comparative Advantage to the New Theories of Trade and FDI", in Brainard, S. L. and Collins, S. M. eds. , *Brookings Trade Forum* 2005 "*Offshoring White – collar Work*", Washington: The Brookings Institution, 2006, pp. 1 – 34.

[205] Melitz, M. J. , "The Impact of Trade on Intra – industry Realloca-

tions and Aggregate Industry Productivity", *Econometrica*, Vol. 71, No. 6, 2003, pp. 1695 – 1725.

[206] Mion, G. and Zhu, L., "Import Competition from and Offshoring to China: A Curse or Blessing for Firms", *Journal of International Economics*, Vol. 89, No. 1, 2013, pp. 202 – 215.

[207] Mitra, D. and Ranjan, P., "Offshoring and Unemployment: The Role of Search Frictions and Labor Mobility", *Journal of International Economics*, Vol. 81, No. 2, 2010, pp. 219 – 229.

[208] Morrison, C. and Siegel, D., "The Impacts of Technology, Trade and Outsourcing on Employment and Labor Composition", *Scandinavian Journal of Economics*, Vol. 103, No. 2, 2001, pp. 241 – 264.

[209] Munch, J. R. and Skaksen, J. R., "Specialization, Outsourcing and Wages", *Rev World Econ*, Vol. 145, No. 1, 2009, pp. 57 – 73.

[210] Ng, F. and Yeats, A., "Production Sharing in East Asia: Who Does What for Whom, and Why", in Cheng, L. K. and Kierzkowski, H. eds., *Global Production and Trade in East Asia*, Boston: Kluwer Academ ic Publishers, 2001, pp. 63 – 109.

[211] Pavitt, K., "Sectoral Patterns of Technical Change: Towards a Taxonomy and a Theory", *Research Policy*, Vol. 13, No. 6, 1984, pp. 343 – 373.

[212] Pissarides, C. A., "Learning by Trading and Returns to Human Capital in Developing Countries", *The World Bank Economic Review*, Vol. 11. No. 1, 1997, pp. 17 – 31.

[213] Rodrik, D., "What's so Special about China's Exports", *China and the World Economy*, Vol. 14, No. 5, 2006, pp. 1 – 19.

[214] Sanghoon Ahn, Kyoji Fukao and Keiko Ito, "The Impact of Outsourcing on the Japanese and South Korean Labor Markets: International Outsourcing of Intermediate Inputs and Assembly in East Asia", *Working Paper*, No. 260, Center on Japanese Economy and

Business, 2008.

[215] Sethupathy, G., "Offshoring, Wages, and Employment: Theory and Evidence", *European Economic Review*, Vol. 62, No. 4, 2013, pp. 73 – 97.

[216] Strauss – Kahn, V., "The Role of Globalization in the within – industry Shift Away from Unskilled Workers in France", in Baldwin, R. E. and Winters, L. A. eds., *Challenges to Globalization: Analyzing the Economics*, Chicago, IL: University of Chicago Press, 2004, pp. 209 – 231.

[217] Thoenig, M. and Verdier, T., "A Theory of Defensive Skill – biased Innovation and Globalization", *American Economic Review*, Vol. 93. No. 3, 2003, pp. 709 – 728.

[218] Turco, A. L. and Maggioni, D., "Offshoring to High and Low Income Countries and the Labor Demand: Evidence from Italian Firms", *Review of International Economics*, Vol. 20, No. 3, 2012, pp. 636 – 653.

[219] Venables, A. J., "Fragmentation and Multinational Production", *European Economic Review*, Vol. 43, No. 4 – 6, 1999, pp. 935 – 945.

[220] Wood, A., "How Trade Hurt Unskilled Workers", *Journal of Economic Perspective*, Vol. 9, No. 3, 1995, pp. 57 – 80.

[221] Xu, B., "Factor Bias, Sector Bias, and the Effects of Technical Progress on Relative Factor Prices", *Journal of International Economics*, Vol. 54, No. 1, 2001, pp. 5 – 25.

[222] Xu, B. and Li, W., "Trade, Technology and China's Rising Skill Demand", *Economics of Transition*, Vol. 16, No. 1, 2008, pp. 59 – 84.

[223] Xu, B. and Lu, J., "Foreign Direct Investment, Processing Trade, and the Sophistication of China's Exports", *China Economic Review*, Vol. 20, No. 3, 2009, pp. 425 – 439.

[224] Xu, B., "The Sophistication of Exports: Is China Special", *China Economic Review*, Vol. 21, No. 3, 2010, pp. 482–493.

[225] Yan, B., "Demand for Skills in Canada: The Role of Foreign Outsourcing", *Canadian Journal of Economics*, Vol. 39, No. 1, 2006, pp. 53–67.

[226] Yeats, A. J., "Just How Big is Global Production Sharing", in Arndt, S. W. and Kierzkowski, H., *Fragmentation, New Production Patterns in the World Economy*, 2001, pp. 108–143.

[227] Zhu, Susan Chun, "Can Product Cycles Explain Skill Upgrading", *Journal of International Economics*, Vol. 66, No. 1, 2005, pp. 131–155.

[228] Zeddies, G., "Determinants of International Fragmentation of Production in the European Union", *IWH – Discussion Papers*, No. 15, 2007.